新型建造方式与工程项目管理创新丛书　分册 2

“项目生产力论”与建筑业高质量发展

吴　涛　著

中国建筑工业出版社

图书在版编目（CIP）数据

“项目生产力论”与建筑业高质量发展 / 吴涛著
. —北京：中国建筑工业出版社，2021.11（2022.8重印）
（新型建造方式与工程项目管理创新丛书；分册2）
ISBN 978-7-112-26653-1

Ⅰ.①项… Ⅱ.①吴… Ⅲ.①建筑业—经济发展—研究—中国 Ⅳ.①F426.9

中国版本图书馆CIP数据核字（2021）第196819号

本书以“项目生产力论”的创新研究与实践应用为基础，对建筑业改革发展历程、“一带一路”建设、PPP模式、新型城镇化建设、建筑业高质量发展、项目治理体系和治理能力建设现代化、项目管理国际化人才培养、党建引领和项目文化建设等建筑业发展的核心问题进行了深入的分析，破解改革难题。

责任编辑：封　毅　周方圆
书籍设计：锋尚设计
责任校对：赵　菲

新型建造方式与工程项目管理创新丛书　分册 2
“项目生产力论”与建筑业高质量发展
吴　涛　著
*
中国建筑工业出版社出版、发行（北京海淀三里河路 9 号）
各地新华书店、建筑书店经销
北京锋尚制版有限公司制版
北京富诚彩色印刷有限公司印刷
*
开本：787 毫米×1092 毫米　1/16　印张：16¾　字数：305 千字
2022 年 2 月第一版　2022 年 8 月第三次印刷
定价：**68.00** 元
ISBN 978-7-112-26653-1
（38507）

课题研究及丛书编写指导委员会

课题研究及丛书编写委员会

徐　坤　中建科工集团有限公司总工程师
刘明生　陕西建工控股集团有限公司党委常委、董事
王海云　黑龙江建工集团公司顾问总工程师
王永锋　中国建筑第五工程局华南公司总经理
张宝海　中石化工程建设有限公司EPC项目总监
李国建　中亿丰建设集团有限公司总工程师
张党国　陕西建工集团创新港项目部总经理
苗林庆　北京城建建设工程有限公司党委书记、董事长
何　丹　宏盛建业投资集团公司总工程师
李继军　山西四建集团有限公司副总裁
陈　杰　天一建设集团有限公司副总工程师
钱　红　江苏苏中建设集团总工程师
蒋金生　浙江中天建设集团总工程师
安占法　河北建工集团总工程师
李　洪　重庆建工集团副总工程师
黄友保　安徽水安建设公司总经理
卢昱杰　同济大学土木工程学院教授
吴新华　山东科技大学工程造价研究所所长

课题研究与丛书编写委员会办公室

主　任：贾宏俊　尤　完

副主任：郭中华　李志国　邓　阳　李　琰

成　员：朱　彤　王丽丽　袁金铭　吴德全

丛书总序

2021年是中国共产党成立100周年，也是“十四五”期间全面建设社会主义现代化国家新征程开局之年。在这个具有重大历史意义的年份，我们又迎来了国务院五部委提出在建筑业学习推广鲁布革工程管理经验进行施工企业管理体制改革35周年。

为进一步总结、巩固、深化、提升中国建设工程项目管理改革、发展、创新的先进经验和做法，按照党和国家统筹推进“五位一体”总体布局，协调推进“四个全面”战略布局，全面实现中华民族伟大复兴“两个一百年”奋斗目标，加快建设工程项目管理资本化、信息化、集约化、标准化、规范化、国际化，促进新阶段建筑业高质量发展，以适应当今世界百年未有之大变局和国内国际双循环相互促进的新发展格局，积极践行“一带一路”建设，充分彰显建筑业在经济社会发展中的基础性作用和当代高科技、高质量、高动能的“中国建造”实力，努力开创我国建筑业无愧于历史和新时代新的辉煌业绩。由山东科技大学、中国亚洲经济发展协会建筑产业委员会、中国（双法）项目管理研究专家委员会发起，会同中国建筑第八工程局有限公司、中国建筑第五工程局有限公司、中建科工集团有限公司、陕西建工集团有限公司、北京城建建设工程有限公司、天一投资控股集团有限公司、河南国基建设集团有限公司、山西四建集团有限公司、广联达科技股份有限公司、瑞和安惠项目管理集团公司、苏中建设集团有限公司、江中建设集团有限公司等三十多家企业和西北工业大学、中国社科院大学、同济大学、北京建筑大学等数十所高校联合组织成立了《中国建设工程项目管理发展与治理体系创新研究》课题研究组和《新型建造方式与工程项目管理创新丛书》编写委员会，组织行业内权威专家学者进行该课题研究和撰写重大工程建造实践案例，以此有效引领建筑业绿色可持续发展和工程建设领域相关企业和不同项目管理模式的创新发展，着力推动新发展阶段建筑业转变发展方式与工程项目管理的优化升级，以实际行动和优秀成果庆祝中国共产党成立100周年。我有幸被邀请作为本课题研究指导委员会主任委员，很高兴和大家一起分享了课题研究过程，颇有一些感受和收获。该课题研究注重学习追踪和吸收国内外业内专家学者研究的先进理念和做法，归纳、总结我国重大工程建设的成功经验和国际工程的建设管理成果，坚持在研究中发现问题，在化解问题中深化研究，体现了课题团队深入思考、合作协力、用心研究的进取意识和奉献精神。课题研究内容既全面深入，又有理论与实践相结合，其实效性与指导性均十分显著。

一是坚持以习近平新时代中国特色社会主义思想为指导，准确把握新发展阶段这个战略机遇期，深入贯彻落实创新、协调、绿色、开放、共享的新发展理念，立足于构建以国内大循环为主题、国内国际双循环相互促进的经济发展势态和新发展格局，研究提出工程项目管理保持定力、与时俱进、理论凝练、引领发展的治理体系和创新模式。

二是围绕“中国建设工程项目管理创新发展与治理体系现代化建设”这个主题，传承历史、总结过去、立足当代、谋划未来。突出反映了党的十八大以来，我国建筑业及工程建设领域改革发展和践行“一带一路”国际工程建设中项目管理创新的新理论、新方法、新经验。重点总结提升、研究探讨项目治理体系现代化建设的新思路、新内涵、新特征、新架构。

三是回答面向“十四五”期间向第二个百年奋斗目标进军的第一个五年，建筑业如何应对当前纷繁复杂的国际形势、全球蔓延的新冠肺炎疫情带来的严峻挑战和激烈竞争的国内外建筑市场，抢抓新一轮科技革命和产业变革的重要战略机遇期，大力推进工程承包，深化项目管理模式创新，发展和运用装配式建筑、绿色建造、智能建造、数字建造等新型建造方式提升项目生产力水平，多方面、全方位推进和实现新阶段高质量绿色可持续发展。

四是在系统总结提炼推广鲁布革工程管理经验35年，特别是党的十八大以来，我国建设工程项目管理创新发展的宝贵经验基础上，从服务、引领、指导、实施等方面谋划基于国家治理体系现代化的大背景下“行业治理—企业治理—项目治理”多维度的治理现代化体系建设，为新发展阶段建设工程项目管理理论研究与实践应用创新及建筑业高质量发展提出了具有针对性、实用性、创造性、前瞻性的合理化建议。

本课题研究的主要内容已入选住房和城乡建设部2021年度重点软科学题库，并以撰写系列丛书出版发行的形式，从十多个方面诠释了课题全部内容。我认为，该研究成果有助于建筑业在全面建设社会主义现代化国家的新征程中立足新发展阶段，贯彻新发展理念，构建新发展格局，完善现代产业体系，进一步深化和创新工程项目管理理论研究和实践应用，实现供给侧结构性改革的质量变革、效率变革、动力变革，对新时代建筑业推进产业现代化、全面完成“十四五”规划各项任务，具有创新性、现实性的重大而深远的意义。

真诚希望该课题研究成果和系列丛书的撰写发行，能够为建筑业企业从事项目管理的工作者和相关企业的广大读者提供有益的借鉴与参考。

二〇二一年六月十二日

张基尧

中共第十七届中央候补委员，第十二届全国政协常委，人口资源环境委员会副主任

国务院原南水北调工程建设委员会办公室主任，党组书记（正部级）

曾担任鲁布革水电站和小浪底水利枢纽、南水北调等工程项目总指挥

丛书前言

改革开放40多年来，我国建筑业持续快速发展。1987年，国务院号召建筑业学习鲁布革工程管理经验，开启了建筑工程项目管理体制和运行机制的全方位变革，促进了建筑业总量规模的持续高速增长。尤其是党的十八大以来，在以习近平同志为核心的党中央坚强领导下，全国建设系统认真贯彻落实党中央“五位一体”总体布局和“四个全面”的战略布局，住房城乡建设事业蓬勃发展，建筑业发展成就斐然，对外开放度和综合实力明显提高，为完成投资建设任务和改善人民居住条件做出了巨大贡献。从建筑业大国开始走向建造强国。正如习近平总书记在2019年新年贺词中所赞许的那样：中国制造、中国创造、中国建造共同发力，继续改变着中国的面貌。

随着国家改革开放的不断深入，建筑业持续稳步发展，发展质量不断提升，呈现出新的发展特征：一是建筑业现代产业地位全面提升。2020年，建筑业总产值263 947.04亿元，建筑业增加值占国内生产总值的比重为7.18%。建筑业在保持国民经济支柱产业地位的同时，民生产业、基础产业的地位日益凸显，在改善和提高人民的居住条件生活水平以及推动其他相关产业的发展等方面发挥了巨大作用。二是建设工程建造能力大幅度提升。建筑业先后完成了一系列设计理念超前、结构造型复杂、科技含量高、质量要求严、施工难度大、令世界瞩目的高速铁路、巨型水电站、超长隧道、超大跨度桥梁等重大工程。目前在全球前10名超高层建筑中，由中国建筑企业承建的占70%。三是工程项目管理水平全面提升，以BIM技术为代表的信息化技术的应用日益普及，正在全面融入工程项目管理过程，施工现场互联网技术应用比率达到55%。四是新型建造方式的作用全面提升。装配式建造方式、绿色建造方式、智能建造方式以及工程总承包、全过程工程咨询等正在成为新型建造方式和工程建设组织实施的主流模式。

建筑业在取得举世瞩目的发展成绩的同时，依然还存在许多长期积累形成的疑难问题和薄弱环节，严重制约了建筑业的持续健康发展。一是建筑产业工人素质亟待提升。建筑施工现场操作工人队伍仍然是以进城务工人员为主体，管理难度加大，施工安全生产事故呈现高压态势。二是建筑市场治理仍需加大力度。建筑业虽然是最早从计划经济走向市场经济的领域，但离市场运行机制的规范化仍然相距甚远。挂靠、转包、串标、围标、压价等恶性竞争乱象难以根除，企业产值利润率走低的趋势日益明显。三是建设工程项目管理模式存在多元主体，各自为政，互相制约，工程实施主体责任不够明确，监督检查与工程实际脱节，严重阻碍了工程项目管理和工程总体质量协同发展提升。四是创新驱动发展动能不足。由于建筑业的发展长期依赖于固定资产投资的拉动，同时企业自身资金积累有限，因而导致科技创新能力不足。在新常态背景下，当经济发展动能从要素驱动、投资驱动转向创新驱动时，对于以劳动密集型为特征的建筑业而言，创新驱动发展更加充满挑战性，创新能力成为建筑业企业发展的短板。这些影响建筑业高质量发展的痼疾，必须要彻底加以革除。

目前，世界正面临着百年未有之大变局。在全球科技革命的推动下，科技创新、传播、应用的规模和速度不断提高，科学技术与传统产业和新兴产业发展的融合更加紧密，一系列重大科技成果以前所未有的速度转化为现实生产力。以信息技术、能源资源技术、生物技术、现代制造技术、人工智能技术等为代表的战略性新兴产业迅速兴起，现代科技新兴产业的深度融合，既代表着科技创新方向，也代表着产业发展方向，对未来经济社会发展具有重大引领带动作用。因此，在这个大趋势下，对于建筑业而言，唯有快速从规模增长阶段转向高质量发展阶段、从粗放型低效率的传统建筑业走向高质高效的现代建筑业，才能跟上新时代中国特色社会主义建设事业发展的步伐。

现代科学技术与传统建筑业的融合，极大地提高了建筑业的生产力水平，变革着建筑业的生产关系，形成了多种类型的新型建造方式。绿色建造方式、装配建造方式、智能建造方式、3D打印等是具有典型特征的新型建造方式，这些新型建造方式是建筑业高质量发展的必由路径，也必将有力推动建筑产业现代化的发展进程。同时还要看到，任何一种新型建造方式总是与一定形式的项目管理模式和项目治理体系相适应的。某种类型的新型建造方式的形成和成功实践，必然伴随着项目管理模式和项目治理体系的创新。例如，装配式建造方式是来源于施工工艺和技术的根本性变革而产生的新型建造方式，则在项目管理层面上，项目管理和项目治理的所有要素优化配置或知识集成融合都必须进行相应的变革、调整或创新，从而才能促使工程建设目标得以顺利实现。

随着现代工程项目日益大型化和复杂化，传统的项目管理理论在解决项目实施过程中的各种问题时显现出一些不足之处。1999年，Turner提出“项目治理”理论，把研究视角从项目管理技术层面转向管理制度层面。近年来，项目治理日益成为项目管理领域研究的热点。国外学者较早地对项目治理的含义、结构、机制及应用等问题进行了研究，取得了较多颇具价值的研究成果。国内外大多数学者认为，项目治理是一种组织制度框架，具有明确项目参与方关系与治理结构的管理制度、规则和协议，协调参与方之间的关系，优化配置项目资源，化解相互间的利益冲突，为项目实施提供制度支撑，以确保项目在整个生命周期内高效运行，以实现既定的管理战略和目标。项目治理是一个静态和动态相结合的过程：静态主要指制度层面的治理；动态主要指项目实施层面的治理。国内关于项目治理的研究正处于起步阶段，取得一些阶段性成果。归纳、总结、提炼已有的研究成果，对于新发展阶段建设工程领域项目治理理论研究和实践发展具有重要的现实意义。

党的十九届五中全会审议通过的《中共中央关于制定国民经济和社会发展第十四个五年规划和二〇三五年远景目标的建议》，着眼于第二个百年奋斗目标，规划了“十四五”乃至2035年间我国经济社会发展的目标、路径和主要政策措施，是指引全党、全国人民实现中华民族伟大复兴的行动指南。为了进一步认真贯彻落实党的十九届五中全会精神，准确把握新发展阶段，深入贯彻新发展理念，加快构建新发展格局，凝聚共识，团结一致，奋力拼搏，推动建筑业“十四五”高质量发展战略目标的实现，由山东科技大学、中国亚洲经济发展协会建筑产业委员会、中国（双法）项目管理研究专家委员会发起，会同中国建筑第八工程局有限公司、中国建筑第五工程局有限公司、中建科工集团有限公司、陕西建工集团有限公司、北京城建建设工程有限公司、天一投资控股集团有限公司、河南国基建设集团有限公司、山西四建集团有限公司、广联达科技股份有限公司、瑞和安惠项目管理集团公司、苏中建设集团有限公司、江中建设集团有限公司等三十多家企业和西北工业大学、中国社科院大学、同济大学、北京建筑大学等数十所高校联合组织成立了《中国建设工程项目管理发展与治理体系创新研究》课题，该课题研究的目的在于探讨在习近平新时代中国特色社会主义思想和党的十九大精神指引下，贯彻落实创新、协调、绿色、开放、共享的发展理念，揭示新时代工程项目管理和项目治理的新特征、新规律、新趋势，促进绿色建造方式、装配式建造方式、智能建造方式的协同发展，推动在构建人类命运共同体旗帜下的“一带一路”建设，加速传统建筑业企业的数字化变革和转型升级，推动实现双碳目标和建筑业高质量发展。为此，课题深入研究建设工程项目管理创新和项目治理体系的内涵及内容构成，着力探索工程总承包、全过程工程咨询等工程建设组织实施方式对新型建造方式的作用机制和有效路径，系统总结“一带一路”建设的国际化项目管理经验和创新举措，深入研讨项目生产力理论、数字化建筑、企业项目化管理的理论创新和实践应用，从多个层面上提出推动建筑业高质量发展的政策建议。该课题已列为住房和城乡建设部2021年软科学技术计划项目。课题研究成果除《建设工程项目管理创新发展与治理体系现代化建设》总报告之外，还有我们著的《建筑业绿色发展与项目治理体系创新研究》以及由吴涛著的《“项目生产力论”与建筑业高质量发展》，贾宏俊和白思俊著的《建设工程项目管理体系创新》，校荣春、贾宏俊和李永明编著的《建设项目工程总承包管理》，孙丽丽著的《“一带一路”建设与国际工程管理创新》，王宏、卢昱杰和徐坤著的《新型建造方式与钢结构装配式建造体系》，袁正刚著的《数字建筑理论与实践》，宋蕊著的《全过程工程咨询管理》《建筑企业项目化管理理论与实践》，张基尧和肖绪文主编的《建设工程项目管理与绿色建造案例》，尤完和郭中华著的《绿色建造与资源循环利用》《精益建造理论与实践》，沈兰康和张党国主编的《超大规模工程EPC项目集群管理》等10余部相关领域的研究专著。

本课题在研究过程中得到了中国（双法）项目管理研究委员会、天津市建筑业协会、河南省建筑业协会、内蒙古建筑业协会、广东省建筑业协会、江苏省建筑业协会、浙江省建筑施工协会、上海市建筑业协会、陕西省建筑业协会、云南省建筑业协会、南通市建筑业协会、南京市住房城乡建设委员会、西北工业大学、北京建筑大学、同济大学、中国社科院大学等数十家行业协会、建筑企业、高等院校以及一百多位专家、学者、企业家的大力支持，在此表示衷心感谢。《中国建设工程项目管理发展与治理体系创新研究》课题研究指导委员会主任、国务院原南水北调办公室主任张基尧，第十届全国人大环境与资源保护委员会主任毛如柏，原铁道部常务副部长、中国工程院院士孙永福亲自写序并给予具体指导，为此向德高望重的三位老领导、老专家致以崇高的敬意！在研究报告撰写过程中，我们还参考了国内外专家的观点和研究成果，在此一并致以真诚谢意!

二〇二一年六月三十日

肖绪文

中国建筑集团首席专家，中国建筑业协会副会长、绿色建造与智能建筑分会会长，中国工程院院士。本课题与系列丛书撰写总主编

本书序言

2021年是中国共产党成立100周年，恰逢国务院五部委提出在建筑业推广鲁布革工程管理经验，进行施工企业管理体制改革三十五周年。近期由肖绪文院士和吴涛等同志牵头组织了由山东科技大学会同中国亚洲经济发展协会建筑产业委员会、中国（双法）项目管理专家委员会及中国建筑第八工程局有限公司等企业成立的《建设工程项目管理创新发展与治理体系现代化建设》课题研究组和《新型建造方式与项目管理创新丛书》编写委员会。其中《“项目生产力论”与建筑业高质量发展》是吴涛同志在“项目法施工研究与应用”基础上将自己在中国建筑业协会任职期间，就建筑业改革发展撰写的一些研究论文和切身体会加以梳理归纳，从理论研究和实践探索的角度撰写汇集成的一本新作。

本书稿看后，感到吴涛同志对建筑业改革发展和“项目生产力论”研究与实践探索又有了新颖的见解。特别是他对党的十八大以来，建筑业在以习近平同志为核心的党中央领导下，积极应对经济发展“新常态”、践行“一带一路”、推广PPP模式、投身城镇化建设、发展绿色建筑和推行新型建造方式、加快项目治理体系建设和企业转型升级、推进建筑产业现代化、促进和实现新阶段建筑业高质量发展多方面的分析和研究具有较强的理论创新和实践应用性。对广大建筑业企业、大专院校进行工程项目管理研究创新和项目治理能力现代化建设，进一步深化建筑业改革发展具有一定的理论与实践借鉴意义。

“项目法施工研究与应用”和“施工企业项目管理与配套改革”曾是吴涛同志在北京城建集团一公司工作期间直接参与学习借鉴国际先进工程项目管理方式、推进企业内部配套改革发展实践和研究的科学成果。这一成果先后荣获建设部科技进步一等奖，国家科技进步三等奖。

2012年吴涛同志在担任中国建筑业协会副会长兼秘书长时期，正值全国人民学习贯彻落实习近平总书记系列讲话精神，进行各行各业深化改革的攻坚时期。面对新时代、新阶段、新任务、新目标，吴涛同志着眼于进入新阶段经济发展趋势形成的以国内大循环为主、国内国际双循环相互促进的新发展格局背景下，建筑业改革发展和推进产业现代化这个行业总要求，着眼于全球化和数字经济带来项目管理国际化发展大趋势的新起点，从实践应用的广度和理论研究的深度，对“项目生产力论”的来源、概念、特征、内涵和新阶段建筑业如何贯彻新发展理念，加快项目治理体系和治理能力现代化建设，实现高质量发展进行了深入浅出的研究和务实创新、较为科学的论述。

本书既有工程项目管理理论体系的科学论述，又有实践经验具体应用的系统总结，特别是“项目生产力论”的创新研究和项目治理体系现代化建设对建筑业企业和从事工程项目管理工作的业内人士进一步研究提升项目生产力水平、深化工程项目管理、推进工程总承包、加快建筑数字产业现代化进程、促进和实现高质量绿色发展具有一定的参考价值。

毛如柏

二〇二一年五月二日

毛如柏

宁夏回族自治区原党委书记，第十五届中央委员，

第九届、第十届全国人大环境与资源保护委员会主任委员，原建设部副部长

原中国建筑业协会工程项目管理委员会名誉会长

目录

绪论

时间是标志时代前进的刻度。2021年是一个重要的年份，当全党全国人民隆重庆祝中国共产党成立100周年，开启“十四五”新征程之际，恰逢建设战线的广大职工将迎来国务院推广鲁布革工程管理经验35周年。在这个很有意义的年份我们不能忘记中华人民共和国成立以来的七十多年间，中国建筑业在中国共产党的领导下从无到有、从小到大，特别是改革开放以来的四十多年，从“两个突破”告别计划经济时代到高速发展和进入新阶段高质量发展，创建形成了较为科学的中国建设工程项目管理新型运行机制，成为国民经济名副其实的支柱产业的发展历程。

2017年2月21日国务院印发了《关于促进建筑业持续健康发展的意见》(国办发〔2017〕19号)(以下简称《意见》),《意见》开门见山，围绕“促进”“持续”“健康”三个关键词对建筑业的现状和形势及今后改革发展方向做了全面高度的概括，既肯定了建筑业的伟大成绩，又提出了存在的突出问题和促进持续发展的总体思路。《意见》以统筹推进“五位一体”总体布局和“四个全面”的战略布局，树立创新、协调、绿色、开放、共享的发展理念，按照建筑适用、经济、安全、绿色、美观的建设方针提出了一系列建筑业深化“放管服”改革的具体举措，内涵深刻，意义重大。“促进”是目的，是党和国家针对建筑业存在的问题，对症下药，明确要求通过深化改革来促进建筑业开创持续健康发展的新局面，打造“中国建造”品牌；“持续”表示党和国家希望建筑业面对新的形势和挑战，在经济下行压力的情况下，攻坚克难，不要大起大落，继续保持平稳持续发展的势态，而且这个持续发展是健康的；“健康”也从另一个侧面要求我们在看到改革开放以来建筑业在取得伟大成绩的同时，特别是在过去高速发展时期仍存在诸多问题，市场不规范、行业自律方面还有不健康的地方。

大家知道，在党的十一届三中全会闭幕不久的1980年4月2日，邓小平同志就建筑业的改革发表了重要谈话，“从多数资本主义国家看，建筑业是国民经济的三大支柱之一”，“建筑业是可以赚钱的，可以为国家增加收入、增加积累的一个重要产业部门”。“建筑业发展起来，就可以解决大量人口的就业问题，就可以多盖房，更好地满足城乡人民的需要。”[①]由于受当时大环境的制约，谈话虽是在内部传达，但在行业反响强烈。1984年5月，邓小平同志这个言简意赅、高屋建瓴的讲话整理为642个字的指示在《人民日报》显著位置刊发。从此，一个深化建筑行业改革、富民强国、实现中华民族伟大复兴的重大战略决策列入了党和国家的重要日程。随之中国建筑业迎来了艰苦奋斗、奉献自我、高速发展、创造辉煌的春天。

一、十年攻坚、砥砺前行，“两个突破”告别了计划经济时代对建筑业的滞后发展

根据邓小平同志讲话精神，1984年第六届全国人民代表大会第二次会议政府工作报告提出了建筑业要围绕缩短工期、降低造价、提高工程质量和增加效益进行全行业的改革。随后国务院明确提出把建筑业作为城市经济改革的突破口，率先推向市场经济。

1985年11月国务院及水利电力部批准我国第一个利用世界银行贷款的国际招标项目云南鲁布革水电站工程，参照国外公司管理建制，率先进行工程监理和项目法人负责的管理工作试点，取得了投资省、工期短、质量好的经济效益。1986年时任国务院副总理的李鹏同志在视察该工程工地时感叹“看来我们和国外公司的差距原因不在工人，而在于管理，中国工人也可以高效率”，并提出要把建筑业施工管理体制改革和总结学习推广鲁布革工程管理经验结合起来一并考虑的要求。1987年，国家五部委先后选择了18家和50家不同类型的大中型国营企业进行综合改革试点，提出了“按照项目法组织施工”。1988年国家计委施工局在西安听取中铁一局公司关于推行项目法施工的经验介绍之后，再次明确“按承包工程项目所必需的生产力要素来组织劳动者和生产资料的合理投入，使这些要素在工程现场得到优化配置”。1989年10月，国家五部委成立联合调查组，分别对13个省市18家试点企业进行了检查，并于1990年3月和1992年8月两次在北京和桂林召开“试点工作经验交流会”和“项目法施工研讨会”，北京城建一公司、上海一建、石油六建等50家第二批试点

① 中国共产党新闻网. http://cpc.people.com.cn/GB/33839/34943/34980/2632725.html?ol4f.

企业就推行项目法施工进行企业管理体制改革的先进经验进行了介绍。会议总结报告指出，“项目法施工”是针对改变传统的施工管理方式借鉴鲁布革工程管理经验而提出来的，要求广大建筑业企业以“项目法施工”为突破口，按照项目的内在规律组织施工，进行建筑业企业管理体制全面改革。

新中国成立以来我国传统的工程管理体制基本上是参照20世纪50年代苏联的工业企业管理模式，生产经营按照国家指令计划安排，在这种经济体制下，国有企业长期处于封闭状态的自营方式，无可避免地暴露出许多问题，存在着严重弊端，主要表现为“三个落后”：一是生产要素固化、占有方式落后；二是对生产资料的支配方式落后；三是生产流动方式落后、企业包袱重。三大弊端加上队伍素质不高致使国有施工企业难以摆脱工期长、造价高、见效慢的困境，既不能适应市场经济的挑战，更无法同国际承包商竞争，严重阻碍了建筑业的生产力发展。学习贯彻邓小平同志的谈话和借鉴推广鲁布革经验，标志着我国建筑业企业从此告别了计划经济时代，进入了机制转换、制度创新、配套改革适应社会主义市场经济的新阶段。这个阶段有三大变革：一是国家在扩大企业自主权实行第一轮、第二轮经营承包的同时改革工程建设管理体制，实行工程招标投标制；二是施工企业在改革中做了多方面有益探索，从“精兵强将上一线”到“小分队承包经营”和全面实施“项目法施工”；三是随着经济全球化，建设工程项目管理理论研究和实践应用面向国际化发展，提出推进工程总承包和工程项目全过程管理。可以看出，从邓小平同志谈话到“两个突破”的提出和国家对建筑业一系列改革大政方针的出台，再到鲁布革工程管理经验的总结推广，先后经历了十多年的实践艰辛探索，使我国建筑业较早地适应了社会主义市场经济，并成为国家城乡建设的主力军和国民经济的支柱产业。

二、深度思考、推本溯源，“十大基本观点”为推进建筑业改革发展“六大成就”奠定了坚实的理论基础

毛主席早就深刻指出“指导一个伟大的革命运动的政党，如果没有革命理论，没有历史知识，没有对实际运动的深刻的了解，要取得胜利是不可能的”。[①]邓小平同志指出改革开放“从历史的发展来讲是最根本的革命”，1980年“四二”讲话正是他经济理论对建筑业的深度思考。在这一伟大理论指导下，建筑业如何紧扣行业实

① 人民网. http://dangshi.people.com.cn/n/2014/0103/c85037-24016674.html.

际进行改革，需要全行业认真领会，动脑钻研，深入探讨，作出科学务实的谋划。

回答这一问题，我们不能忘记以肖桐、杨慎、干志坚、谭克文、张青林等为代表的老一辈行业领导在认真学习贯彻落实邓小平讲话精神及党和国家一系列大政方针，为建筑业改革发展所做出的突出贡献。正是他们先后组织指导建设行业召开若干次学习研讨会和经验交流推广会。通过二十多年的实践探索，基本形成了比较系统并有一定理论高度的建筑业改革发展和深化工程项目管理的基本观点和方法。其中包括：①关于推行“项目法施工”，必须进行企业内部配套改革的观点；②工程项目管理是加快企业经营机制转换有效途径的观点；③深化项目管理必须实行两层分开，重在劳务层建设的观点；④项目管理必须强化以项目经理责任制为中心的观点；⑤项目管理承包制必须坚持企业是利润主体，项目是成本中心的观点；⑥项目管理的基本特征是动态管理和生产要素优化组合的观点；⑦项目管理必须实行企业各项业务工作系统化、标准化管理的观点；⑧项目管理必须创建和营造适用企业内外部市场环境的观点；⑨项目管理必须坚持党政工团协同作战与党支部建在项目上的观点；⑩解放和发展建筑生产力，必须坚持科技进步与管理创新两轮驱动并把落脚点放在项目层次的观点。这些基本理论观点来自实践探索，是改革开放三十多年来建筑业推广鲁布革工程管理经验，推进建设工程项目管理体制改革取得举世瞩目成就所积累宝贵经验的总结提炼，为后来建筑业改革发展“六大成就”和创新研究提升项目生产力水平奠定了坚实的理论基础。

一是从实践创造和理论探讨上把建筑业“项目法施工”前期的改革举措上升转变为一种新型的建设工程项目管理模式，并在解放和发展“项目生产力论”研究和实践应用上有较大突破和成熟的阐述。形成了一套具有中国特色并与国际惯例接轨、紧贴行业实际、适应市场经济、操作性强、比较系统、较为科学的工程项目管理理论和方法，编制产生了我国建筑业第一部管理类《建设工程项目管理规范》。

二是政府主管部门面对计划经济向市场经济的转型，抓住主要矛盾，及时进行政策指导，制定和建立了以资质管理主导市场准入四个层次的施工生产组织管理体系。逐步形成了以管理技术密集型的工程总承包企业为龙头，以专业施工企业为骨干，劳务作业队伍为依托，国有与民营（多种经济成分并举），总包与分包，前方与后方，分工协作，互为补充，具有中国特色的建筑业企业组织结构，并在此基础上建立了以项目经理部为责任主体的施工生产管理组织机构。

三是实行和加强了建筑业企业内部两层分开与建设，有力地促进了企业经营机制的转换和行业组织结构的调整。项目生产力揭示了企业与项目层次、项目层次与劳务层次以及参与项目管理各利益相关方的生产关系，创造了建筑业企业从创新管理理念的高度来深化工程项目管理、规划多种经营，实行多元化发展战略和推进投、建、营一体化的企业再造经验。

四是创建了项目经理责任制制度，培养和造就了一大批懂法律、会经营、善管理、敢担当、作风硬、具有一定专业技术水平的工程项目管理人才队伍。从而明确了项目经理在企业中的重要地位和对项目负责的主体责任，加速了项目经理职业化建设，为新时代我国建筑业高质量发展积累了人才资源。截至2019年我国已有注册建造师资格的项目管理人才300多万，其中一级注册建造师近80万人，国家级项目经理超过20万，全国优秀项目经理近万人，国际杰出项目经理233人。

五是学习借鉴国际上先进的管理技术，促进了我国建设工程项目管理实践运用和施工技术与工艺创新。自1988年建设部提出加快推进建筑施工技术进步，推广国家级工法改革以来，先后研发编制国家级工法2 880项，发布优秀项目管理成果3 282项，为我国加入世界贸易组织（World Trade Organization，WTO）后工程建设领域加快与国际接轨、践行“一带一路”建设、推进中国建造“走出去”奠定了坚实的基础。

六是工程项目管理作为一种新的现代化管理模式，在解放和发展项目生产力、促进建筑业高质量持续发展过程中越来越显示了强大的生命力，并取得了丰硕成果。35年来一大批高质量、高速度、高效益的代表工程相继建设完成，全行业已有2 800多项工程荣获中国建设质量最高奖“鲁班奖”，上万项工程荣获国家优质奖，形成了中国建筑“品牌窗口”，充分展示建筑业当代先进科技水平和国际化“中国建造”实力。

这些基本经验和做法以及取得的辉煌业绩既是35年来我们推广鲁布革工程管理实践探索中形成的基本制度和理论研究创新成果的升华，也是党的十八大以来建筑业进行“供给侧”结构性改革，寻求经济发展增长新动能，加快推进产业现代化进程中进一步深化工程项目管理创新，促进企业转型升级高质量发展，激励引领广大建设者不忘初心、砥砺前行宝贵的物质与精神财富。

三、实践积淀，成果彰显，探索总结提升形成了中国建设工程项目管理的新型运行体系

35年来，建筑业不断加强理论研究，通过深化内部改革，调整产业结构、转换

经营机制、理顺生产关系、强化企业管理，推进建设工程项目管理实践比较集中鲜明的经验是依据工程项目一次性特征，创建和形成了较为科学适用行业实际和项目管理内在规律的项目全寿命期新型运行管理体系。

1. 建立形成了以“总部负责、过程精品、标价分离、项目文化”四位一体为主线的建设工程项目管理的新型运行体系。

一是“统筹策划、依章建队、各负其责、服务项目”的总包项目管理服务保障线。企业作为市场的主体，是工程项目成功竞标的核心力量。依据企业章程，坚持“公司总负责，法人管项目”是企业层次协调各方、各司其职、各尽其责、上下配合、形成合力，确保工程项目管理目标实现最佳效益的强大支撑。

二是“细化管理、工序控制、节点考核、奖罚严明”的项目管理质量安全线。运用信息技术加强制度化建设，注重抓好细化管理，通过推广运用BIM技术与智慧工地、人脸识别、数据决策等创新技术建立和完善工程项目全寿命期的施工管理与质量安全监管体系。

三是“逐层负责、精耕细作、集约增效、单独核算”的项目管理经济效益线。工程项目中标后项目部在企业规定包干的经济指标范围内按照“项目经理主管全面、分管副职专业对口、各级管控逐层负责的原则”，分解压实经济责任，精准计划工程预算，择优组织集采物资，严格财务收支管控，强化项目成本核算。

四是“以人为本、党建引领、文明施工、CI标识”的项目管理文化展示线。工程项目建设工地是脑力和体力劳动的聚焦点，要充分体现以人为本，为劳动者创造安全舒适健康的活动场所；要围绕激发和调动人的主动性、积极性、创造性，开展表彰宣传弘扬先进等各项活动，发挥党支部建在项目上的政治优势和引领作用。加强项目现场文明施工和环境美化，充分展示项目履行责任、服务社会、保障民生的项目文化和企业形象。

2. 完善形成了建设工程项目管理科学运行的保障机制与管理总目标

工程项目管理的成功重在有科学合理的运作保障机制和目标策划作后盾。35年来我国建筑业企业在推进工程项目管理改革发展中之所以能够取得较好的效果，就在于特别注重对项目管理实践探索的成功经验进行及时系统总结提升和推广应用。

一是依据项目管理系统性的原理，结合建筑业推行工程项目管理的成功经验，界定明确了项目管理的主要特征是动态管理，优化配置，目标控制，绩效考核；组织机构是“两层分开，三层关系”，推行主体是“二制建设，三个升级”，运行机制是总部服务调控，项目授权管理，专业实施保障，社会力量协作。

二是参照国际项目管理九大知识体系，在推进工程项目管理实践探索和理论研究的基础上规范了我国建设工程项目管理的基本内容为“四控制，三管理，一协调”，即工程质量、安全生产、形象进度、项目成本四控制，现场要素、信息沟通、合同履约三管理和组织协调。

三是按照国家建设主管部门的有关政策法规和时代要求提出了建设工程项目管理“四个一”的总目标。即形成一套具有中国特色并与国际惯例接轨、适应市场经济、操作性强、较为系统的工程项目管理理论和方法；培养和造就一支具有一定专业知识、懂法律、会经营、善管理、敢担当、作风硬的工程项目管理人才队伍；开发应用一代能促进提高项目生产力水平，具有较高经济含量的新材料、新工艺、新设备和新技术；建设推广一批高质量、高效率、高速度，充分展示建筑业科技创新水平和当代管理实力，具有国际水准的代表工程。

四、拥抱时代、扬帆启航，为实现“两个一百年”宏伟目标再创建筑业改革发展新辉煌

党的十九大提出加快建设现代经济体系，描绘新时代实现“两个一百年”奋斗目标的宏伟蓝图。党的十九届五中全会又立足国内和全球视野，提出全面建成小康社会，实现第一个一百年目标之后，要乘势而上开启全面建设社会主义现代化国家新征程，并就我国向第二个一百年奋斗目标进军进入新发展阶段到2035年基本实现社会主义现代化的远景目标进行了规划。同时对“十四五”时期经济社会发展的主要目标提出了12个方面重大任务的具体化建议。明确以改善人民生活品质、提高社会建设水平、推动经济高质量发展为主题，以深化供给侧结构性改革为主线，以改革创新为动力，以满足人民日益增长的美好生活需要为根本目的，加快构建以国内大循环为主体、国内国际双循环相互促进的新发展格局，坚持把经济着力点放在实体经济上，坚定不移建设制造强国、质量强国、科技强国、交通强国，推进产业基础高级化、产业链现代化，提高质量效益和核心竞争力。统筹推进基础设施建设，加快补齐市政工程、农业农村、公共安全、生态环保、公共卫生、民生保障等领域短板。进一步拓展投资空间，优化投资结构，发挥政府投资撬动作用，激发民间投资活力，形成市场主导的投资内生增长机制，保持经济持续健康高质量发展。建议就推进科技强国、实施基础设施、新型城镇化、交通水利、国家水网、雅鲁藏布江下游水电开发等重大工程项目建设，将成为中国经济社会发展打造新的增长极、激

发新的能动力，也为建筑业带来新的机遇期，纵观建筑业未来发展、前景广阔、任务艰巨、使命光荣，仍将是我国经济社会发展的朝阳支柱产业。

但也要看到，由于建筑业是一个劳动密集型的传统产业，过去三十多年基本上在粗放式管理和土地、劳动力、环保低成本基础上发展起来的，存在产业结构不合理、操作人员技能水平偏低及科技水平、生产方式较发达国家仍处于落后状态等问题。面对新时代、新任务、新目标，建筑业如何攻坚克难，保持健康持续高质量发展，努力完成党和国家赋予新时代的历史使命，将是摆在广大建设者面前亟待研究解决的问题。

习近平总书记指出："改革开放是决定当代中国命运的关键一招，也是决定实现'两个一百年'奋斗目标、实现中华民族伟大复兴的关键一招。"[①]唯有改革也才是解决建筑业现实问题的"金钥匙"。全面建成小康社会，夺取新时代中国特色社会主义伟大胜利的宏伟蓝图，建筑业作为国民经济支柱产业就要坚定不移走深化改革、促进发展这条正确之路、兴业之路、强国之路。要敢下深水区攻克艰难，抓住主要矛盾，把握新发展格局，坚持问题导向，撸起袖子出实招，争取新的更大的胜利。

一是要紧紧围绕建立社会主义现代化经济体系、全面建设社会主义现代化强国的总任务和宏伟目标，立志于新发展阶段，贯彻新发展理念，构建新发展格局，理清新发展内涵，以供给侧结构性改革为主线，以推动高质量发展为主题，结合行业实际，坚持质量第一、效率优先的方针，推动工程质量、生产效率、改革创新动力三大变革。以推进和实现建筑产业现代化的优胜成果促进建设领域的市场机制进一步规范，企业和项目管理机制进一步高效运转，行业振兴经济活力进一步激发，全面实现建筑业营业收入、产值利润、技术进步、品牌产品、诚信建设和生产方式变革的协同推进与高质量持续发展。

二是要通过推进"供给侧结构性改革"，进一步深化和创新企业资质管理，寻求建筑业经济增长的新动力。当前建筑业企业组织结构极不合理，大而不强不优，小而不专不精，企业资质门槛设置扭曲，致使工程总承包企业过多、过滥，实力及层次参差不齐。2009年主管部门要求总承包企业加强信息化建设并设置一些其他准入条件，其本意是考虑在260家基础上培育一批国际知名的航母企业，结果适得其反，非但没有达标，而且不到3年增至600多家（截至2020年715家），可谓理想与

---

① 新华网. http://www.xinhuanet.com/politics/2016-04/26/c_128932164.htm.

现实谬以千里，其中不少升至工程总承包的企业为了适应一二级企业资质投标需要，又新设立若干个子公司。企业盲目雷同、无序恶性竞争、最低价中标的现象越演越烈。现实矛盾和存在的问题要求很有必要进行新一轮资质管理改革创新。进一步通过深度调整产业组织结构，去产能、补短板，切实促使总承包企业深化优势体系、直管功能，精益做强主业；推动中小型企业聚集健康发展，劳务企业做专做精。加快行业提质增效，秉承企业诚信经营。

三是以创新驱动推进建筑业企业转型升级，重在科技创新和管理升级上下功夫。近几年来我们一直讲转型升级，但转型不是目的，科技创新、管理升级最为关键。创新驱动引领与科学管理统揽全局牵一发而动全身，企业一切经营生产活动都要通过技术与管理创新两轮驱动来实现。生产力水平和核心竞争力的提升，最直接的是体现在创新能力上。企业发展靠市场，市场开拓靠诚信，诚信提升靠管理，管理升级靠创新。要在建设科技强国战略的引领下广泛运用信息技术和先进创新实用技术提升管理水平，实现企业管理创新横向到边、项目管理创新纵向到底。

四是破除机制障碍，充分发挥市场配置资源的决定性作用，为企业营造宽松的市场竞争环境。近几年国家一系列“放管服”政策举措的出台为企业市场准入释放活力发挥了重要作用。但诸多深层次的问题并没有真正解决。首先是市场监管措施滞后，政策落地不到位，执行力不强。比如改革招标投标制度，解决各类保证金，破除地方保护主义的问题，上自国务院、下到建设主管部门文件三令五申，但上有政策，下有对策。至今在工程投标中改头换面、设置违规条款、围标串标等“潜规则”问题依然存在；其次是违反市场经济规律、行政干预企业活动严重。比如如何治沙防雾不查源头不管实际情况和企业效益，主管部门一纸政令限期停工；再次是机制障碍影响企业发展。比如市场准入，由于经济成分和机制差异，民营企业投资PPP项目举步维艰，工程项目投标竞标与国有企业极不平等。除此以外，“营改增”票据抵扣、工程进项、前期经营费用摊销不能进账以及相关政策界限不明，致使企业一筹莫展，忧心忡忡，不少中小型企业面临破产。企业呼吁亟待建立一个“政策指导、部门监管、行业自律、企业负责、中介依规、法治保障、社会诚信”的上下联动、标本兼治、公平、公正、透明的市场环境。

五是坚持问题导向，做好深入调查研究，更好地发挥有为政府宏观调控和行业协会提供服务、反映诉求的作用。每一项政策的制定、出台都应先行做好深入的调查研究、广泛征求企业和行业的意见。当前业界对装配式建筑和管廊建设的争议就很大。不能单纯认为装配式建造是唯一的新型建造方式，其实智能建造、绿色建造、3D打印、工艺革新等都属于新型建造方式的范畴。比如，钢筋混凝土现浇体系，过去混凝土是人工现场搅拌，后来改为搅拌机，再后来建厂集中搅拌泵车输送，现在全自动化浇筑。再比如框架支模采用铝模系列化组合。这些不能说不是新型建造方式。倡导推行装配式建筑是对的，但千万不要一刀切，一哄而上。要针对不同地域实行不同政策，普遍地讲要达到某一目标，企业为完成任务，跑马圈地，投资建厂，结果有的地方还没干就已经产能过剩，构件销售不出去，造成资源浪费。但也有不少地方，比如上海、江苏由于政府支持力度和政策指导明确，结果装配式构件供不应求。实践证明要真正解决现实问题更需要做好政策引导、宏观调控、因地制宜、务求实效，充分发挥有为政府和有效市场两只手的有机结合的功效。

六是提高战略认识，应对数字经济发展，加快推进建筑数字产业现代化进程。数字经济具有信息化、数字化、智能化和互联网+及大数据驱动与成果共享的特征，将带动整个经济社会发展。而产业数字化又是当代发展提升社会生产力、促进和实现高质量发展的重要引擎，将成为数字经济发展的主导力量。行业发展数字经济最关键的是夯实数字科技根基，从运用信息技术入手，通过数字化的信息和知识作为经济增长新的生产要素。

依据这几年我们对建筑产业现代化的研究认为，建筑产业现代化是一个历史发展的动态概念。从20世纪50年代国家提出建筑工业化，到21世纪初实现建筑信息化，再到进入新时代大数据、物联网、云计算、人工智能等与数字经济发展理念、当代建造技术进步、管理科学升级、体制机制改革和创新驱动引领的深度融合，通过企业业务技术、运营技术和商业技术创新带来经营模式的颠覆性变革，全面推动了建筑产业数字化转型进程，已成为建筑业建设中国特色社会主义强国的首要战略。充分体现了建筑业全产业链的各项经济技术指标与建造活动始终建立在世界当代前沿的科技水平与先进的管理方法及新型建造（生产）方式三大要素上，以确保建筑业最终向社会提供各类建筑产品必须是安全、经济、适用、绿色、美观，且社会、经济、环境三大效益显著。

回顾过去、纪念昨天，是为了不忘初心、继续前行。立足当前、展望未来，是为了珍惜今天、繁荣明天。我们隆重庆祝中国共产党成立100周年和纪念国务院推广鲁布革工程管理经验、进行建筑业企业管理体制改革35周年，就是要面对新时代的新发展格局以及新任务，新目标，更好地高举起中国特色社会主义伟大旗帜，以习近平新时代中国特色社会主义思想为指导，按照“五位一体”“四个全面”战略总布局和《国务院办公厅关于促进建筑业持续健康发展的意见》(国办发〔2017〕19号)、住房城乡建设部等九部门《关于加快新型建筑工业化发展的若干意见》(建标规〔2020〕8号)文件的精神总要求，紧紧围绕供给侧结构性改革，以加快转变建筑业发展方式为主线，提高建设工程质量和安全生产水平为主题，以创新驱动发展数字经济为引擎，以推进实现建筑产业现代化为目标，以科学管理的进取精神、主动变革的创新精神、与时俱进的时代精神，坚持深化改革破解难题，勇于创新促进高质量发展，为在全面建设社会主义现代化强国、实现中华民族伟大复兴的历史进程中，把建筑业打造成具有高贡献率的支柱产业、引领时代发展潮流的绿色产业、自觉履行社会责任的诚信产业、具有高科技产业素质和国际竞争力的现代化产业而努力奋斗，再创新辉煌。

上篇

经济发展“新常态”背景下建筑业持续与高质量发展

第1章

建筑业的改革发展历程与前景展望

建筑业是关乎国计民生的基础性产业，是国民经济的重要组成部分。建筑业七十年的走向及其波澜壮阔的发展历程是新中国伟大崛起辉煌画卷中一个浓墨重彩的动人篇章。

1.1 新中国七十年建筑业发展历史沿革

从中华人民共和国诞生到现在，建筑业应该说历经了一系列变革，大致可分为六个阶段。

1.1.1 从中华人民共和国成立之初第一个五年计划到多快好省社会主义建设总路线的提出为第一阶段（1950—1959年）

中华人民共和国成立初期一穷二白，百业待兴。医治战争创伤，恢复国民经济，让老百姓“吃饱穿暖”是党和国家的中心任务。当时建筑业实质上就是泥瓦匠，称为“一筐一刀一把锹、人拉肩扛上下跑”。1952年2月，中国人民解放军一部分部队转为工程部队，投身于国家建设。将原属西北、西南、华东、中南4个军区和二十三兵团的8个师、8万军工转业，确定番号为第一至第八工程师，为新中国建筑业的发展增加了至关重要的一支生力军。随着第一个五年计划的全面执行，建筑行业开始形成并发挥着重要的作用。最为振奋的是建设完成了在苏联援助下的156个重点大项目和694个大中型建设项目，其中重大项目中有军事44个，冶金20个，化工7个，机械24个，能源52个，轻工和医药3个。这个阶段，中国建筑业基本上是按照苏联的路子来发展的。对完成新中国国民经济的总体布局、确立社会主义工业建筑体系及建筑业的长期发展奠定了基础。但在工业的均衡布局上以毛泽东主席为首的老一辈革命家并没有全部按照苏联专家提出的规划，比如原来苏联要求将他们援建的项目集中放在东北和靠近沿海的一些大中城市，认为这样企业上马快，见效明显。但老一辈革命家认为在经济建设上必须考虑中国的实际，从国家经济长远和全面发展考虑特别是国防建设，当时正在朝鲜和美国打仗的情况下更不能这样布局，最后决定106项民用工业企业的21项和44项国防工业企业中的21项建在西部地区，这一决策的实施使过去几乎没有工业的我国西部地区建起了一批钢铁、电力、煤炭、石油、有色金属、兵工、航空、电子电气等企业群，初步形成了我国中西部与沿海相互衔接的轻重工业体系。不少企业在改革开放中仍然发挥了极其重要的作用。

1953年7月，长春第一汽车制造厂破土动工，1956年7月如期建成投产；1957年武汉长江大桥、新藏公路建成通车；特别是1958年5月中共八届二中全会根据毛主席的创意通过了“鼓足干劲、力争上游、多快好省的社会主义建设总路线”，实现了我国经济社会发展史上的一次历史性飞跃。1959年以人民大会堂为代表的十大建筑高速优质地建成并投入使用，成为庆祝新中国成立十周年献礼的重要标志性代表工程，充分彰显了新中国建筑业从创建到行业化发展建造能力的提升的伟大成就。第一个五年计划期，我国工业增加值保持了年均19.8%增速。

1.1.2 国民经济调整至建筑业萎缩阶段（1960—1964年）

1960年7月，由于苏联单方面终止与我国的各项援助工程合同，撤走在华专家，带走全部设计图纸和有关资料，使正在建设中的一大批重点建设项目被迫中断“下马”，迫使国家不得不作出对国民经济和基本建设投资进行大幅度调整的决定。1960年12月按照毛主席关于搞社会主义不能急、指标不能那么高、要把质量搞上去、不要务虚名而受实祸的指示，周恩来总理主持国务院会议，提出了“调整、巩固、充实、提高”的八字方针，并解释为：调整是为了更好地扩大生产，巩固是为了推广好的经验继续前进，充实是为了搞好工业布局配套和资源优化，提高就是在现有基础上使各类工程项目效益进一步提升，学习发达国家的经验。[①]此时毛主席还多次强调，中国人口多，底子薄，经济落后，要赶上发达资本主义国家，没有100年的时间是不行的。

1961年，国家基本建设投资由1960年的388.7亿元减到127.4亿元，1962年又减

---

① 人民网. http://zhouenlai.people.cn/n1/2018/0212/c409117-29820812.html.

到71.3亿元。由于投资额大幅度压缩，建筑行业也进行大规模精简，全民所有制职工人数由557.2万人减到193.3万人，其中，建筑工程部系统由146万人减为56.8万人，减少将近三分之二。1962年以后，按照中央工作会议（七千人大会）精神，建筑业也开始总结“大跃进”的经验教训，调整制定新规划、组织力量，砥砺前行，仍然在尽可能的条件下发挥了重要的作用。

1.1.3 国民经济恢复至“大三线”建设阶段（1965—1978年）

时间进入1964年末，当时中国的国际环境仍然很不好，首先来自苏联的威胁，其次是美国在朝鲜战场上失败后仍然把中国当作亚洲的主要敌人。1964年底美国轰炸越南北方，把战火烧到我国南大门。还有中国台湾在美国支持下叫嚣要反攻大陆，除此外印中边境日美韩结盟以及美苏两个超级大国对我国形成的紧缩包围圈。在这种情况下根据毛主席的指示，中共中央做出了“三线建设”的重大战略决策。从1965年起我国开始把沿海一些工业企业向西北部地区搬迁，进行了大规模的“三线建设”阶段。从20世纪60年代中到70年代初，国家经济建设实行“三线建设”优先安排、重点保证、抓紧抢修的原则，到1971年“三线建设”总投资额达到340.8亿元，与此同时国家还从过去下放企业招回8万多人，又新组建了8个工程局和基建工程兵，使从事建筑业的准现役军人数量达百万以上，建筑业依山傍水扎大营，在远离沿海地区的西南四川、贵州、云南，西北的新疆、陕西、青海、甘肃，到后来中原的豫西、鄂西，华南的湘西、桂西北，华北等贫困山区和内陆18个省、自治区进行了大规模的“三线建设”。1972年毛主席、周总理又批准引进一批进口项目，如武汉一米七轧机、辽阳化纤厂设备等，提出了加强交通港口建设。至此，国家一方面搞经济建设，另一方面围绕着准备打仗，“深挖洞、广积粮”，“备战备荒”为人民。中国建筑行业也开始走上独立自主、准军事化管理发展阶段，一直沿至“文化大革命”十年。通过“大三线建设”先后建成了1 100多个大中型能源、原材料、机械和工业交通企业，完成了数万个国防工程项目，至今不少企业像四川攀枝花、贵州水城钢厂、兰州铝厂等项目仍是我国实施西部大开发的基础。

应该说这一阶段国家的交通港口基础设施，内地城乡山区建设，促进沿海与内地经济开发、协同发展取得了惊人的成绩。截至1976年的10多年间，先后建设完成了一大批重大工业、交通港口、水利基础设施工程项目。包括贵昆、成昆、宝成（电气化）铁路，青藏公路，南京长江大桥建成通车；建设完成大中型水泥厂几千座；以三门峡、刘家峡为代表的大、中、小型水电站近6万多个；10万吨大连港码头，红旗渠，大港、胜利油田，北京燕山炼油厂，攀枝花钢铁基地，葛洲坝一期等工程项目的建成投产，其中不少列入中华人民共和国成立以来的“百项经典工程”序列，成为这一时期中国建筑业和广大建筑工人自力更生、自主创新，为社会主义建设作出突出贡献的重大成就。

自新中国成立到20世纪70年代末，经过近30年来的建设，我国的社会总产值从1951年的557亿元增加到1978年的3 645亿元，年均增长为9%以上，其中1952年到1978年工业（含建筑业）增长11%～13.5%，增长15.9倍，远远超出其他发达国家同期经济发展速度。我们可以自豪地说，在中国工业化建设中，建筑业在以毛泽东同志为核心的中国共产党领导下在社会主义建设中取得的一系列辉煌业绩，为建立新中国独立完整的国民经济体系和工业（建筑）体系、提高人民生活水平发挥了积极的作用，也成为前三十年驱动国民经济地区平衡发展和为今天改革开放奠定物质基础的重要引擎。

1.1.4　建筑业及基本建设管理体制改革发展阶段（1979—1986年）

1978年12月，党的十一届三中全会决定把工作重心转移到社会主义经济建设上来，实行改革开放。此后这一时期，中国建筑业在国家发展规划中开始被列为重要行业。建筑业改革大纲发布实施，从扩大企业自主权，实行百元产值含量包干、第一轮、第二轮承包经营等改革，企业承包经营制开始全面推行。1984年9月，国务院颁发的《关于改革建筑业和基本建设管理体制若干问题的暂行规定》提出了16项重要改革举措，标志着我国建筑业改革的全面启动和基本建设管理体制的重大转变。

从1979年至1986年，我国建成投产的大、中型项目近万个。如上海宝山钢铁厂、京秦铁路电气工程等一批大型具有现代化技术的建设项目。陡河电厂、秦岭电厂、北京石化总厂、上海石化总厂、鲁布革水电站等骨干项目，也都在这个期间建成投产。在房屋建筑方面，1984年中国建筑以“三天一层楼”的速度完成了当时中国第一高楼——深圳国贸大厦，由此产生了中国建造的“深圳速度”。

1.1.5　高速发展与工程项目管理全面推广阶段（1987—2011年）

1987年8月6日《人民日报》头版发表长篇通讯——“鲁布革冲击”号召在工程建设领域学习推广具有划时代影响的“鲁布革经验”。1987年7月国家计委等五部委批准18家企业作为第一批鲁布革经验推广单位先行试点，以“项目法施工”为突破口，实行“管理层与劳务层分开”，并以此为标志，开启了我国工程建设领域改革发展的新篇章。

短短二十多年，建筑业通过不断深化改革、转换经营机制、强化项目管理，形成了以“过程精品、标价分离、项目文化”为主线的建设工程项目管理新型运行体系，总结形成了一套系统的项目管理理论和方法，创造性提出了“项目生产力论”；培养和造就了一支复合型的项目管理人才队伍，全国先后培养了200多万名高端项目管理人才，其中一级项目经理60多万，一级注册建造师100多万；开发应用一代先进适用的施工创新技术，研发评选出国家级工法1 700多项；建设推广一批高质量、高速度、高效益，充分展示中国建筑业科技水平与当代管理实力，具有国际水准的北京奥运、上海世博会及三峡大坝、青藏铁路等代表工程，成为改革开放以来建筑业高速发展具有辉煌业绩的鼎盛时期。

1.1.6 推进产业现代化向高质量发展的新阶段（2012年至今）

党的十八大以来，中国特色社会主义进入新时代。我国经济也由高速增长阶段转向高质量发展阶段。2015年11月，习近平总书记在中央领导小组会议上提出供给侧结构性改革，通过调整产业结构、区域结构、投入结构、排放结构、动力结构以及分配结构，提高市场的资源配置效率与行业可持续发展动力，进而提高企业的核心竞争力。从此，建筑业也进入了深化改革、高质量发展的新阶段。

按照党和国家制定的高质量发展指标、政策法规、质量标准、绩效考核体系等要求，贯彻创新、协调、绿色、开放、共享的新发展理念，统筹推进“五位一体”总体布局和协调推进“四个全面”战略布局，坚持以供给侧结构性改革为主线，全面推进稳增长、促改革、调结构、惠民生、防风险各项工作。

近几年来，从全国建设规模增长速度来看，建筑业也已全面进入了从高速到稳中有进，再到平稳向高质量转型的发展阶段。建筑业数量型、速度型发展态势虽有所缓慢，但发展质量逐年提升。现代科学技术与新型建造方式的深度融合，极大提高了建筑生产力水平。精益建造、装配建造、绿色建造，增材建造、智慧建造、数字建筑等促使了一批像G20、上海中心、中国尊、北京大兴国际机场、京沪高铁、港珠澳跨海大桥的相继高质量建成，成为“中国建造”的品牌标志，充分展示进入新时代以来建筑业现代科技创新的绿色建造能力，有力推进了建筑产业现代化进程。

1.2 建筑业在社会主义建设中发挥了重要作用

2017年，国务院《关于促进建筑业持续健康发展的意见》用一个支柱，两个大充分肯定了建筑业的成绩，再次明确建筑业是支柱产业，在社会主义现代化国家建设中所处的地位举足轻重。

1.2.1 对国民经济的贡献大、效益好、社会影响力强

据不完全统计，改革开放以来在2012年以前的30年间建筑业总产值平均增长在20%以上，年增加值接近GDP的7%。2013年随着国民经济下行压力，建筑业完成产值开始出现不同降幅，特别是2015年全国建筑业产值同比增长仅为2.3%，首次跌进个位数，增速大幅度跳水。2017年有所回升，2018年完成总产值23.5万亿元，2019年全国建筑业总产值24.85万亿元，同比增长5.68%，建筑业增加值达到7.16%、占国内生产总值的比例始终保持在6.6%以上，是2015年、2016年连续下降后出现回升的近10年来的最高点。是1952年57亿元的4 300多倍，年均增长13%左右。增加值是1980年的260倍。2019年建筑业按产值计算劳动生产率为39.97万元人均，比2018年增长7.1%，劳动生产率再创新高，2019年建筑业实现利润8 381亿元，比2018年增长5.09%，2020年虽受突如其来的新冠肺炎疫情影响，建筑业完成总产值仍达到26.4万亿元，同比增长6.2%，建筑业增加值为7.3万亿元，占GDP比重仍高于7%，继续保持稳中有进的态势，在稳定国民经济方面，充分发挥了托底的重要作用。截至2000年年底建筑业在各行业的综合排序仍为第四位。其中最有代表的中国建筑已连续4年产值超过万亿元，稳居国有企业第四、世界建筑业第一（图1-1～图1-3）。

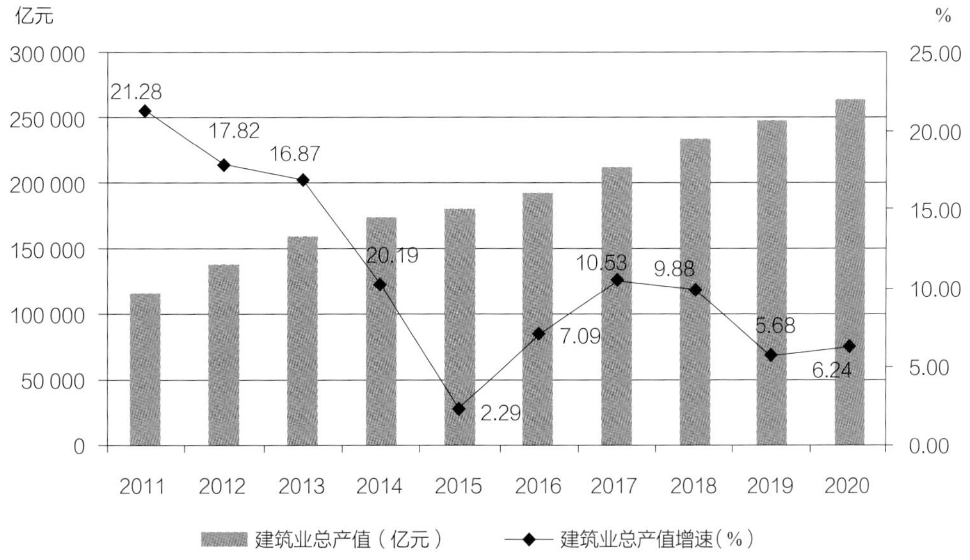

图1-1 2011—2020年全年建筑业总产值及增速

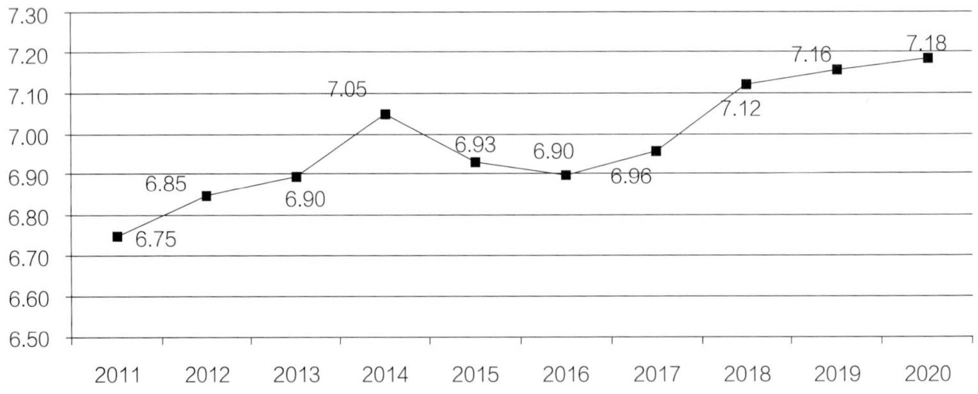

图1-2 2011—2020年全年建筑业增加值占国内生产总值比重

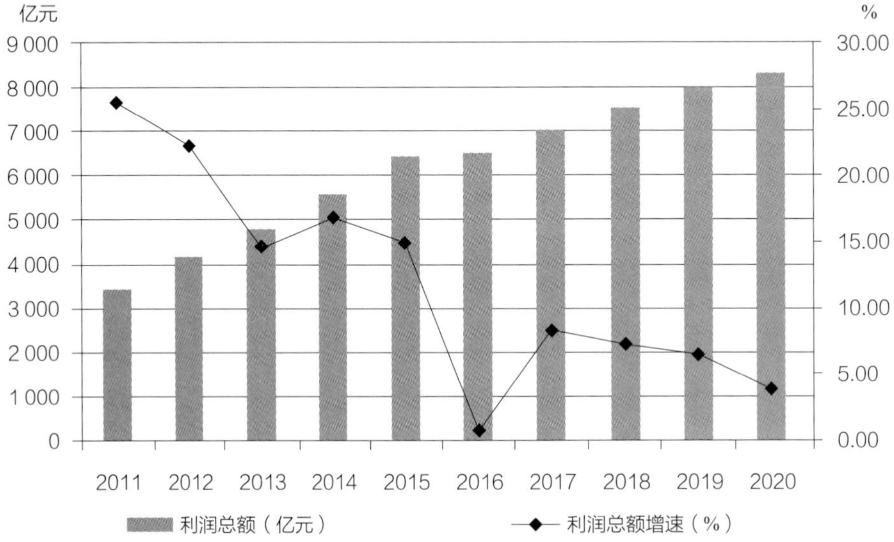

图1-3 2011—2020年全年建筑业企业利润总额及增速

1.2.2 建筑业规模及建造能力不断提升

2019年全国有施工活动的建筑业企业103 814个，比2018年增加8 414个，增速连续4年达到十年来的最高点。其中，国有控股企业6 927个，占建筑业企业总数的6.67%，工程总承包特级资质企业增至691家，特级资质增至875项，2020年底特级资质企业已达到715家（图1–4）。

现代建造能力大幅度提高。超高层建筑、高铁设计施工技术已在全世界属于领先地位，全世界超高层建筑50%都在中国，高铁网络总长位居世界第一，占世界高铁总里程的60%以上。中国建造的大跨度桥梁，规模和建设速度均居世界第一。港

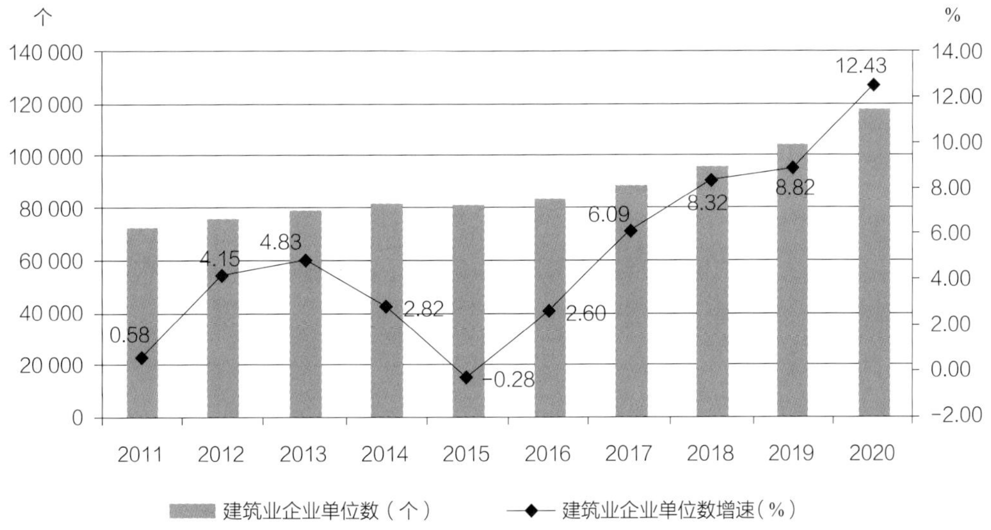

图1-4 2011—2020年建筑业企业数量及增速

珠澳大桥集桥、岛、隧道于一体，全长55km，拥有世界上最长的沉管海底隧道，外媒将其誉为“当代世界七大奇迹之一”。

1.2.3 吸纳大量农村转移劳动力

2019年底，全社会就业人员总数约为7.8亿人，其中，建筑业从业人数5 427万人，是中华人民共和国成立初期的270多倍。从业人数占全社会就业人员总数的7%，其中70%来自农村。建筑业在吸纳农村转移人口就业、推进新型城镇化建设和维护社会稳定等方面继续发挥显著作用。

1.2.4 带动相关联产业协同发展

建筑业需要消耗建材涉及冶金、机械、化工、纺织、轻工、电子、交通、电力、运输等50多个行业、2 000多个种类、3万多种规格的产品，有力地促进和带动了上下游产业的发展。据测算，建筑业每增加1亿元的营业收入，直接拉动其他行业增加7.5万元产出，间接带动社会其他产业增加2亿元以上的营业收入。

1.2.5 国际市场开拓稳步增长

我国具有对外承包工程资格的企业超过4 000多家。2019年对外承包工程业务完成营业额1 729亿美元，比2018年增长2.3%，新签合同额2 602.5亿美元，比2018年增长7.6%。有76家企业进入美国《工程新闻记录》2019年度“全球最大250家国际承包商”榜单，比2018年增加7家，入选的76家中国上榜企业的国际营业额共计为1 190亿美元，较2018年增长4.3%，占250家国际承包商海外营业收入总额的24.4%，2020年我国建筑业企业的国际营业额占国际市场的比重已超过1/4（图1–5）。

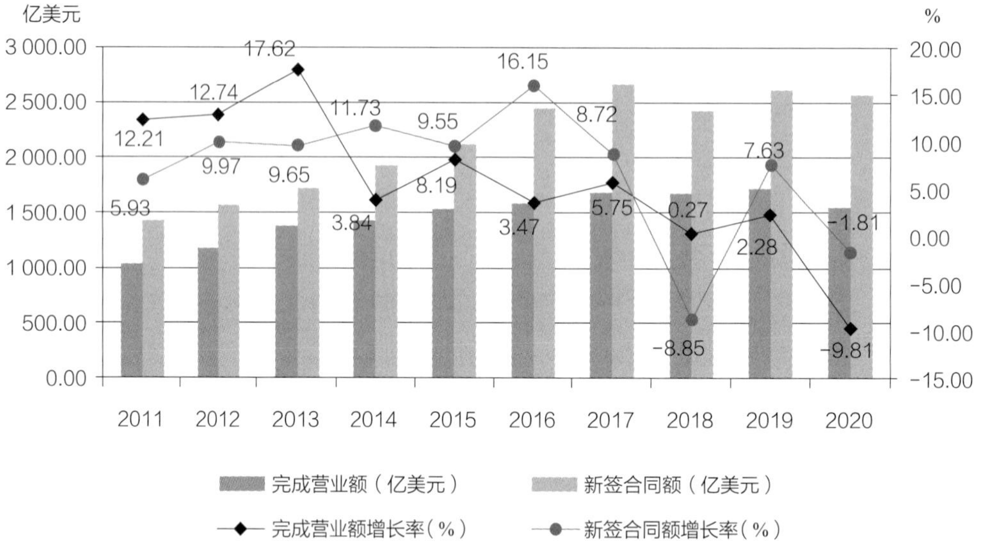

图1-5　2011—2020年建筑业企业对外承包工程业务情况

1.3　建筑业“十四五”乃至未来前景看好

2020年是“十三五”与“十四五”规划目标的历史交汇期，也是我国经济社会转型、全面建成小康社会、实现民族复兴中国梦的关键发展时期。面对“十四五”新阶段、新形势、新任务和新目标，建筑业任重道远、责任重大、使命光荣。

1.3.1　“十三五”规划目标的完成为建筑业“十四五”期间持续高质量发展奠定了基础

随着“新五化”，新型城镇化建设按照“二横三纵”布局已快速全面发展。其中“十三五”新建高速公路、高铁营业里程分别达到30 000km、城市轨道交通运营里程约3 000km，新建民用运输机场50个；按照“十四五”规划，到2025年我国城镇化率将要达到65%，国家对新型城镇化建设确立了六大发展战略（京津冀协同发展、粤港澳大湾区建设、长三角一体化、长江经济带、黄河流域生态保护和试验区全面开放建设），提出建设一批新型示范性智慧和绿色园林城市，强调坚持以人的城镇化为核心。一是要提高农业转移人口市民化质量，在城镇化布局19个国家级城市群的基础上完成已建成的21.9万个城镇老旧小区改造。二是要增强中心城市和城市群综合承载、资源优化配置能力，加大对西部12个省市城镇化建设的政策支持，推进以县城为重要载体的新型城镇化建设，实现城乡融合发展一体化、城镇基本公共服务一体化和城乡基础设施一体化。三是加快国家生态文明试验区建设，特别值得高度关注的是除了福建、江西、贵州三地区外，被人们称为“第二个香港”的海南自由贸易港建设，将探索打造一套独特的模式。既大力发展好自贸经济，又要生态保护、提升国际影响力，打造我国最大的自由贸易港城市群。

1.3.2　适应新格局，促生新动力，谋求区域协调发展新路子

东北老工业区振兴、中部崛起、西部大开发、京津冀一体化发展。特别是国务院关于雄安新区的设立和建设，通过区域发展战略探索人口经济密集地区优化开发的这一创新模式，谋求区域发展新路子，在千年大计的雄安新区建设中央企先行、民企紧跟，以中国建造斥资30万亿元实力打造雄安新区未来之城。自2019年已开工发布的项目至2021年上半年，工程建设类项目投资累计已超过2 969亿元，将为“十四五”中国经济社会发展打造新的增长极，代表着我国当前和未来一段时间的发展构思和创新理念。

1.3.3　积极投入“一带一路”建设，全力开拓国际建筑市场

“一带一路”建设各项具体措施的不断落地，为我国建筑企业加大了海外市场投资的机会，有了拓展国际建筑市场新的发展空间，进一步增强企业参与国际化竞争的优势。“一带一路”贯穿亚欧大陆，沿线国家60多个，涉及44亿人，经济总量占全球28%，未来10年仅亚洲基础设施需求涉及资金有8.22万亿美元，投资主要趋向老挝、印度尼西亚、巴基斯坦、马来西亚、俄罗斯、柬埔寨和阿联酋等国家。另外，国际市场包括欧美国家基础设施老化，更新改造项目以及新兴基础设施投资都需要建设，而未来能满足这方面的人才、设备、技术条件的也只有中国兴起的建筑队伍。

1.3.4　新冠疫情暴露出社区卫生设施建设急待加强

2020年出现的新冠肺炎疫情暴露了我国在医疗卫生领域很多设施存在短板，主

要体现在医疗卫生设施投资低、交通运输压力大、城市改造工程存在重大隐患。与此同时也给建筑业带来了许多反思：疫情后项目复工、防疫、工程索赔等问题接踵而来，按照党和国家关于加强医疗卫生基础设施建设的战略要求，医疗卫生领域的基础设施建设也将成为“十四五”经济发展和基本建设投资的重点，必将成为新一轮的投资热。

1.3.5　面向“十四五”和2035年远景目标，抢抓新机遇

把握中华民族伟大复兴的战略全局和世界百年未有之大变局这“两个大局”，注重防范化解重大风险挑战，实现发展质量、结构、规模、建设、效益和安全相统一。“十四五”规划和2035年远景目标总要求重点将放在科技创新、新经济战略和数字经济、传统产业改造升级、围绕碳中和达标挖掘新能源与内生性消费潜力、推动区域协调城乡一体化及更高水平的对外开放，树立负责任的大国担当等方面，具有四大机遇和特征：

一是加快产业现代化（新型工业化）推动。中国社会发展经过40多年的改革开放可以说已经完成了工业化进程，进入了互联网、智能化、产业现代化的数字经济变迁时代。从国家层面，将发挥新型举国体制优势，强化科技强国战略引领，集中力量整合提升一批关键性技术平台，支持龙头企业联合高等院校、科研单位及上下游企业共建国家级科研平台和产业创新中心、加强产业信息基础设施建设；从企业层面，充分发挥企业的创新主体地位，加大科技研发投入，注重完善、优化科技创新激励机制和制度建设，全面激发人才创新活力，多头并举促进“中国建造、中国制造、中国创造”的现代工程承包服务业深度融合，加快建立现代产业体系，全面推动产业转型升级。

二是立足新基建设施投资支撑。不少专家认为新基建就是为数字化和产业数字化转型所配套的基础设施建设，包括信息基础设施、融合基础设施、创新基础设施三大领域。新基建将是未来20多年经济社会发展非常强劲的全要素生产率上升的增长点。据最新官方消息，2021年全国大部分省市已出台重点建设项目计划安排，主要投向基础设施研发、民生工程改善、科技创新领域。全国已有25个省市在政府工作报告中提及新基建，其中8个省明确当年内新建5G基站数量超过30万个。再比如北京计划三个一百项工程、总投资超过1.3万亿元；河北682项总投资1.2万亿元；广西1 724项总投资约3.5万亿元；云南805项总共投资约4.8万亿元；内蒙古407项总投资1.22万亿元；江西461项总投资1.54万亿元；陕西543项总投资2.2万亿元；海南省

作为自由贸易港，2021年集中开工的项目已达110个，总投资接近300亿元；辽宁“十四五”期间将计划7.3万亿的新项目。除此外上海、天津、安徽、重庆、四川、广东、山东等省市也相继做出了重大项目的计划安排。

三是充分发挥消费基础性作用。中国经济过去40年来的高速发展主要是投资、进出口、消费三驾马车。从经济发展的远近规律来看今后依靠投资和进出口的经济增长将逐年下降，而国内消费市场比重将大幅度上升。专家预测到2035年国内消费将增长20个百分点，占GDP的60%左右，已成为国内大循环为主体的经济增长重要动能。具体讲就是要强化科技创新驱动发展，加快现代产业体系建设，推动经济结构优化升级，优化生产要素资源配置，精准支持发展第三产业，扩大内需，促进消费市场转型，健全现代物流体系，推进交通与物流融合发展，深化分配制度改革，提高职工收入占比，促进消费市场多样化，以满足消费新的需求。总之，“十四五”期间进一步通过推动重点领域新型基础设施、新型城镇化与乡村振兴、交通水利重大工程建设，实施川藏铁路西部陆海新通道等一大批基础设施及增功能、利长远的重大工程项目建设，拓展投资空间，形成市场主导的投资和消费内生经济增长机制。

四是勇于接受双碳目标的挑战。我国政府承诺在2030年前碳排放达峰，2060年前实现碳中和。据相关机构透露，达到这一目标中国需要投资127万亿～192万亿元，平均每年仅此项投入3万亿～4万亿元人民币。考虑到中国能源密集型增长模式与规模经济和强大的建筑业能力，使其从可再生能源的研发到大规模的基础设施建设等多方面具有很强的挑战性。意味着传统产业在脱碳要求背景下推进绿色转型，促进实现低碳、节能、环保、高科技提升产业升级这一潜在投资过程中将为建筑业长时期持续高质量发展创造巨大的挑战与机遇。

综上可以看出，当前和今后很长一个时期我国经济社会发展仍然处于重要的战略机遇期，“十四五”期间国民经济稳中有进的发展势态不会变，机遇与挑战并存，将给我国建筑业带来新的更多的发展机遇，相信未来二十年中国建筑业仍将是个朝阳产业，在国民经济的地位相当稳定，并将更为突出和发挥着极其重要的作用。

第2章

经济发展“新常态”与践行“一带一路”建设

2015年中央经济工作会议结合现阶段国家经济发展的现状总结了九个方面的问题，深刻指出我国社会经济发展已进入深度变革的调整关键历史时期，也称之为“新常态”。面对新的形势，既是挑战，更是机遇。建筑业如何适应“新常态”，在加快新型城镇化、工业化、信息化、农业现代化和绿色化的深度融合进程中继续保持平稳健康发展，需要有更深层次的研究和思考。

2.1 从贯彻“四个全面”的高度认知和引领“新常态”

以习近平同志为核心的党中央站在时代发展和国家战略全局的高度，提出了“全面建成小康社会、全面深化改革、全面依法治国、全面从严治党”。这是中共十八大以来实现“两个一百年”奋斗目标的战略布局和行动纲领，蕴含了深刻的战略思想。全面建成小康社会，作为2020年实现第一个百年的发展目标，是全面“实现中华民族伟大复兴中国梦‘两个一百年’奋斗目标的关键一步”；全面深化改革，体现了时代潮流，其目的是完善和发展中国特色社会主义制度，推进国家治理体系和治理能力现代化；全面依法治国，是实现“两个一百年”奋斗目标的抓手和重要保障，表述为定海神针和助推器；全面从严治党，是执政党确保“两个一百年”奋斗目标实现的必然要求和路径。“四个全面”具有很强的预见性、创造性、实践性、系统性，从目标关怀思维方式、实践要求、方法遵循、成效评判多方面充分体现了中国经济发展的客观性、党和政府执政理念的人民性。可以说是谋小康之业，扬改革之帆，行法制之道，筑执政之基。从2015年中央经济工作会议提出经济发展“新常态”到党的十八届五中全会“四个全面”的提出，再到党的十九大关于我国社会主要矛盾的新判断以及“十四五”规划（2021—2025年）、2035远景目标，党和国家为确保全面实现第二个百年奋斗目标所绘制的宏伟蓝图，不但给人们带来更多的社会民生福祉希望，还为各行各业提供了更多的发展机遇。但是我国经济发展仍然面临许多新问题、新矛盾。最主要的是经济发展进入“新常态”以来所面临的发展环境、条件、任务、要求都在不断发生新的变化。

“新常态”是指我国经济发展要从过去依靠规模扩张、低价劳动成本、低价土地政策、不注重环境保护的发展模式向依靠质量提高效益型转变。它有四个特点：一是经济发展速度从高速增长转向中高速稳定增长；二是经济发展方式从规模型粗放增长转向质量效率型集约增长；三是经济发展结构不断优化升级，体现在从增量扩能为主转向调整存量、做优增量并存的深度调整；四是经济发展动力从要素驱动、投资驱动转向创新驱动，传统增长点转向新的增长点的这样一个“大转换时期”。这是经济发展的换挡点、优化结构的调整点、驱动发展的转换点。从表象上看是经济增长减速换挡，但从其本质看应是发展动力的转换与重塑，核心是将经济发展动力从依靠资本、劳动力等生产要素大规模投入驱动切换到创新驱动上来，提高发展质量和生产效率。建筑业必须站在国家发展这个战略高度，明确前进方向，找准市场定位。因此，全面深化改革，坚持创新驱动，切实把“转方式、调结构、防风险、稳增长、惠民生、促发展”落到实处，从而认知“新常态”，适应“新常态”，引领“新常态”。

2.1.1　直面挑战，充分认识经济发展“新常态”和新冠肺炎疫情给建筑业产生带来的影响

改革开放以来，中国经济取得了举世瞩目的辉煌成就。经济总量自从2010年以来一直保持世界第二大经济体的地位；2020年经济总量已突破100万亿元大关，人均GDP连续两年超过1万美元，略低于世界平均水平，进入中等偏上收入国家的行列。中国的进出口规模超过美国居世界第一位。在工业制造能力上，中国钢铁、水泥、电解铝等200多种工业品产量居世界第一名。在基础设施条件上，全国铁路营业里程达到13.9万多千米，居世界第二位，而高铁（含城际铁路）运营里程达到3.9万km，居世界第一位，高速公路的通车总里程达13.65万km，居世界第一位。与此同时，建筑业为国民经济发展、改善城乡面貌、大量吸收农村劳动力做出了巨大的

贡献，建筑业增加值平均接近GDP的7%，已成为国民经济名副其实的支柱产业。但是，也要看到建筑业在发展的同时付出了不可忽视的代价。特别是2012年前的30多年，建筑业主要是依靠投资拉动和低价劳动力发展的主要行业，加上市场经济不成熟及法律法规方面缺陷等因素，制约建筑业持续发展的问题和障碍严重存在。其发展还没有真正转移到依靠集约化管理和技术进步与质量效益型的良性轨道上，既不能适应“新常态”背景下我国新型城镇化建设快速发展的需要，又面临国际市场上发展中国家低成本优势与发达国家建筑企业综合实力及品牌优势两面夹击的严峻挑战。因此，要高度关注和应对“新常态”环境和新冠肺炎疫情对建筑业未来发展走势的影响，研究解决建筑业存在的突出问题。

（1）经济下行压力的影响。当经济增速从过去10%以上的高速增长换挡、回落为7%左右的中高速增长时，建筑业的规模增速也相对会下滑，这一变化趋势已经显现在“十二五”后两年的增幅变动曲线上。2015年全国建筑业总产值为180 757亿元，比2014年同期仅增长2.3%，增速下降了5.8百分点，创历史新低；2016年完成19.36亿元，同比增长7.1%；2017年完成总产值21.4万亿元，2018年完成总产值23.5万亿元，同比分别增长10.5%和9.8%，开始有所回升。但是2019年末突如其来的新冠肺炎疫情又使经济增幅放缓，2020年中国GDP总量虽然达到101.6万亿元，成为世界经济正增长的唯一经济体，但较2019年增长仅为2.3%，对中小型企业影响仍然最大，据相关资料透露，前两年中小型建筑业企业的合同额也同比下降了30%左右，预计今后几年这一现象还将持续突显，不少企业特别是小企业将面临生存的巨大考验。

（2）产业结构变化的影响。随着供给侧结构性改革的深化，产业结构的变化将对建筑业带来深远的影响。过去30年建筑业发展的一部分收益主要来源于房地产，党的十八大以后房地产市场开始走向理性成熟阶段，房地产行业过量投资的趋势有很大改变，特别是民间资本投资出现断崖式下跌，2016年以来仅增长2.9%左右。但与此同时第三产业消费需求逐步上升，已成为产业主体，服务业增加值占GDP的54%以上，其贡献率已接近60%，居民消费结构发生了深刻变化，人民开始追求生活品质、享受文化氛围，已成为需求主体；在城乡区域结构方面，城乡区域差距将逐步缩小，教育、医疗、住房等社会保障急需配套完善；在收入分配结构方面，居民收入占比上升。这种供给则改革促进国民经济结构的优化必然也会促使建筑业结构顺应市场需求进行强制性调整。

（3）发展动力转换的影响。“十三五”国民经济从要素驱动、投资驱动转向创新驱动，实现驱动转换。这一深刻变化，前两年里已在不少产业有充分体现，2017年高新技术产业增速已达到13%以上，科技成果转化为现实生产力的比例接近60%，这种新动力驱动方式对于我们这个以劳动密集型为特征的建筑业而言，更加充满挑战性。特别是多年来积累的一些不确定性风险更加显性化，楼市风险、地方债风险、金融风险等与建筑业关联度较大的市场潜在风险将渐渐浮出水面，从而对建筑企业的正常运行造成致命的影响。

2.1.2 全面深化改革，加快转变发展方式，推进建筑业持续健康高质量发展

面对经济发展“新常态”和新冠肺炎疫情及信息技术迅猛发展和全球价值链深化带来的新一轮经济全球化，像我们这样一个劳动密集型和建造方式相对落后的传统产业，要实现稳中求进、持续发展，必须选择正确路径，抓住有利时机，全面深化改革，向现代产业转变。

（1）要以党的十八大、十九大和历届中共中央全会精神为指导，坚持五大新发展理念，保持定力，坚定前行。党的十八届五中全会提出，创新发展、协调发展、绿色发展、共享发展是我们党对经济社会发展规律的深刻认识，是党带领全国人民实现“两个一百年”奋斗目标的强大思想武器。其中，创新发展是“十三五”以来和“十四五”经济发展结构实现“五位一体、四个全面”的战略性调整的根本支撑和关键动力；协调发展是全面建成小康社会的重要保证；绿色发展是建设两型社会、解放和发展生产力的历史选择；共享发展是中国特色社会主义的必然要求。面对“新常态”和新冠肺炎疫情对建筑业的影响，我们必须正确认识，直面挑战，不能因为包袱重而等待、困难多而不作为、有风险而躲避、有阵痛而不前，坚持以五大发展理念武装头脑，以深化改革总揽全局，以创新发展为思维灵魂，大胆探索，务实工作，进一步破除机制障碍，优化调整产业结构，转换发展动力，加快实施创新驱动，释放发展活力，着力提升发展质量，因势而谋、因势而动、因势而进。这是当前我国建筑业转变发展方式，适应经济发展“新常态”，保持持续健康发展的内在要求。

（2）建筑企业要强调思路之变，把握主动之机，探求创新之道。强调思路之变就是首先要抓好认识上的导向问题，要看到“新常态”和新冠肺炎疫情既是挑战更是机遇；把握主动之机就是要看到经济减速一定程度上给我们提供了克服依靠扩张规模发展、做好结构调整、消除产能过剩的空间，使我们腾出时间从管理抓起，苦

练内功，内生动力，增强本领，提升创新能力；探求创新之路就是要直面挑战，敢于亮剑，积极应对。要看到过去“三低”发展给行业造成的新旧矛盾、难题等诸多不确定因素与企业自身存在问题是躲不开、绕不过去的。企业只有结合本单位的实际，坚持创新灵魂思维，不断攻克艰难，让新理念、新知识、新信息、新要求、新经验、新文化，入脑入心、外化于行，推进改革发展和提质增效进入新境界，企业转型升级上新台阶，以创新举措和拼搏精神提升发展质量和生产效率，从而把经济下行带来的各种不利因素降低到最低程度。

（3）要多措并举，政、产、学、研联动，加快实施创新驱动发展战略。随着各种新兴信息技术不断涌现，BIM技术、云计算、大数据对行业发展和企业管理的影响日益显著，特别是它能够大幅度提高工程建设项目的全过程优化、集成效益，实现目标动态控制精度和“智慧管理”。当前一是要围绕“互联网+”，加快实施创新驱动发展战略，以创新的思维、信息化的手段和BIM技术，加强新型建筑工艺革新和建造方式共性关键技术攻关，运用信息技术构建行业横向联动、纵向贯通的集约化管理体系，实现企业管理与项目管理互联化、标准化、数据化、精细化、高效化。

二是要充分发挥市场对资源优化配置的决定性作用和有为政府的宏观调控作用，促使政府出台更多更加有效的扶持政策，为经济社会发展和企业推广应用适用技术变革生产方式，发展绿色装配式建筑，营造新环境、培植新土壤、释放新活力，使实干精神与创新力度深度融合于建筑业改革和健康发展的全过程，让各项改革措施接地气、落实处、见实效。

三是充分发挥企业在市场化运作中的主体作用。广大建筑企业更要主动出击，积极与大专院校、科研单位和具有特色专业的企业强强联合，实现优势互补，分享先进经验，凝聚实践智慧，增强自主创新能力。重心点要放在加大科技投入，立足真抓实干，树立品牌意识，依法诚信经营，强化管理创新，形成创新驱动发展的制度、体制、机制、规则。从而全方位地引导资金、人才、技术等创新要素按市场导向优化配置，促进建筑业这个传统产业换挡升级，全面推进和提高建筑产业现代化水平。

2.1.3 在贯彻落实完成“十三五”规划的基础上，走好国际化发展之路

“十三五”是我国经济社会转型的关键发展时期，是深化改革开放、加快转变经济发展方式的攻坚时期，是全面建成小康社会、实现民族复兴中国梦的决胜

历史阶段。

（1）“十三五”规划目标明确，建筑业任务艰巨，突出贡献使命光荣。按照2016—2020年规划对国家战略意图、政府工作重点、市场主体行为的要求，其中以经济发展、创新驱动、民生福祉、资源环境四大指标实现为重点，从十个方面以及五组数字（经济、民生、环保、交通、网络）上对国民经济发展宏伟蓝图做了非常明确的描绘（GDP6.5%，城镇人口5 000万，脱贫5 575万，人均可支配收入增6.5%；新增棚户区改造2 300万套，儿童之家、养老保险、医保覆盖率均要达到90%以上；环保单位GDP能耗下降15%，城市空气质量优良天数80%；交通新建高速公路3万km，高铁营业3万km，城市道路3 000km；98%的行政村实现4G网络覆盖），其核心是以加快新型城镇化建设、完成1亿人居地城镇落户、全面实现小康社会为目标，坚持五大发展理念，实施创新驱动发展。从而把减少对出口和国家投资的依赖，转向增强国内消费，提高生产质量效益，保持经济平稳健康发展，整体解决区域性贫困，保障人民生活水平和幸福指数再上新台阶。

可以看出，“十三五”期间基本建设规模仍在较为适度的速度上继续增长，建筑业作为支柱产业，其工作与产品质量和经济社会发展及亿万人民群众生活息息相关，已成为转方式、调结构、促发展、防风险为社会做贡献的主要产业。2021年是“十四五”规划和全面建设社会主义现代化国家新征程的开启之年，党和国家对建筑业建造水平和服务品质提出了更高的要求。工程建设也面临着各类高、大、难、新项目的开工，节能减排外部约束加大，高素质复合型、技能型人才短缺，国内外建筑市场竞争加剧等严峻挑战。但总体上看，困难与发展并存，机遇大于挑战，外部环境和内部环境有利于我国建筑业稳步健康高质量发展。

（2）“一带一路”为建筑业完成“十三五”和“十四五”规划与未来持续发展提供了发展机遇。

2013年9月和10月，中共中央总书记、国家主席习近平在出访中亚和东南亚国家期间，先后提出共建“丝绸之路经济带”和“21世纪海上丝绸之路”的重大倡议，得到国际社会的高度关注和积极响应。“一带一路”倡议为我国建筑业走出去参与国际市场竞争完成“十三五”和“十四五”规划目标的重要途径，也是建筑业增加市场空间、实现持续发展的必然选择。但目前，建筑业企业对国际市场还缺乏深刻的认知和全面把握，对国际惯例、通行规则还不熟悉，对“走出去”遭遇的挫折和教训尚未上升到规律性的认识和掌握。因此，要实施“走出去”战略，走好国际化发展之路，必须坚持“走出去”“走下去”“走进去”“走上去”“走回来”这“五步走”：

一是“走出去”，也就是要坚定不移地迈出国门。

企业应当把国际化作为新阶段一个长期的发展战略，立足国内国际双循环相互促进的新发展格局编制《国际化经营战略规划》，构建相适应的海外发展与管理平台，推动从市场的国际化向管理体系的国际化、企业文化的国家化、人才集聚的国际化延伸。同时要积极稳妥地提升海外工程资源配置的比例，在人力、物力、财力等各方面优先保证，大力支持。坚持“有所为、有所不为”的策略，抑制急于求成的冲动，坚持比较优势、依法合规经营，把商誉当作生命，维护企业品牌形象。

二是“走下去”，也就是要攻坚克难坚定前行走下去。

企业走出国门后，必然会遇到各种各样的问题和困难，绝不能遇到一点困难就打退堂鼓，也不能“打一枪换一个地方”，更不能竭泽而渔，搞一锤子买卖。要学会与境外企业打交道，通过强弱联合、优势互补、合作共赢、长期坚守、持续耕耘，才能有所收获。

三是“走进去”，也就是要融入当地，深耕细作。

中国建筑企业“走出去”要实施“属地化”策略，与当地社会实现深度融合，尽快了解熟悉当地的风土人情、风俗习惯、市场交易规则。也可以通过实施海外并购，快速拓展海外市场，引进海外管理经验、科学技术、人才资源，使企业运营管理与市场需求更加匹配，不断提升企业国际竞争力。

四是“走上去”，也就是要走上国际竞争的高端市场。

企业要积极研究世界一流的先进技术、先进管理，紧盯国际高端市场，承揽当地市场上具有重大影响力、标志性项目，打造世界一流的“中国建造”“中国品牌”。要加强金融资本和产业资本的有效对接，立足全球资源，探索股权投资、股权置换、参与股权基金、项目债券、资产证券化、发行永续债等多种融资形式，深化与国内外金融机构的互利合作，构建起金融产业对海外发展的有力支撑。

五是“走回来”，也就是要把收益利润和资金资源等收回来。

企业经营不同于做慈善，“走出去”不能老做赔本买卖。企业参与国际竞争，一定要遵循国际市场的通用规则，遵循基本的商业逻辑，敬畏市场，尊重常识，切忌头脑发热、意气用事、盲目跟风，在这方面中国企业有太多的教训可以总结。

“十三五”期间，我国经济发展势头不但没有出现大的波动，而且由于“一带一路”建设的公共服务和基础设施新一轮投资热潮，构成我国扩大外需的最大潜力和新的经济增长点。

思深方益远，谋定而后动。面向“十四五”和“一带一路”建设的发展环境、条件、任务的新变化，建筑业一定要树立创新发展理念，综合判断，科学谋划，抓住新机遇，抢占制高点，履行新使命，勇于挑重担，迎接新挑战，打造升级版，为新时期全面开创建筑业改革发展的新局面而努力奋斗。

2.2 践行“一带一路”建设对建筑业发展的深远意义

2015年3月28日，国家发展改革委、外交部、商务部联合发布了《推动共建丝绸之路经济带和21世纪海上丝绸之路的愿景与行动》，标志着在“一带一路”建设迎来了快速推进的路线图和时间表。

2.2.1 2021年是“一带一路”倡议实施的8周年，“一带一路”建设的提出是国家新型整体建设的重要组成部分

“一带一路”建设是中国日渐清晰的国家新型整体战略的重要组成部分，它的推进将为在国家经济发展“新常态”背景下实现“十三五”规划目标和开拓“走出去”对外开放新格局以及实现“两个一百年”奋斗目标和中华民族伟大复兴的中国梦激发新动力、营造良好的新环境。因为它不仅明确了我们国家对外开放的新路径，同时也将成为中国经济在“新发展阶段”背景下新的增长点。其重要意义可归纳为以下几方面：

（1）巩固中国同中亚和东南亚的合作基础。“一带一路”建设将是上海合作组织、欧亚经济联盟、中国—东盟（10+1）、中日韩自贸区等国际合作的整合升级，也是我国发挥地缘政治优势，推进多边跨境贸易、交流合作的重要平台。

（2）逐步形成两个辐射作用。“一带一路”沿线国家有26个，覆盖人口44亿（占世界人口63%），经济规模总量约为21万亿元，占世界经济29%，海上丝绸之路经济带可以逐步辐射到南亚和非洲等地区，扩大中国的影响力，非常有利于新的欧亚商贸通道和经济发展带的形成。

（3）带动中西部加快改革开放。我国对外开放取得了举世瞩目的伟大成就，但受地理区位、资源禀赋、发展基础等因素影响，对外开放总体呈现“东快西慢、海强陆弱”格局。“一带一路”将构筑新一轮对外开放的“一体两翼”，在提升向

东开放水平的同时加快向西开放步伐，助推内陆沿边地区由对外开放的边缘迈向前沿。

（4）促进东部地区的转型升级和对外投资。东部省份可以寻求与东南亚国家合作的新支点，加大经贸合作力度，以点带面，形成联动发展的新局面。

“一带一路”规划即推动中国与周边国家利益共同体的建设，通过投资、技术转让、物资援助，带动国内腹地和沿途国家的发展，深化与沿途各国的经贸、人文、生态、科技、教育等各领域合作，从而实现全方位开放新格局。随着中国经济的崛起和腾飞，特别是作为制造业大国，中国不仅可以输出丰富多彩、价廉物美的日常用品，而且能够向世界提供更多的技术和设备。作为全球主要外汇储备国，中国能够携手各国共同应对金融风险，中国有实力投资海外，与急需资金的国家共同把握发展机遇。

2.2.2 “一带一路”背景下开拓国际市场的有利条件

值得一提的是，从2013年习近平总书记提出“一带一路”倡议以来，2014年，我国对外承包工程业务完成营业额1 421亿美元，同比增长3.8%，新签合同额1 917亿美元，同比增长11.7%，同时带动设备材料出口近200亿美元。到2019年对外承包业务完成营业额已达到1 729亿美元，比2014年增长21.7%，新签合同额2 602亿美元，比2014年增长35.7%，我国有76家企业进入国际承包商前列。其中排名最高的是中交集团，排名第三，其海外营业额从2016年的192.6亿美元到2019年的380.4亿美元，增长了近一倍，连续三年进入世界前三。“一带一路”倡议提出六年来，共有130多个国家和国际组织积极响应和支持，50多个国家同中国签订了合作协议，我国企业已在沿线国家投资额超过500多亿元，其中建筑业在“一带一路”沿线国家年均新签合同额占海外合同额的50%以上，为我国境外承包工程开创更加广阔的新市场。当下我们必须抓住政策沟通、设施联通、贸易畅通、资金融通、民心相通这五个核心，重点放在“三通”上。

（1）设施联通将直接催生对外承包工程新的项目机会。基础设施互联互通是“一带一路”建设的优先领域，目标是形成连接亚洲各次区域以及亚欧非之间的基础设施网络。“一带一路”倡议构想将亚欧非三大洲连成一片，覆盖人口近46亿，GDP总量达20多万亿美元，约占全球三分之一，重点聚集这些国家的公共交通和基础设施建设。从国家发展改革委、外交部、商务部发布的《推动共建丝绸之路经济带和21世纪海上丝绸之路的愿景与行动》（以下简称《愿景与行动》）来看，建筑业对外承包企业相关市场引致的机遇尤其值得关注。

（2）贸易畅通通过解决投资贸易便利化问题及消除投资和贸易壁垒，有利于推动对外承包工程新的项目机会的落地。贸易畅通将推动“一带一路”沿线国家各领域的合作，特别是《愿景与行动》提出，沿线国家宜加强信息互换、监管互认、执法互助的海关合作，以及检验检疫、认证认可、标准计量、统计信息等方面的双多边合作，推动世界贸易组织《贸易便利化协定》生效和实施。预计未来10年，“一带一路”出口规模占比有望提升30%以上，沿线国家成为我国的主要贸易和投资伙伴，将有利于中国对外承包工程企业开拓市场和实施项目。自2015年5月1日起，中国已启用丝绸之路经济带海关区域通关一体化的通关方式，有力地促进了我国对外承包工程项目实施。

（3）资金融通将为对外承包工程提供急需的资金支持。在国际工程承包市场上，市场的竞争已从设计、采购、施工和工程管理的综合能力的竞争演变为企业融资能力的竞争。如果没有资金支持，亚洲基础设施领域的对外承包工程市场机会无法变现。随着“一带一路”倡议的实施，亚洲基础设施投资银行、丝路基金、金砖国家开发银行等金融机构的组建运营，将缓解“一带一路”沿线国家的基础设施建设资金需求，使得更多对外承包工程项目的落地成为可能，其他金融合作也有利于对外承包工程的融资和结算。当然，要实现上述“二通”必须充分发挥大型骨干龙头企业保障“一带一路”成功的示范引领作用，并在“一带一路”倡议实施过程中，力争在政治稳定而清明、经济活跃而有序、文化包容而独特、社会公平而正义、法制健全而与时俱进的项目投资目的地国家富有建树。

2.2.3　“一带一路”开放格局对建筑企业的发展机遇

随着世界经济进入复苏期和我国新型城镇化建设以及“一带一路”建设的实施，未来十五年将为建筑业带来一个新的发展机遇期。我们必须综合判断、精准把握、科学谋划，抓住新机遇，迎接新挑战。

（1）“一带一路”建设为建筑业开拓了新的投资发展空间。当前，受国际国内经济大环境的影响，我国建筑业产值的绝对值和增长速度近几年都有明显下滑，但是随着“一带一路”倡议各项具体措施的不断落地，为我国建筑企业提供了加大海外市场投资的机会，拓展海外建筑市场空间，提升我国建筑业的整体水平，进一步增强企业参与国际化竞争的优势。这是因为，一方面，在国内的市场中，自2015年以来每年由“一带一路”海外项目基建投资拉动的国内基建投资规模在4 000亿元以上。另一方面，在国外市场中，截至2019年，我国在“一带一路”沿线国家设立的境外投资企业达1.1万家，共对“一带一路”沿线的50多个国家进行了直接投资，投资额合计1 173.1亿美元，其中2019年实现直接投资186.9亿美元，同比增长4.5%。另据商务部数据发布，2020年前8个月中国企业对“一带一路”沿线国家非金融类直接投资118亿美元，同比增长31.5%，与此同时“一带一路”建设促成的典型项目包括肯尼亚蒙内铁路、巴基斯坦卡拉奇—拉合尔高速公路、印尼雅加达—万隆高铁项目等。可以预计“一带一路”建设将极大提升我国大型建筑总承包企业的海外收入占比。

（2）“一带一路”为加快建筑业转型升级提供了外部市场环境。近几年来，中国建筑业低价劳动力红利已经大步消退，以劳务为特征的对外承包竞争力优势严重下降。在这种情况下，如何提升国际工程承包供给水平，对接高端市场，必须通过推进基础设施互联互通，将沿线国家的经济发展需求与中国制造和工程承包的国际竞争优势深度结合，既有助于改善沿线国家尤其是发展中国家的基础设施，又有助于我国建筑业企业延长产业链、提升价值链，实现由“中国承包建造”向“中国投资建设”、再到“中国投资建设运营”的产业链转型升级。

首先，可以逐步拓宽业务领域，培育竞争新优势。目前，国际工程市场竞争激烈。由于产品同质化现象较为严重，许多发展中国家承包商以及发达国家承包商纷纷加入价格战。面对这种形势，我国对外承包工程企业应逐步拓宽业务领域，实施多元化和差异化经营，努力由传统的成本价格优势向技术和管理优势转型升级。一方面，大力推进交通、能源等传统优势项目发展。另一方面，以专业化为支撑，适度多元化发展，努力避免同质化竞争。对于行业龙头企业来说，可以主动承接国际先进工程技术转移，加强绿色节能环保建设和运营管理，注重与装备制造企业合作，培育我国企业承揽大型国际项目的竞争新优势。

其次，可以延长产业链，提升价值链。目前，我国对外承包工程业务主要集中在产业链末端的施工环节，加快由低端业务向中高端业务提升迫在眉睫。当下最关键的是要借助商务部“全球价值链跃升工程”、对外承包“建营一体化工程”等，以交通、电力等优势项目为切入点，通过建营一体化，减少建设和运营环节之间的交易成本，促进对外投资和承包工程协同发展，以推动工程承包企业的产业链延伸至投资领域。

最后，可以带动设备材料出口，优化供应链结构。长期以来，中国建筑企业对外承包以劳务为主，设备材料采购基本上由业主指定，即使是一些总承包项目也多为分散采购，几乎完全丧失在国际建筑市场上的采购主导权。工程总承包有利于通过产业链结构进行优化，带动国内设备材料出口，促进和助推产业链上的物资企业积极转型升级。

2.2.4 “一带一路”与建筑业输出过剩产能的途径

“一带一路”周边多数发展中国家由于一定程度上受制于硬件设施，近年经济增长放缓，这些国家基础建设相对滞后。“一带一路”倡议的提出其目的就是依托中国经济增长，共同发展“一带一路”沿线国家经济与基础设施建设，这就为我国建筑业输出过剩产能提供了新途径。

（1）基础设施的建设是解决产能过剩的重要途径。中国在基础设施建设领域的资源和经验丰富，同时相关行业处于明显的产能过剩状态，钢铁、水泥、电解铝、玻璃和船舶五大产能过剩行业的产能利用率均在80%以下。一方面，国内新型城镇化建设是解决产能过剩的途径之一；另一方面，在海外市场“一带一路”的周边发展中国家的需求提供了产能输出的可能性。

（2）国家外汇储备有更充分的利用渠道和空间。多年的贸易顺差使得中国积累了大量外汇储备，但投资渠道有限，利用效率较低，大多用以购买发达国家的国债资产。这些外汇储备的一部分可以作为与“一带一路”周边国家经贸合作的资本金，通过资本运营输出国内的过剩产能。

（3）以中国高铁建设为代表呈现“走出去”的优势。数据显示，截至2020年年底，中国高速铁路（含城际铁路）运营里程达3.9万km，位居世界第一，是世界上运营里程最长、在建规模最大的国家。中国高铁拥有长距离和大网络建设运营的经验，桥梁架设、隧道技术、轨道铺设等技术全球领先，并已在沙特麦高铁、中巴高铁、伊安高铁等世界十多个高铁项目上创下了惊人的业绩，成为中国新制造与中国建造深度融合的名片。随着“一带一路”建设的进程加快，必将进一步拉动中国高铁“走出去”。

（4）亚洲基础设施投资银行（简称“亚投行”）的成立为“一带一路”建设提供了坚实的资金支持和保证。据亚洲开发银行的测算，2010年至2020年10年间，亚太区域基础设施建设投入约为8万亿美元，而亚洲开发银行每年提供的基础设施项目贷款仅为100亿美元。依次估算，每年亚洲国家和地区基建投资的资金缺口达到7 000亿美元，这是世界银行、国际货币基金组织、亚洲开发银行都难以弥补的资金缺口，而“亚投行”的诞生正好契合了“一带一路”国家的投融资需要。

综上可以看出，“一带一路”不但会对国民经济和社会发展产生深远的影响，而且也将为中国建筑业企业“走出去”开创海外市场和对外工程承包业务提供了更为广阔的上升空间，带来良好的发展机遇。当然，也要看到要真正使“一带一路”建设成为全球深入人心的中国软实力和经济发展新的增长点，还有很多新课题需要研究，有许多环节工作需要细化。特别是“一带一路”沿线国家的绝对风险水平也处于相对高位，包括地区政治风险、法律体系、工程规范标准差异及国内外企业盲目跑马圈地上项目、无序恶性竞争等问题。这就需要我们深刻领会国家新发展格局的战略意图，以开放的精神和体制机制、创新举措，发挥我国企业特点和优势，积极稳妥推进跨国合作与发展。

第3章

应对“新常态”与稳健有效推进PPP模式

随着国家经济发展进入“新常态”，2015年5月13日国务院总理李克强主持召开常务会议，专题部署推广政府和社会资本合作（PPP）模式，要求汇聚社会力量增加公共产品和服务供给，以激发市场活力，打造经济新增长点，这是党和国家应对“新常态”促进经济社会发展的一项重要改革举措。在经济发展新常态背景下，积极稳健推广PPP模式无疑对经济社会乃至各行各业持续发展起到了非常重要的促进作用。

3.1 PPP模式的内涵及其特征

PPP 模式是政府与私人部门组成特殊目的机构，引入社会资本，全过程合作进行项目开发和运营，强调共同设计开发和承担风险。该模式于20世纪90年代从英国兴起，目前已在全球范围内被广泛接受和应用。

3.1.1 PPP模式的定义

英文称之为Public-Private Partnerships，即公共部门与私人企业在基础设施及公共服务领域以某个项目为基础而形成的合作模式。是政府与社会资本为提供公共产品或服务而建立的全过程合作关系，以授予特许经营权为基础，以利益共享和风险共担为特征；通过引入市场竞争和激励约束机制，发挥双方优势，提高公共产品或服务的质量和供给效率。

“Public”指的是政府、政府职能部门或政府授权的其他合格机构；而“Private”

主要是指依法设立并有效存续的自主经营、自负盈亏、独立核算的具有法人资格的企业，包括民营企业、国有企业、外国企业和外资企业，但不包括本级政府所属融资平台公司及其他控股国有企业。

PPP模式是一种新兴的公共基础设施项目融资模式，具有“伙伴关系、利益共享、风险共担”三大特点，政府授权、规制和监管私营部门，私营部门出资、建设和运营，提供公共产品和服务，公私双方长期合作，共担风险和收益，提高效率和服务水平。该模式以政府和企业双方互惠共赢为特征，带来了基础设施供给和项目融资的全新革命，可改变公共资本单一结构的投资困局，对国家而言是一项融资体制的重大改革。这里有必要指出的是PPP不仅仅是一种融资模式，从经济学角度深刻理解PPP模式的内涵，它在引进公共部门和私营企业的资金同时还要引进先进的技术与项目管理方法及其运营维护方面的经验。在PPP项目中政府机构和私营企业（部门）的合作过程中随着双方之间优势和资源的相互交换，需要通过一系列的制度设计、契约安排、项目运行管理、统筹管理、双方形成利益及风险分配的最佳机制，实现目标的一致和统一。

3.1.2 PPP模式的特征

PPP模式的特征主要表现为：①项目为主体；②有限追索债务；③合理分配利润、风险；④资产负债表外融资；⑤灵活的信用结构。

PPP模式较BT（Build-Transfer，建设-移交）模式的优点在于其能够更好地配置资源、最大限度地满足各方利益，并将企业的风险降到最低。而这也是BOO（Building-Owning-Operation，建设-拥有-经营）、TOT（Transfer-Operate-Transfer，移交-经营-移交）、BOT（Building-Operate-Transfer，建设-经营-转让）等模式所欠缺的。PPP模式也因而成为在海外被广泛应用的模式。英国是PPP模式发源地，也是目前世界上PPP项目模式最大、涉及领域最广的国家，据悉，截至2013年底英国签订的PPP合同累计超过700多项，总投资超过540多亿英镑，其中665个项目已完成，进入运营阶段。涉及交通、卫生、教育等领域。在美国，最大的PPP领域是供水和废水处理，约15%的市政水务服务通过PPP项目进行，并且越来越多的交通运输项目开始采用PPP模式。通过在政府与民营企业之间建立风险共担机制，PPP模式调动了民营资本的积极性。在项目建成运营后，政府成立专门监管机构，定期核定项目运营成本，对民营企业的短期亏损进行补贴，使得民营企业“有钱可赚、有利可图”，且盈利相对稳定。这在一定程度上解决了基础设施项目短期回报差的问题，使民营资本进入成为可能，为经济发展“双引擎”启动提供了助力。

3.1.3　PPP模式的运行原理与框架体系

PPP模式的运行原理可以用图3-1表示。

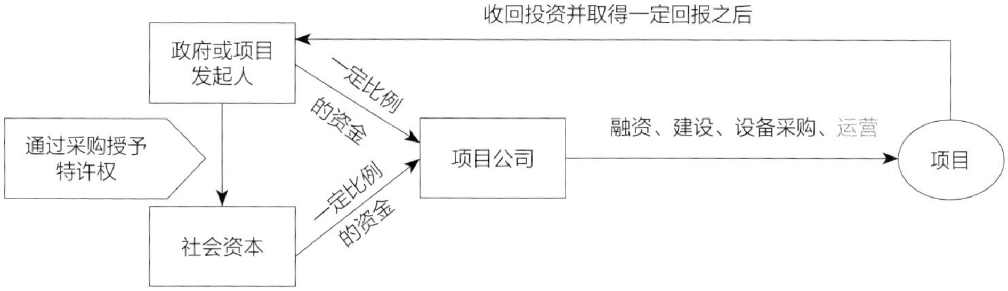

图3-1　PPP模式运行原理

一般而言，PPP模式的构成框架如图3-2所示。

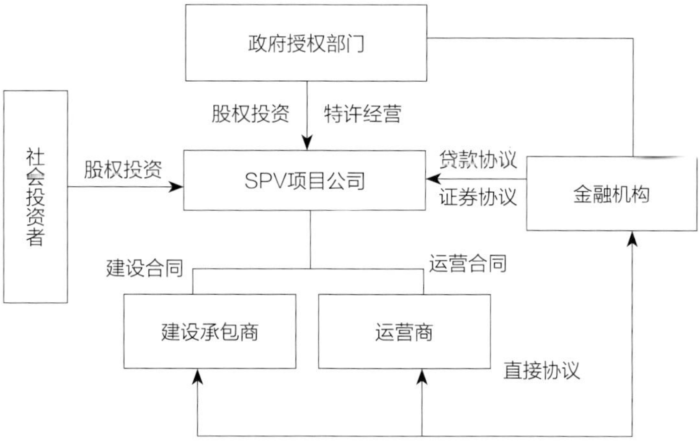

图3-2　PPP模式构成框架

3.1.4　PPP模式的运行流程

依据财政部制定的《关于印发政府和社会资本合作模式操作指南的通知》和国家发展改革委员会发布的《关于开展政府和社会资本合作的指南意见》以及企业实践操作经验可知，PPP模式的运行流程主要有项目识别、项目准备、项目采购、项目执行、项目移交五个阶段，如图3-3所示。

（1）项目识别：这是项目的第一阶段，是指政府面对社会已识别的需求，从备选方案中科学地筛选满足这种社会需求的方案的过程。在项目筛选阶段，政府部

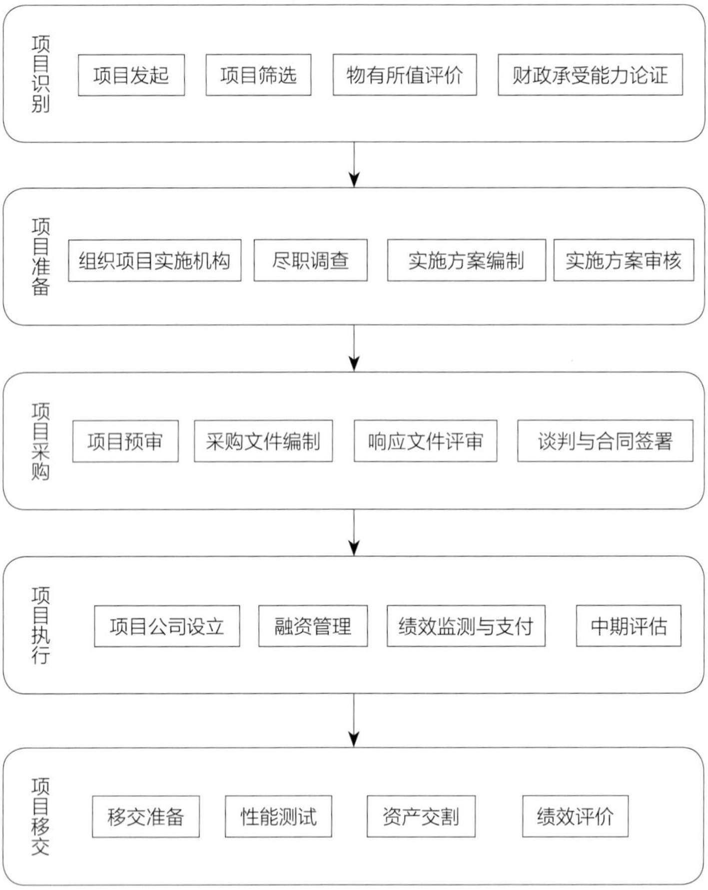

图3-3 PPP模式运行流程

门和行业主管部门通过对潜在PPP项目的初步评估筛选，确定备选项目，然后制定年度和中期开发计划，对于入选的项目，发起方应按照财政部门的要求提交相关资料。

PPP项目的选择，首先要比较与传统政府建设管理的劣势，物有所值是实施PPP的基本原则之一。物有所值评价是由发起人、主办部门依次对项目层面的定性和定量分析 以及对采购层面的分析，评价过程可贯穿项目全寿命期。

（2）项目准备：目前，中央和地方推出的PPP项目上万亿个，但从投资建设进度来看，多数项目仍然处于识别和准备阶段，社会资本尤其是民营资本对于PPP项目的营利性、风险性和稳定预期等因素保持有较强的谨慎心理，多处于观望状态。因此，做好PPP项目的准备工作对于政府和社会资本都是必要的。PPP项目准备主要包括管理架构组成、实施方案编制和实施方案审核三部分，其中实施方案编制可分为选择风险分配方案、选择PPP的运作方式、项目交易结构、合同体系、监管架构、采购方式等。

（3）项目采购：《关于印发政府和社会资本合作模式操作指南（试行）的通知》（财金〔2014〕215号）对PPP项目采购的流程进行了进一步规范。财政部制定的《政府和社会资本合作项目政府采购管理办法》中规定，PPP项目采购方式包括公开招标、邀请招标、竞争性谈判、竞争性磋商和单一来源采购。项目采购主要包括资格预审、采购文件编制、采购文件评审、谈判与合同文件签署四个方面。

（4）项目执行：社会资本可按照相关的法律法规设立项目公司，政府可制定相关机构依法参股项目，项目实施机构和PPP中心应监督社会资本按照合同约定按时足额出资设立项目公司。社会资本或项目公司负责项目融资，包括融资方案设计、机构接洽、合同签订和融资交割等工作。融资之后便进入项目正式建设阶段，项目正式建设包括工程协调管理、工程招标与分包、进度管理、质量管理和其他管理措施五个方面。

（5）项目移交：项目移交通常是指合同届满或者合同提前终止后，社会资本或项目公司将全部项目设施及相关权益以合同约定的条件和程序移交给政府或者政府制定的其他机构。项目移交的基本原则是，项目公司必须确保项目符合政府回收项目的基本要求。

3.1.5　推行PPP模式的必要条件

从国内外近年来的经验看，以下几个因素是成功运作PPP模式的必要条件。

（1）政府部门的有力支持。在PPP模式中公共、民营合作双方的角色和责任会随项目的不同而有所差异，但政府的总体角色和责任——为大众提供最优质的公共设施和服务——却是始终不变的。PPP模式是提供公共设施或服务的一种比较有效的方式，但并不是对政府有效治理和决策的替代。在任何情况下，政府均应从保护和促进公共利益的立场出发，负责项目的总体策划，组织招标，理顺各参与机构之间的权限和关系，降低项目总体风险等。

（2）健全的法律法规制度。PPP项目的运作需要在法律层面上，对政府部门与企业部门在项目中需要承担的责任、义务和风险进行明确界定，保护双方利益。在PPP模式下，项目设计、融资、运营、管理和维护等各个阶段都可以采用公共民营合作的方式，通过完善的法律法规对参与双方进行有效约束，是最大限度发挥优势和弥补不足的有力保证。

（3）专业化机构和人才的支持。PPP模式的运作广泛采用项目特许经营权的方式，进行结构融资，这需要比较复杂的法律、金融和财务等方面的知识。一方面要求政策制定参与方制定规范化、标准化的PPP交易流程，对项目的运作提供技术指导和相关政策支持；另一方面需要专业化的咨询机构和高端管理人才提供服务保障。

3.2 PPP模式的风险与应对策略

这里特别强调的是推广PPP模式前，包括政府主管部门人员、企业管理人员以及相关参与人员都要进行专门的培训学习，提升应对能力。

由于PPP项目投资额度大、周期长、项目的风险相对高是其特性，在目前全国发布的PPP项目中，真正签订合同落地的项目大概只有20%～30%。从长远看，除了财务风险、运营风险外，政治和法律风险将更大。这是因为PPP项目的特点之一就是风险共担，企业参与PPP项目不仅要面临项目成本增加、施工质量安全等风险，关键还要面临来自外部环境的宏观经济形势以及社会不稳定，特别是政府信用和政策变化等风险。在PPP项目中，政府往往扮演着多重角色，包括需求分析、投资分析决策、特许权授予、担保、产品或服务购买、土地提供和税收优惠等。在PPP项目实施过程中，往往由于当地政治经济环境和项目本身需求，参与者各方利益要求和对项目的认知不同，政府不能恰当地履行自身职责，使项目在推进中出现问题。

3.2.1 法律制度和公共管理不健全

自2014年开始，财政部力推PPP模式并陆续出台了一系列政策措施，但被称为PPP基本法的“特许经营法”立法目前尚未出台。此外，中央和地方政府缺少一站式立项、评估和审批等机构，若没有有效的公共管理机构作为支持，对授予和保护企业权利有利的法律体系也将失去作用。英国、澳大利亚等国家多是在财政部内设立公共项目管理部门或PPP管理部门。

3.2.2 政企观念不同

政府和企业从各自利益角度出发分析项目的可行性，以检验项目是否符合各自的目标。政府部门更多地倾向于考虑社会效益，甚至有个别领导简单地把PPP模式作为政府融资手段或解决地方债务的短期措施，而私营部门则更多地关心项目的经济效益，甚至有的存在想借PPP占政府公共投资便宜的想法。

3.2.3　投资决策失误

不同的观念带来的不仅是政企双方不同的行为准则矛盾，也使项目一开始便面临着项目的立项、投资决策、可行性研究失误等带来的问题。据媒体报道，很多地方存在PPP项目盲目上马的现象，仅仅把PPP当作融资工具，而不是真的提高项目的运行效率和公共治理能力，这或将为后期政府与社会资本投资人的纠纷埋下隐患。而有些企业也存在“跑马圈地”的心态，这些企业为了防止竞争对手抢占先机，即使没什么收益的项目也会积极介入，与政府草签协议，但这些协议其实未必能落实。

3.2.4　政企地位不平等

政企地位不平等是普遍存在的问题，政府部门的强势地位容易导致项目运作过程中决策的随意变更，其短期行为可能会导致政策的不连续，如地方政府换届后履行合同的意愿不足等，从以往的实践中，政府违约的情况比较多，会在项目实施的不同阶段给企业带来困扰。

一是股权分配是不少建筑企业参与PPP项目时考虑的关键因素。对于PPP项目，不少地方政府部门对企业参股认识上产生偏差，甚至对民营企业存在歧视。企业可以入股，但绝对不能控股，政府一定要保证51%的控股权。这让很多企业尤其是民营企业望而却步。他们因为自身资金实力有限，加上专业技术人员紧缺，民企普遍比较担心投资或入股后没有话语权。从前一段国家发布的PPP项目中，真正签订合同的大多为国有大型企业，比如中国建筑、中国中铁、中国铁建、中交建设这些集团公司的PPP项目不少已突破万亿元合同额。

二是项目投资回报率过低或成为民企参与PPP的障碍。评价一个PPP项目是否成功，关键在于该项目是否实现了政府、企业和公众的多赢以及政府、企业是否合理地分担了风险。PPP项目投资周期长，若回报率较低，企业或许就失去了进入的意愿，也就违背了PPP模式推行的初衷。此外，对建筑业企业而言，要广泛而有效地参与PPP热潮中，除了要有防范风险的意识、措施之外，修炼内功、细化管理是最重要的。

3.3 PPP模式的发展历程

20世纪80年代，多个国家与国际组织开始在基础设施项目的融资与实施模式上，创造性运用 PPP模式。

3.3.1 国际上PPP模式的发展

英国是率先提出推行PPP模式的国家、积极开展公共服务民营化，采取私人投资计划方式此后，PPP逐渐在美国、加拿大、法国、德国、澳大利亚、新西兰和日本等发达国家得到广泛应用。

21世纪以来，联合国、世界银行、欧盟和亚洲开发银行等国际组织把PPP的理念和经验在全球大力推广。很多发展中国家，如印度、中国、巴西和一些非洲国家纷纷开始实践。PPP应用范围从道路、轨道交通、燃气、供水、污水处理、垃圾收集等传统行业扩展到监狱、学校、医院，甚至国防和航天领域。

3.3.2 PPP模式在中国发展的三个阶段

第一阶段：1995年至2003年。从1995年开始，在国家计委的主导之下，广西来宾B电厂、成都自来水六厂及长沙电厂等几个BOT试点项目相继开展。

2002年，北京市政府主导实施了北京市第十水厂BOT项目。当时主要以吸引外商投资为主要目的项目操作理念，摸着石头过河的心态。在本阶段后期，建设部及各地建设行政主管部门开始在市政公用事业领域试水特许经营模式，合肥市王小郢污水处理厂资产权益转让项目运作中，项目相关各方对中国式PPP的规范化、专业化及本土化进行了尝试，形成了相对成熟的项目结构及协议文本，为中国式PPP进入下一个发展阶段奠定了良好的基础。

第二阶段：2004年至2012年。2004年，建设部颁布并实施了《市政公用事业特许经营管理办法》(以下简称“126号令”)，将特许经营的概念正式引入市政公用事业，并在城市供水、污水处理及燃气供应等领域发起大规模的项目实践。供水及污水处理行业的成功经验，经过复制与改良，被用于更加综合、开放和复杂的项目系统，而不再限于一个独立的运作单元，项目参与主体和影响项目实施的因素也趋于多元，如北京地铁4号线和国家体育场两个项目。

广泛、多元的项目实践，促进了PPP理论体系的深化和发展。实践与理论共识初步成型，政策法规框架、项目结构与合同范式在这个阶段得到基本确立。

第三阶段：2012年10月党的十八大提出“允许社会资本通过特许经营等方式参与城市基础设施投资和运营”改革举措。从此中国PPP模式发展进入新阶段。2014年3月，财政部有关领导在政府和社会资本合作（PPP）培训班上发表讲话，对推广PPP模式的原因、任务和方式予以系统阐述，并提出要从组织、立法和项目试点等三个层面大力推广PPP模式，并且已有三方面的保障性政策：一是明确了创新金融服务模式；二是明确了政府承担违约责任；三是明确项目建设的审批环节。

3.4　有关PPP模式政策的出台，昭示中央政府决心

PPP模式是一种新兴的公共基础设施项目融资模式。2014年4月和10月，国务院召开的两次常务会议都对PPP模式的推广应用给予充分肯定，随后，国务院、财政部、国家发展改革委又先后出台了一系列相关政策，在规范PPP项目发展的同时给予各种投融资便利，国家发展改革委还在其门户网站开辟了PPP项目库专栏并发布了1 000多个项目，总投资高达2万亿元，昭示了政府层面力推PPP模式的态度和决心。

2014年5月21日，国家发展改革委公布80个领域鼓励社会投资的项目。

2014年5月25日，财政部成立PPP工作领导小组，之后又成立PPP中心。

2014年9月23日，财政部发布《财政部关于推广运用政府和社会资本合作模式有关问题的通知》（财金〔2014〕76号）。

2014年9月21日，国务院发布《国务院关于加强地方政府性债务管理的意见》（国发〔2014〕43号）。

2014年10月23日，财政部发布《地方政府存量债务纳入预算管理清理甄别办法》（财预〔2014〕351号），预算法的修订和中期财政规划，为PPP模式推广铺平了道路。

2014年12月4日，财政部和国家发展改革委分别发布PPP项目操作指引和指导意见。

2014年12月31日，财政部发布《政府和社会资本合作项目政府采购管理办法》（财库〔2014〕215号）。

2015年4月25日，国务院常务会议审议通过了《基础设施和公用事业特许经营管理办法》。这一系列的法律条文，在形式上规范了PPP模式的论证审批、操作流

程、合同管理、项目实施等具体流程，为PPP模式的规模化推广奠定了基础。

2015年1月19日，国家发展改革委牵头起草《基础设施和公用事业特许经营管理办法》。

中国式PPP模式从2013年底酝酿到2014年进行全国性布局，2015年全面进入“试水期”。

2017年下半年国家开始对PPP项目清库，剔除不合规和已开工但资金未落实的烂尾项目，至此PPP进入了严格的管控时代。随着我国经济发展进入高质量阶段，目前PPP发展加速迈入“拼质阶段”，已成为全球最大的区域性PPP市场。

3.5 PPP模式是促进经济持续发展的重要举措

据国民经济多项数据显示，2014年以来基础设施建设投资呈加速态势，PPP入库项目上万个，其中城市基础设施、农林水利、交通运输、生态环境领域的比重已占90%左右，据全国政府和社会资本合作（PPP）综合信息平台管理库统计数据，截至2020年上半年累计有9 626个项目，总投资14.8万亿元，其中落地项目6 546个、投资总额10.3万亿元、落地率约为68%，成为固定资产投资增长的主要引擎。业内人士表示这与国家积极的财政政策和PPP项目建设的投入有直接关系，有力地刺激了基本建设投资的增长。PPP项目是我国经济发展新常态背景下补短板、稳增长、促改革、调结构、建民生的重要抓手。

3.5.1 PPP模式是发展混合所有制经济的最大平台

党的十八届三中全会全面部署了我国经济体制改革的目标、任务和途径，其中强调要积极发展混合所有制经济。鼓励国有资本、集体资本、非公有资本等交叉持股、相互融合的混合所有制经济，有利于国有资本放大功能、保值增值、提高竞争力，有利于各种所有制资本取长补短、相互促进、共同发展。

其战略高度的意图是在现代股份制这一制度形式下，使公有、非公有的产权融合到各种类型的市场主体的内部产权结构中，以寻求相关利益主体的共赢和进一步拓展“解放生产力”的空间。

PPP模式的出现恰好契合上述需求，PPP所关联的投融资项目，都属于有利于调结构、惠民生、护生态、防风险、增绩效的选择性项目，是利用混合所有制创新功能，把"过剩产能"转化为有效产能（诸如钢铁、建材、施工机械与设备的制造等行业和领域）的项目，从而形成一大批"正向投资"对冲经济下行压力，以有效供给来增加长远发展后劲。因此，可以说，PPP模式的推广应用是目前积极发展混合所有制经济的最大和最有实际意义的平台。

3.5.2 PPP模式创新投融资体制，打开建设资金新源头

从融资体制角度，PPP模式通过创新融资体制，开辟民间资金融资渠道，为现代化建设事业打开建设资金新源头。PPP模式的创新机制涉及建立健全基础设施领域市场化的价值发现机制、运行监督机制、合理有效的政府补贴机制、科学可行的资源配置机制和公平的利益共享机制，通过融资机制创新，提高公共产品及公共服务的质量和效率，扫清民间资本投资公共服务基础设施领域的障碍。

在一般形式的PPP项目公司股权结构中，天然具有混合所有制特征，与此同时，政府股权参与可以更好地发挥投资乘数效应来拉动、引致民间资本大量跟进，使得融资源头活水滚滚而来。从这个层面看，PPP模式首先形成了投融资机制的创新，可以将大量非政府的民间资金、社会资本引入公共工程与服务领域，促进和刺激经济新的增长，同时它还以风险共担、利益共享、绩效升级方面的鲜明性质形成了管理模式的创新，并天然对接混合所有制改革，具有治理模式创新层面的重要意义。

首先是引入民间资本，减轻政府投资压力。在未来几十年，推进新型城镇化需要大量的建设资金。从现实情况看，基础设施和公共事业投资多是依赖财政安排及政府性债务，投资缺口逐步扩大、资金效率不高、投资回报率低等投融资体制弊端业已显现。在国家鼓励PPP初期，据中国人民银行2019年7月发布的《2015年上半年金融统计数据报告》显示，6月末，广义货币（M2）余额133.34万亿元，同比增长11.8%。其中，大约有60万亿元属于民间资金。而据国家统计局最新的报告，2019年全国民间固定资产投资约为31.1万亿元，同比增长4.7%。由此可见，民间资金的融资潜力还很大。

在新型城镇化建设加速和地方政府背负债务规模持续加剧的双重背景下，相比于传统项目的融资模式，PPP模式有其自身所具备的种种优势。通过PPP模式引入民间资本，形成多元化、可持续的资金投入机制，可以转移地方政府债的债务杠杆，缓解地方政府偿债压力，这一模式有望成为我国经济转型的必然选择。

其次是企业全程参与管理，提高投资运营效率。从推广PPP模式所取得的成效来看，PPP模式可以有效地提升资源配置效率。将政府和社会资本的关系确立为合

作伙伴，具有利益共享、风险共担的优点，政府部门不仅能够有效利用民间资本进行项目建设和运作，还能带动民间资本和国有资本之间进行竞争，保证公共项目高效运转。

PPP模式意味着在公共物品和服务的提供中将取消原有的垄断壁垒，引进市场竞争机制，有效的竞争将提高公共产品和服务的生产供给效率。与此同时，私营投资者出于利益驱动和回收投资的需要，势必充分发挥其在管理方面的优势，提高基础设施的建设和服务水平，进一步降低建设和运营成本。

3.5.3 发挥市场在资源配置中的决定性作用，实现政府、社会、企业多方共赢

政府公共部门通过PPP模式引入社会资本为社会提供公共产品和服务，形成了混合所有制经济，实现了现代市场体系产权方面的新突破。这种基于共同合作中按股份制形成的清晰多元化主体，可以最大限度激发市场在资源配置中的决定性作用，在有效缓解政府投资不足的同时，通过引进私营投资者基于市场要素形成的生产管理技术，形成优于计划和市场单独作用的新型管理体制和运行构架。

因为PPP模式是一种能使政府规划支持、企业积极参与、社会多方支持的共赢的公共产品提供方式。利用PPP模式的公私合作机制，对地方政府的一些公共基础设施建设项目，通过引进社会资本，由企业和政府共同参与项目的设计、建设、运营和管理，共享项目收益，对项目的风险也共同分担。在现阶段加快推广运用PPP模式，是转变政府职能、整合社会资源、提升公共服务水平的体制变革，也是建立现代财政制度、优化资源配置、提高生产效率、促进社会公平的客观要求。

加快转变政府职能。PPP能够将政府的战略规划、市场监管、公共服务与社会资本的管理效率、技术创新有机地结合起来，有助于厘清政府与市场边界，增强政府的法治意识和市场意识，全面提升公共管理和服务水平。

3.5.4 PPP模式实践应用成果与案例分析

据国家发展改革委发布的数据显示，2015年以来全国已完成交通基建投资其中近80%的项目来自三、四线城市，投资最大领域是公路交通（轨道），约占60%以上。在A股上市的公司中，涉及PPP项目的公司有：基建领域的中国建筑（沈抚新城PPP项目）、中国铁建（重庆部分高速公路、铁路PPP项目）、中交集团（福建龙海市南溪湾片区城市综合体开发PPP项目）、龙元建设（成立目标规模为100亿元的

产业基金投资PPP项目），园林工程领域的普邦园林（淮安市白马湖森林公园项目PPP项目）、东方园林（宜兴环科园环科新城生态项目）、铁汉生态（湖南长沙现代农业成果展示区PPP项目），水利方面的围海股份（天台县苍山产业集聚区一期开发PPP项目）。

这里重点介绍一下，北京地铁4号线成为我国第一个采用PPP模式运作的城市基础设施领域项目，也是第一个采用特许经营模式投资运作的轨道交通项目。

2001年，在国内投资领域最早引入PPP理念的北京市基础设施投资有限公司开始思考如何使国外的PPP理念与国内轨道交通的建设实际相结合，并经过近两年的反复研究、测算、论证，以地铁4号线项目形成了一整套PPP运作思路。4号线本身是个黄金线路，经过北京南站这样的人口出入集中地，经过西单、新街口这样的商业密集区，再经过清华大学、中国人民大学等文化、体育比较集中的地带以及中关村科技发达地区，还有颐和园这样旅游资源丰富的地区，客流条件较好，项目本身的经济条件都具备PPP的基础。

从2004年开始，京投公司编制招商文件，在市政府有关部门的领导下组织、参与4次大型推介会进行国际招商。谈判历时2年多时间，直到2006年4月，特许经营协议才正式签署。京投公司根据北京地铁4号线初步设计概算153亿元的投资，按投资建设责任主体，将全部建设内容划分为A、B两部分。A部分主要为土建工程的投资和建设，投资额约为107亿元，约占总投资的70%，由政府出资的投资公司（公司下属的4号线公司）来完成；B部分包括车辆、信号、自动售检票系统等机电设备的投资和建设，投资额约为46亿元，占总投资的30%，由"港铁-首创联合体"组建的京港地铁公司来完成。4号线项目整体建设验收完毕后，政府将A部分的使用权交由PPP公司，京港地铁公司负责地铁4号线的运营管理、全部设施（包括A和B两部分）的维护和除洞体外的资产更新，以及站内的商业经营，通过地铁票款收入及站内商业经营收入回收投资，拥有长达30年的特许经营期。政府负责制定票价，并行使监督权力。

3.6 推广PPP模式与促进企业转型升级

中国建筑业过去几十年的快速发展，很大程度上依赖于基础设施投资和房地产投资，是一种"外在拉动式"的高速整张，在这种模式下，企业发展模式和能力特征趋向单一化：单一工程建设、单一承包资质、单一业务类型、单一区域市场，在经营方式上，众多施工企业仍然按过去“低价中标、关系管理”的模式进行，这种经营模式产生了大量的中小型建筑企业和联合挂靠项目，使建筑市场的隐患问题不断出现，鲜有企业会关注自身的可持续发展，抗风险能力较差。

PPP模式在公共基础设施等方面的应用和推广，可以推动建筑业产业链整合，培育多元化服务能力，为建筑企业转型升级带来了新的机遇和挑战。在PPP模式下，“融资、投资、建造、管理”一体化成为行业主流，建筑企业的核心竞争优势不再是靠单一的劳动力资源与社会关系，而是要通过PPP项目注入社会投资强强联合、优势互补来提高资本运营、资源整合和产业运作能力。按现行政策要求至少提供10年的项目“融、投、建、管”一体化服务，这对建筑企业综合竞争力提出了全新要求，要求施工企业逐步向上游的“项目策划、融投资”和下游的“运营维护”等环节延伸，并定位为“城市综合服务运营商”，提高服务能力和服务水平，为业主提供“一站式综合服务”，真正向“服务型”企业转型，转变经营模式，推动施工企业构建核心竞争力。

3.6.1 推广PPP模式、促进工程项目管理运行机制变革

在现有的项目管理规范中，通常对工程项目管理模式和运行机制的应用局限于项目管理要素的既有框架内。即使在2012年由国际标准化组织颁布的《项目管理指南》ISO21500中，也隐含着在既定资源条件下如何更好地实现项目目标的前提假定。因此，对于大多数建筑业企业而言，长期的工程施工实践活动已经形成了习惯性的项目管理思维方式，被动式地接受和遵循约束条件，在项目管理操作层面上优化资源配置，把项目做成功，使利益相关方满意。与此同时，企业在项目管理层面上的水平获得提升。

如果换一个思路，建筑业企业主动地承担放宽既定项目资源条件限制的责任，改变建筑业企业在项目建设过程的角色定位，提高建筑业企业在参与工程建设过程中的层次和地位，这样的话，建筑业企业的市场竞争行为表现为“积极地创造项目”，而不是“被动地接受项目”，同时，在项目实施的管理模式和运行机制方面就会产生较大的突破，企业配置社会资源的影响力更大、范畴更广泛，企业发展也会有更大的空间。PPP模式就是这种变革所产生的一种新的典型载体。

在PPP模式下，建筑企业超越了原有的仅仅提供“建造产品建造服务”的项目管理模式，涉足以基础设施为代表的其他产业的实体经营管理模式。从“一次性的

项目管理”走向“长期性组织的运营管理”，从注重面向单个项目管理到更加注重面向项目群管理、项目组合管理，企业层面、项目层面的运行机制发生重大变化。随着建筑业企业参与程度的加深，可以在产业经营形态上占据一个较为有利的制高点，可以拥有更多的资源配置和市场决策的话语权，当然也会获得更多的发展机会。

3.6.2　推广PPP模式，有利于促进建筑企业战略转型

建筑业企业战略转型是指企业长期经营方向、运营模式及其相应的组织方式、资源配置方式的整体性转变，是企业重新塑造竞争优势、提升社会及市场价值，达到新的企业形态的过程。在互联网技术全面渗透和新技术革命迅速发展的背景下，传统建筑业企业转型发展是全行业面临的迫在眉睫的大事。

长期以来，纯粹的建筑施工企业一直处于整个产业价值链的低端弱势环节，完成的产值大，花费的成本高，收获的利润少。面对当前市场经济形势的挑战与行业自身建设不足，建筑施工企业要以科学发展观和“四个全面”总体战略部署为指导，以质量和效益为着力点，把稳增长、转方式、调结构放到更加重要位置，突出创新驱动，加快由单纯注重产值扩张做大企业的外延型向注重效益、品牌、质量的内涵型转变，由粗放式劳动密集型向科技、人才、资金、管理集约型转变，由传统建筑业向具有现代特征的工业化、信息化和高科技含量特征的现代建筑业转型。

借助于推广PPP模式，在实现建筑业企业战略转型的途径上，突破单一的工程承包经营形态，从低附加值区域不断向高利润区域转移。以施工环节为基点，进行业务结构调整，分别向产业的前向、后向链条上延伸，拓展建筑业企业的服务功能，不断开拓新型的经营业务领域，构建从项目前期策划、项目立项直至项目设计、采购、施工、运营管理与维护全过程覆盖的产业链体系，增强企业为业主提供综合服务的功能和一体化整体解决方案能力，拓展企业的生存发展空间，扩大建筑业企业尽可能多的盈利环节，形成稳定的长期收入来源，增强企业应对风险的能力，增强企业的竞争实力。

3.6.3　推广PPP模式，有利于促进建筑企业商业模式创新

国内建筑业是典型的劳动密集型竞争性产业，其生产组织方式也是传统的施工承包模式为主体形态。国家建设行政主管部门在行业管理层面上设置了建筑业企业

资质标准和相应的管理规定，施工承包模式细分为劳务分包、专业承包、施工总承包三种方式。长期以来，建筑业企业的主营业务范围以上述三种方式被限定在特定的工程建设的施工领域，体制障碍导致企业商业模式在一定程度上制约了企业的规模增长和经营结构调整，当然，企业的创新发展也会受到影响。

随着我国建设管理体制改革的不断深化，建筑业企业的经营范畴逐步放宽。面对企业新的战略定位和发展目标，企业商业模式创新也成为企业内部变革必须要面对的重要课题。一般而言，建筑业企业商业模式创新经历从简单到复杂、从初级到高级的演化过程。从目前政府制定的不同企业资质，具体表现为从劳务分包商模式逐步转型升级转向专业承包商、施工总承包商、工程总承包商、工程建设服务承包商。

随着建筑业体制改革深化和市场经济健全，一些具备较大的资金实力的工程总承包商或者工程建设服务商已转型为产业发展商（包括房地产、资源矿产、工业、旅游项目等开发商）。在这个层次上，产业资本与金融资本的相互融合，因而，对产业发展商而言，资本运营能力成为其核心能力，而工程管理能力或工程总承包能力仍然是重要的能力组合。产业发展商一般采用直接上市方式、信托方式、公司债券方式、私募基金方式或风险投资基金方式等获得产业发展所需要的大量资金。

此外，随着经济实力、品牌形象、影响力的升级，产业发展商进而又转向城市发展商或运营商模式。这就是说，我们从建“房”到建“城”的一次颠覆性转变。城市发展商或运营商通过为城市提供集成规划、城市投融资、城市开发、城市建设方面的系统一体化服务，从科学发展角度，统筹协调产业驱动、交通引领、招商融资、生态保护、空间拓展、人口聚集、城市形象等，实现城市的可持续发展及综合竞争能力的提升。城市发展商或运营商模式可以从老城区改造、城市交通建设、产业园区建设、新城区建设等不同的角度大手笔切入，站稳立足点，然后再纵深扩展覆盖面，最终在更多的领域占据城市经济发展运行的垄断地位。

从上述建筑业企业商业模式转型和升级的演变规律可以看出，推广PPP模式，能够促进建筑业企业的商业模式创新，改善企业经营结构，创造新型的市场营销模式、生产组织模式、资源配置模式、企业盈利模式，助推建筑业企业快速走上产业发展商、城市运营商模式发展的高级阶段。

3.6.4 推广PPP模式、促进建筑企业实施“走出去”战略

在国际工程承包市场上，随着对建筑产品市场需求和结构的变化，工程发包正

在朝着大型化、复杂化、个性化的方向发展，承包商的角色和作用都在重新定位，承包商不仅要成为工程项目建造和管理服务的提供者，而且要成为项目投资者和资本运营者。

推广PPP模式，能够适应国际工程承包领域市场竞争的新趋向。对于国内的建筑业企业，可以克服劳动力成本优势丧失等走向国际市场的薄弱环节，不断提高在高端市场的占有率。以建筑业企业为主体，联合战略合作伙伴和相关利益方，抱团组合成为联合舰队，驶向空间更为广阔的国际市场。与此同时，带动国内建筑标准、技术、机电设备、建筑材料和服务的出口，进一步提高对外工程承包的附加价值，增强全方位开拓国际工程承包市场的能力，在更高层次上加速推进实施“走出去”战略。

3.6.5　推广PPP模式、促进建筑企业提高创新驱动发展能力

借助于推广PPP模式，落实和完善建筑业企业研发机制，更多参与重大科技项目实施，推进企业主导的产学研协同创新。大力调整企业技术结构和科技人才结构，坚持自主创新，开发新工艺、新技术、新装备，发展新产品、新产业，把节能减排、发展低碳经济、循环经济作为未来建筑产业发展的重要课题。逐步消除我国建筑业在科技创新能力、技术装备水平、工程质量安全生产水平、建筑工业化程度、绿色建造、节能减排环保、操作工人业务素质等方面的差距，彻底革除管理粗放、资源消耗大、现场脏乱差、安全生产事故等长期困扰着建筑业发展的顽症，促使建筑业的发展真正转移到依靠集约化管理、技术进步和创新驱动发展的良性轨道上，推动我国建筑业发展方式转变和现代化的前进步伐。

因此，随着国家PPP清库的结束和各级政府相继出台了规范和鼓励PPP发展的相关政策，对进一步推进PPP相关法律、法规和政策的完善，站在新的历史发展阶段的起点上PPP将再次迎来新的发展良机。2019年11月8日李克强总理特别强调要对未开工的PPP项目抓紧启动，早建成、早见成效，2020年底召开的中央经济工作会议指出要增强投资增长的后力，继续发挥关键作用，加大新型基础设施投资力度，PPP模式作为公共基础设施中一种鼓励社会资本、参与建设项目运作的模式，有利于发挥投资的关键作用，特别是2020年10月从全国PPP综合信息平台显示入库项目106个，环比上半年入库数额呈现出稳步回升的态势，可以看出进一步积极稳健推广PPP模式对于建筑业全面、持续、健康高质量发展意义极为重大。从国家经济发展整体形势看，“十四五”期间是全面贯彻落实党的十九大精神和“五位一体”

与“四个全面”的总体战略部署，加快推进社会治理体系与治理能力现代化建设，向第二个百年奋斗目标进军，努力实现建筑产业现代化新发展阶段目标的关键五年。经济稳中向好，机遇大于挑战，可以预测PPP模式将在很大程度上进一步化解政府债务问题，促进政府强化预算体制改革，通过公共服务获取的相应效益、整合资源、充分调动民间投资、加大基础设施建设、不断激活经济活力，促进PPP项目由单纯的融资模式向投资管理运营综合模式的递进，形成社会、政府、企业中长期合作共赢的新模式。面对国内外环境的复杂多变和新阶段高质量发展要求，PPP的规范化运作越来越受到社会各界和企业的关注与重视，并将在创新中砥砺前行。所以建筑业做好企业层面的顶层设计，调整适应市场和新形势下参与PPP模式创新，拓宽企业上下游产业链，要坚持发挥政府的规划引导作用，坚持发挥市场配置资源的决定性作用，坚持以创新为动力驱动行业发展，坚持以体制机制改革激发企业活力，坚持以科技进步增强竞争实力，对未来建筑业的发展目标、任务、措施等方面进行总体谋划，引领企业转型，优化资源配置，规范市场秩序，制定彰显愿景、激励创新、部署格局、统筹协调的宏伟蓝图，加快企业战略转型和业务结构升级，加快混合所有制经济改制改组，加快体制创新和机制创新，全面提高企业的综合实力。

第4章

新型城镇化建设与建筑业持续高质量发展

从党的十八大提出坚持走中国特色社会主义新型工业化、信息化、城镇化、农业现代化道路，推动“四化”深度融合、良性互动、相互协调、同步发展，到党的十九届五中全会提出把“基本实现新型工业化、信息化、城镇化、农业现代化，建成现代化经济体系”作为2035年远景规划的主要目标，可以看出今后相当长时间“新四化”将是全面建设社会主义现代化国家的基本路径和重要战略。其中新型城镇化建设将为建筑业持续健康高质量发展提供更为广阔的上升空间，已成为我国拉动内需、带动产业转型升级、开拓对外开放和国际合作的重要载体。

4.1　新型城镇化是促进建筑业持续高质量发展的重要引擎

新型城镇化对建立现代化经济体系，促进和实现社会主义现代化至关重要。因为它既是经济社会发展的根基，又是现代国民经济增长的引擎与发动机。城镇化率是一个国家或地区经济发展的重要标志，直接关系到国家或地区的社会组织和管理水平。就全球范围来看，城市面积仅占世界陆地面积的2%左右，但却创造出来全世界以GDP计称的经济总量的70%。当然不同国家、不同地区、不同阶段，城镇化建设速度与城镇化质量和效益则存在着明显差异。有些国家城市创造GDP已占到整个国家GDP总量的50%以上，比如泰国的曼谷、埃及的开罗城市化发展历程都充分说明了城市经济对促进整个国家经济社会发展的重要性。自20世纪末以来，我国城镇化建设进入加速发展阶段，每年新增城镇人口约2 000万人，年均城镇化水平提高近1.5个百分点。据统计，2019年，我国城镇人口已经超过8.5亿人，常住人口城镇化率达到60.6%。2014年国家颁布的《国家新型城镇化规划（2014—2020年）》中进一步明确了构建以陆桥通道、沿长江通道为两条横轴，以沿海、京哈京广、包昆通道为三条纵轴，以轴线上城市群和节点城市为依托、其他城镇化地区为重要组成部分，大中小城市和小城镇协调发展的“两横三纵”十九个城市群的新型城镇化战略格局已基本形成，表明我国城镇化的程度、深度和广度得到了进一步的提升。但也要看到我国是一个农业大国，要真正实现农业人口市民化，在就业、住房、社会保障方面还需要投入很大的成本、做大量的工作。所以说总体上我国的城镇化仍有发展空间，与发达国家的75%～85%的水平相比仍有一定距离。

2015年12月召开的全国城市工作会议明确指出全面建成小康社会，加快实现现代化，必须抓好城市这个“火车头”，要求在中西部地区培育发展一批城市群、区域性中心城市。高铁、城际轨道交通等现代基础设施建设以来，极大地促进了长三角、珠三角和京津冀三大城市群地区经济联系，也为中原地区、长江中游、成渝地区和关中平原等城市群发展壮大发挥了重要作用。依据“十三五”规划，到2020年全国基本成型的交通基础设施网络显著地拉近了中西部与发达地区以及外部世界的时空距离，为促进区域协调及边疆中心城市、口岸城市发展提供重要的物质基础，形成带动区域经济发展的新增长极。按照党的十九届五中全会提出的“十四五”规划和2035年远景目标，我们相信新型城镇化建设包括国家最近新明确的五大城市群和海南自贸区（5+1）建设仍将成为我国现代化建设的历史任务和带动区域经济持续快速发展与扩大内需的最大潜力所在。但与此同时城镇化发展也面临诸多突出问题，需要通过转变发展方式、创新发展模式更好地走新型城镇化建设道路。

4.1.1 我国城镇化发展和建设取得的成就

改革开放40年来城镇化发展给我国带来的巨大好处是毋庸置疑的。截至“十三五”期末我国城市数量达到684个，城市建成区域面积已达6.03万km^2。城镇、农村居民人均住房面积分别达到39.8m^2和48.9m^2。中国已有30多个城市在世界排名靠前，意味着城市在支撑起整个国民经济发展中发挥着重要作用，相信人们已有体会，城市大了许多，环境优美了不少，人居条件显著改善。城乡面貌的巨大变化已确实成为推动我国经济社会发展和实现“中国梦”和谐前进的高速“火车头”。综观城镇化发展，其主要成就有以下四个方面：

（1）城镇化是我国经济社会发展的新增动力。改革开放以来，我国城镇化大体经历了启动发展（1977—1985年）、缓慢进行（1986—1995年）、加快推进（1996—

2000年）和快速发展（2001—2013年）、高质量发展（2014年至今）五个阶段。2019年城镇化率达到60%，这意味着城镇人口已经过半，标志着我国城镇化进入了新的历史发展阶段。40多年我国城镇化为经济社会的发展做出了突出贡献，国民生产总值从1978年的3 645.2亿元增长到2019年的99.09万亿元，2020年已突破百亿大关，约是1978年的272倍，2019年人均国民总收入为10 410美元，人均收入已由“下中等收入”经济体转变并高于“中等偏上收入”的经济体。建筑业在这一时期也得到快速发展，总产值从1985年不足1 000亿元增到2019年的24.85万亿元，平均年增长20%上下。

（2）城镇化使我国有效地抵御了国际金融危机冲击，保持了经济平稳快速增长。20世纪90年代末，由美国次贷危机引发的国际金融危机，让当今世界上发达经济体遭遇历史上较严重的经济衰退。美国财政悬崖，欧洲主权债务危机，亚洲一些国家也发生了严重金融危机，像日本这样的经济强国经济也停滞不前。同时，一些发展中国家无法从长期增长性贫困和中等收入陷阱走出来，长期陷入战乱和国内动荡。但自1996年以来20多年间，我国经济始终保持着较快的增长，速度超过9%，即使在2015年经济有所下滑，特别是受到2020年新冠肺炎疫情的冲击，仍然保持平稳向上的势态，成为世界经济发展的引擎。

（3）城镇化建设拓宽了农民城镇就业和增收渠道，促使我国产业结构发生了重大变化。到2019年，我国转移农村劳动力超过2.6亿人，其中外出进城务工人员超过1.7亿人，农民在城镇就业的收入已大大超过在家中务农的收入，进城务工人员的月平均收入达到3 962元，同比增长6.5%，这些人基本上都在城镇就业，这是改革红利和城镇化发展推进给农村带来的深刻变化。但是也有必要指出：每年转移的大量农村劳动力，仍然游离于农村和城镇之间，尚未成为真正的城镇化市民，处于人口由分散在农村向城镇集中的过程。20多年来我国GDP总量中的三大产业比重也发生了很大变化，第一产业从1998年的17.9%下降到2018年4.4%，第二产业从1998年的49.21%下降到2018年的39%，特别是第三产业的发展为整个国民经济发展发挥了重要作用，从1998年的32.8%上升到2020年的54.5%。

（4）城镇化建设为促进工业化转型，信息化与现代农业化同步发展奠定了基础。过去，我国城镇化主要依靠工业化来推进。比如20世纪六七十年代的“大三线”建设就有力地促进了东西部及边远山区的城镇化发展，到2020年我国第一产业在国民经济比重已经下降到约7.7%，工业化率达到60%以上，按照百元产值中工业产值的比重计算，再对比发达国家如美国、德国工业化率水平，可以说我国的工业化已基本实现。但是也要看到我国早期城镇化滞后于工业化的结果很大程度上影响了城市人生活质量、就业问题，特别是老工业城市到现在还没有解决棚户区问题，所以城镇化发展的实践又证明，已经形成具有一定规模的城镇化又将为建立适应市场需要的新经济与新型产业体系建立奠定基础。比如当时兴建的攀枝花钢厂，现在已经形成具有100多万人口的中等城市，2019年工业化率已居四川省首位，2020年地区生产总值GDP突破1 000亿元大关，居民人均可支配收入高于全国平均数。再比如，20世纪60年代的大庆油田建设形成了今天具有275万户籍人口的大庆市，人口不到全省的1/12，曾经创造过占全省30%左右的GDP。即使近几年来由于石油生产下降，大庆市经济总量仍然仅次于省会哈尔滨市，成为黑龙江第二大经济城市，扛起了黑龙江经济平稳增长的大旗。纵观攀枝花、大庆市的发展可以看出，城镇化建设不但为地区经济发展做出了贡献，还肩负起了提升地区工业化和促进信息化发展、反哺农业和带动现代新农村建设的重任。建筑业也正在不断地改变着整个国家的城乡面貌，让越来越多的中国人摆脱贫困，走向希望和幸福的田野。

4.1.2 我国城镇化建设存在的问题

但是，我们在看到成绩的同时，也要看到2012年前的30多年，较大规模的城镇化建设至今并未唱响“新型城镇化”的主旋律，且已经暴露出不少的负面信息个案。

（1）土地城镇化大大快于人口城镇化，城市空间外延过度扩张，耕地面积急剧减少，稀缺土地过量消耗，资源使用效率低。以2000—2010年统计的数据为例，10年间全国城市建成区域面积由2.24万km^2增加到4.01万km^2，增长79%；同期城镇人口由45 906万增加到66 978万，仅增长45.9%，两者相比，土地增长是人口增长的1.7倍。直到2016年人口城镇化首次快于土地城镇化。再比如，中国最早对外开放的城市——深圳，其经济活力世人有目共睹，但与香港相比，前20多年的发展情况并不乐观。香港陆地面积1 104km^2，深圳为1 953km^2，是香港的1.8倍。香港的城市建设上百年、建设用地只占陆地总面积的24%左右，大量的土地作为储备用地，而深圳城市建设只有30多年，目前建设用地几乎到了无地可用的地步。从经济总量上看，据有关资料显示，2011年香港的GDP为1.95万亿港币，约为人民币1.63万亿元，而深圳只有1.15万亿元，仅为香港的70%，直到2018年深圳经济总量才首次超越香港。

（2）城市基础配套设施与公共服务体系远远滞后于城市人口与车辆的增长，造成交通拥堵、环境污染恶化、房价飞涨等问题。比如，2009年南方发生的雪灾、

2012年北京的雨患以及近两年周边城市大面积雾霾就充分暴露了当下我国大型城市环境保护与防灾减灾能力上的脆弱，它要求我们必须进行很好的反思，在今后城镇化建设中补上一节人居安全的警示教育课。

（3）重视政绩工程上马，追求形象市容建设，管理粗放、水平低，整体人口素质低下。不少城市一味赶大超小，建广场，扩马路，树高楼，更为严重的是有不少乡镇古宅、城市庙宇或高墙深院，在打着城镇化建设或开发振兴、恢复重建的“口号”中消亡。最近从南京市市长落马的教训中有一条就是大拆大建，导致参天大树轰然倒下，千年古城开膛破肚。有关媒体披露的已有200多年历史的苏州吴中区金庭镇后埠村老宅子承志堂，由于缺少保护，房屋已经破烂。2015年4月一名西安网友向省长反映西安市长安区滦镇的沣峪口老油坊古建筑被拆以及2013年6月广州金陵台、妙高台被推为废墟等事件都说明，面对中国城镇化进程步入快车道、一系列凸显的“城市病”顽疾及老问题与新挑战，亟须转变发展方式，全盘统筹规划，做好顶层设计，促使大城市中小城镇建设协调发展，着力实现个性鲜明、居住舒适、环境优美、文物保护、文化传承、绿色环保、安全减灾等各类指标，使我国新型城镇化建设真正展现出新途径、新模式和新面貌。

4.2　城镇化发展必须走新型城镇化建设的道路

党的十八大提出走新型城镇化道路。就是要坚持以人为本，以新型工业化为动力，以统筹兼顾为原则，推动城市现代化、城市集群化、城市生态化、农村城镇化，全面提升城镇化质量和水平，走科学发展、集约高效、功能完善、环境友好、社会和谐、个性鲜明、城乡一体、大中小城市和小城镇协调发展的城镇化建设路子。

4.2.1　新型城镇化建设，必须深刻认识城镇化的潜在内涵，学习借鉴发达国家城镇化发展正反两方面的经验教训

城镇化是人类社会发展的必然过程。包括人口、经济、社会环境、政治文化及基础设施配套建设等，但最核心的是指人口向城镇集中和建设的过程。这个过程主要表现为三大方面：一是城镇数目的扩张和增多；二是城市内人口规模随着城市建设不断扩大；三是城镇化发展是一个复杂系统的建设过程。因为城镇化伴随农业活

动的比重逐渐下降、非农业活动的比重逐步上升，吸引大量的农民劳动力，促使人口从农村向城市逐渐转移这一结构性变动。一方面包括既有城市经济发展的进一步社会化、现代化和集约化；另一方面由于城镇化在基础设施、公共服务体系及住房等方面创造了巨大的投资需求，且建设过程中的每一步都凝聚了人的智慧和劳动。城镇化不等于城市化，但也包含着城市的形成、扩张和形态塑造，人的活动始终贯穿其中。城、镇、市从它开始形成的那一刻起，就对人进行了重新塑造，深刻地改变人类社会的组织方式、生产方式和生活方式。

与国际社会比较，我国城镇化发展与建设的道路仍然漫长而艰难。从20世纪末的统计数字看，世界的平均城市化水平（城市人口占总人口的比重）是46%，低收入国家为30%，中等收入国家为65%，高收入国家为77%，整个东亚和太平洋地区则为34%，我国为36%。尽管2019年一跃上升到60%以上，但据专家分析，城镇化虚高的现象仍然存在，仍处在一个较低的发展水平，广大的流动人口至少有2亿多人没有真正享受到城市公共服务，城镇化基础设施远远滞后于城镇化率。

总体上讲，我国城市化进程的特点是起步晚，水平低，速度快。根据中国七次全国人口普查数据，历次人口普查城镇化水平依次为12.84%，17.58%，20.43%，25.84%，35.39%，49.68%，63.89%，近10年间有16 436万乡村人口走进城市，人口城镇化水平上升14.21个百分点。

（1）依据2014年中国社会科学院发布的《中国城市发展报告》，我国农业转移人口市民化的人均公共成本约为13.1万元。其中全国人均城镇建设维护成本为677元/年；全国人均公共服务管理成本为806元/年；全国人均社会保障成本为41 356元/年；全国人均义务教育成本为14 180元/年；全国人均住房保障成本为12 011元/年。

（2）我国农业转移人口市民化个人成本约为13万元，其中住房一次性投入10.1万元，生活、生活保障约1.8万元/（年·人）。自2012年我国城镇化建设进入新型城镇化发展阶段，农业转移人口市民化的成本发生了较大变化和增长，社会保障、教育、住房等投入都有大幅度的增长，但总体上看与发达国家城市化水平仍有差距。英国、美国、日本的城镇化已高达80%～90%，其特点是起步早、时间长、水平高，尤其是欧洲国家城市基础设施与排水管道建设的经验很值得我们借鉴学习，比如法国、德国的排水管网可以划船开车。当然，国际上也有很多教训值得我们引以为戒，要吸取一些国家以单一产业推进城市建设的教训，比如，前几年美国申请破产的底特律市就是一个很好的个案。总之，根据国际上一般经验，一个国家或地区当城镇化率在30%～70%时，城镇化发展速度则相对比较快，更需要注重质量提升与协调发展。

当前，国际政治环境日趋复杂、经济复苏缓慢曲折，经济增长动力正由外需驱动转向内需驱动，由工业化驱动为主转为城镇化驱动为主。我国已然全面建成小康社会，大幅度提高城镇人口比重，逐步扭转、缩小工农差别、城乡差别、地区差别就是其中的重要目标之一。为此，我们必须努力走出一条既不同于西方发达国家和地区，也不同于传统发展老路的城镇协调发展、城乡共同繁荣的与新型工业化道路相呼应的“新型城镇化道路”上来。基于这一判断，未来我国城镇化率将继续提高，预计到2030年达到70%左右，转移农村人口3亿多，在推动经济社会发展上将赋予更加重要的使命。而这一使命能否真正实现，关键还要看我们已选择推动城镇化建设的正确道路是否能够始终坚持。

4.2.2　推动新型城镇化发展，要立足提高城镇建设品质与文化传承

党的十八大和十九大都强调走新型城镇化发展道路，“新”就新在要通过实施城市更新和生态修复行动把由过去片面注重追求城市规模扩大、空间扩张，改变为以人为核心，加快建设宜居、绿色、韧性的智慧人文城市。以提升城市文化、完善城市空间结构公共服务体系配套等内涵为中心，要在实践中找到文化经济建设的出发点来发展城镇化建设，真正使我国的城镇成为具有较高质量品质和文化底蕴及环境优美适宜人居的场所，完成农民到真正市民的转变，全面推动城市高质量发展。而不单是建高楼、造广场。新型城镇化建设应具有以下几个特征：

一是规划高起点。城镇化建设要科学规划，合理布局，预留文化发展空间，注重生活质量，使城镇化规划和建设、发展及管理中做好结构调整、政策变革与经济转型配套推进，始终处于国家经济发展的“龙头”地位。

二是理念内涵新。新型城镇化建设的重点应致力于减少（碳）排放，绿色发展的基础上坚持人文、科技、创新，通过发展低碳经济、循环经济、绿色经济的形式，推进新型工业化、信息化与农业现代化的同步协调发展。

三是途径多元化。我国地域辽阔、情况复杂，发展很不平衡，东中西部不一样，山区、平原不一样，不同的发展阶段要求不一样，不同地域特色不一样，因此，不能强调甚至只允许一种方式。应该在坚持基本原则的前提下，实现的途径应当是多元的，而且与工业化的关系处理也应该有多种方式，有的是同步，有的可能要超前。

四是聚集效益佳。城镇化一个最大的特点是具有聚集功能和规模效益发展经

济。要在增加城镇数量、适度扩大城镇规模的同时，重点是把城镇建设做强，不能流于形式、搞政绩，外强中干，徒有虚名。把农民都赶到城市去，会造成乡村空心化、乡村萧条。

五是辐射能力强。充分利用城镇建设已形成的自身优势向周边地区和广大的农村进行辐射，带动郊区、农村一起发展，这是城镇化建设责无旁贷的义务，我们要有这种意识、视野、规划和措施。千万不能搞成孤岛式的城镇。

六是个性特征明。城镇要有自己的个性，每一个城镇都应该有自己的特点，要突出多样性。城和镇都是有生命的，都有自己不同的基础、背景、环境和发展条件，由此孕育出来的城镇也应显示出自己与众不同的特征。

七是人本气氛浓。发展城镇的目的是为人服务。所以，城镇的一切应当围绕人来展开，要牢固树立人本思想，创造良好的人本环境，形成良好的人本气氛，产生良好的人居服务功能，促进人的自由与全面的发展。

八是城镇联动紧。“城镇化”，而非城市化。其内涵是要把城市的发展和小城镇的发展作为一个有机的整体来考虑，解决好非此即彼或非彼即此或畸轻畸重的问题。中国有600多个大中小城市和20 000多个小城镇，本来就是一个完整的梯队，不能人为地分割开来。

九是城乡互补好。新型城镇化一定要体现一盘棋的思想，要打破二元结构，形成资源整合、优势互补、利益共享、共存共荣、良性互动的局面。市带县体制也好、城乡一体化也好，其出发点都是要走活新型城镇化这盘棋。因为农村可以为城镇的发展提供有力支持，形成坚强后盾，城镇又可以为农村的发展提供强大动力，从而全面拉动农村发展。决不能以牺牲农村的发展来谋求城镇化的提速。

4.2.3 新型城镇化建设的政策取向与客观必然性

2013年中央经济工作会议强调积极稳妥推进新型城镇化，着力提高城镇化质量，要求以全新的思维和方式，大胆开拓，勇于创新，努力解决当前城镇化发展中存在的一系列复杂问题，促使新型城镇化建设成为释放巨大内需潜力与协调科学发展的“倍增器”。城镇化发展是否合理不能以速度的快慢为标准，重在看城镇的建设质量、看城镇化建设是否能做到带动经济社会健康可持续发展，这是城镇化发展的主题。

1. 新城镇化建设关键在于促进“四化”同步发展

一个国家的经济现代化发展，必须经过工业化和城镇化互动发展过程，工业化为城镇化提供了经济基础和发展动力，城镇化又为工业化提供了要素集聚和广阔的市场需求。另外当今世界正处于信息技术突破，创新发展驱动新一轮的科技革命和产业革命。信息化与工业化深度融合、工业化和城镇化良性互动、城镇化与农业现代化相互协调同步推进，带动和促进农业人口向城镇集聚，将持续改变着城镇化的内涵。也就是说新型城镇化是新型工业化的加速器，是农业现代化的引擎，是现代信息化的载体。其本质是建设国家现代化经济体系，实现新阶段高质量发展，满足新发展理念实现社会主义现代化强国的根本路径和必然要求。

2. 新型城镇化建设需要处理好四个关系

新型城镇化建设需要在进一步改革政府主导型机制的基础上，以新发展理念为指导，协调好不同纬度城镇化之间的关系，协调好城镇化与经济发展中突出矛盾之间的关系。

一是协调好城镇化与资源环境之间的关系。依托城镇的资源和环境承载能力聚集产业和人口，缓解部分大城市由于人口膨胀和产业粗放带来的资源短缺和环境污染压力。

二是协调好城镇化和工业化之间的关系。引导工业化从粗放、速度型转向集聚、效益型，改革完善制约农民进城和流动的体制机制，切实改变长期以来城镇化滞后于工业化的现象，构建城镇化与工业化的良性互动机制。

三是协调好城镇化与居民福利改善之间的关系。在推进城镇化的过程中，切实推动进程帮助农民实现职业和身份的双重转变，提升城镇的包容性。与此同时，着力防止大城市病现象，促进原城镇居民的福利也不断得到改善。

四是协调好大、中、小城市与农村城镇发展的关系。以资源环境承载能力和公共服务功能配套完善为原则，合理控制大城市过度扩张，加快健全中小城市硬件设施和软件服务，引导人口和产业集中集聚，形成大、中、小城市与农村城镇合理有序发展格局。只有协调好各种关系，城镇化才是健康的，作为未来驱动经济发展的基石才是牢固的。

3. 新型城镇化发展具有“四大”取向

以新型城镇化建设必经的产业聚集区为载体，走集约、节能、低碳的发展道路，实现企业集聚、项目集中、土地集约、将城镇化与产业集聚建立在环境、资源等承载能力基础上，提高城镇，尤其是大中城市的综合承载力，具体要具有四大取向。

一是市场化取向。加快新型城镇化建设，既要充分发挥政府的主导作用，更要坚持市场化取向，探索多种实现方式，按市场规则配置资源。要着重围绕城镇化发展中面临的发展方式转变和结构调整、土地节约集约利用、户籍和社会管理、资源支撑和生态环保等问题，实现体制机制创新，正确处理各方面利益关系，为持续发挥城镇化效应提供有效的制度保障。

二是产业化支撑。推进新型城镇化建设，尤其要强调产业支撑，否则城镇化就会是无源之水、无本之木。李克强总理最近特别指出"兴城首先要兴业"。城镇化是企业产业结构调整升级的重要依托。城镇化产生集聚效益、规模效益和分工协作效益，极大地推动工业化进程。要依托中心城市和县城，以城镇功能完善吸引产业集聚，以产业集聚促进人口集中，形成以产兴城、依城促产、产城互动的发展格局。目前我国有个别城市由于产业集聚有名无实，所谓的"城镇化"现象带来了巨大的风险，比如内蒙古的鄂尔多斯市不就被媒体称之为"鬼城""空城"了吗？要按照资源集约利用、功能集合构建、人口有序转移的要求，提升产业集聚区建设水平，形成一批规模优势突出的产业集群、新型工业化示范基地，服务业合理布局，打造区域服务中心，使城镇化建筑在坚实、可持续的基础上发展。

三是信息化贯穿。当前工业化、信息化、城镇化、农业现代化和绿色化深入发展，但"五化"不是孤立的，而是在融合、互动、协调中实现的。随着信息技术的快速发展和普及应用，信息化已经成为一种全面、动态、优化的资源配置方式，它既是新型工业化、城镇化、农业现代化的固有之义，又是提升这"三化"水平的重要手段。推进新型城镇化建设，必须坚持以信息化贯穿，形成信息化建设高地，为新型城镇化建设提供有力的信息支撑。

四是绿色化发展。建设新型城镇化，不能再是简单的人口比例增加和城市面积扩张，要从"广度"向"深度"发展，要围绕城镇化发展中面临的发展方式转变和结构调整，在实现体制机制创新的基础上，坚持绿色发展理念，以生态环境承载能力的动态平衡探索发展路径，做好土地利用、节水节能和大气污染与垃圾的治理。关键是要大力发展绿色建筑，为持续发挥新型城镇化建设效应提供有效的保障，要着力实现产业结构、就业方式、人居环境、社会保障等一系列由"乡"到"城"的重要转变，使各类生产要素自由流动、优化配置。在教育、医疗、就业、社保等公共服务和福利上跟城市接轨，实现城乡一体化发展，最终目标是能够满足城镇人口日益增长对美好生活环境的渴望与全面发展的需要。

4.3　城镇化建设为建筑业持续发展提供了新的机遇

早在2000年，美国经济学家、诺贝尔经济学奖获得者斯蒂格利茨断言："影响21世纪人类社会进程的有两件事情：一是以美国为首的新技术革命；二是中国的城镇化"。斯蒂格利茨确有先见之明。当时（2000年），我国的城镇人口仅为4.6亿，城镇化率为36.2%；经过近20年的建设发展，2019年全国城镇常住人口剧增至近8.5亿，常住人口城镇化率首次超过60.6%，经济总量已成为世界第二。应该说城镇化建设对国家经济发展的贡献功不可没。但总体上看，我国的城镇化质量并不高，而且据国家统计局调查，2019年城镇户籍人口城镇化率只有45%不到，和常住人口城镇化率之间相差16个百分点，这就意味着有1.4亿多流动人口并未享受到均等城市化的公共服务。所以专家表示，应警惕城镇化推进过程中的"伪城镇化"现象，降低城镇化门槛，推动流动人口有序融入城市，我们离发达国家的水平仍有很大距离。但另一方面又看到存在的距离将成为我国经济社会赢得比较优势和后发优势，有扩展巨大的发展空间。正如2012年中央经济工作会议提出："城镇化是我国现代化建设的历史任务，也是扩大内需的最大潜力所在"，党的十九届五中全会提出的"十四五"时期我国经济社会发展的主要目标中强调的城乡人居环境明显改善，基本公共服务设施明显提高，多层次社会体系保障健全，坚持扩大内需这个战略基点，把实施扩大内需战略同深化供给侧结构性改革有机结合起来，以创新驱动高质量供给引领和创造新需求，促进国内国际双循环，全面促进消费和拓展投资空间。优化国土空间布局，推进区域协调发展，实施和完善新型城镇化建设战略，推进以人为核心的新型城镇化。未来新型城镇化仍需要加快取消落户限制，有序推动市民化，切实缩小城乡差别，加快社会保障体系改革和社会公共服务与社会保障全国统筹。从而提升全要素生产率和人的资本增值，优化经济结构，建设多层次住房供应体系，释放消费潜力，深入推进新型城镇化建设，促进城乡融合发展。所以，打造城镇化建设升级版已成为实现党的十八大提出"两个一百年"奋斗目标和十九大提出在本世纪中叶把我国建成富强民主文明和谐美丽的社会主义现代化强国的重要途径。能否积极稳妥推进、提高内涵质量，既取决于国家政策的顶层设计、科学决策和创新主导，更取决于全社会广泛关注和积极参与。

4.3.1　新型城镇化建设为建筑业提供了新的发展机遇与广阔空间

2020年是"十三五"规划与"十四五"规划交汇期，也是我国经济社会转型的关键发展时期，是全面深化改革开放、加快转变经济发展方式的攻坚时期，要看到全面建成小康社会，实现第一个一百年奋斗目标之后乘胜而上，开启全面建设社会主义现代化国家新征程，向第二个一百年奋斗目标的进军中，新型城镇化建设必将对建筑业未来发展提供三大机遇：首先是为建筑业创造巨大和广阔的市场投资空间；其次是促进绿色建筑发展和提升建筑企业实施新型建造能力；再就是推进新型城镇化建设的进程中，建筑产业现代化将迎来新的发展，它并不是一个被动选择的问题，而将成为建筑业伴随着城镇化建设转变发展方式促进高质量发展的有效途径和发展方向。

1. 围绕“十四五”规划促进“产城融合、市镇互动”发展扩宽市场投资空间

城镇化与工业化互动、同步发展、有机融合和以大中城市带动中小城镇经济发展，既是历史的客观规律，更是现实经济社会发展的必然要求。城镇化建设进程还存在一定的自主需求和刚性需求，比如说电梯，这就是刚性需求，随着人口老龄化和市民对生活质量的提高，很多老楼要改造，再比如，智慧型城市、节约环保要求北方外部保温需要改造，这种刚性需求、居民需求、社会保障需求、环境保护需求、通信物流需求都是自发的，特点是需求大、周期长，并将成为城市目标等新的投资热点。如果以非农就业人口占比来衡量工业化率，虽然长期以来我国城镇化滞后于工业化，但从近十年来城镇化发展的势态看，未来城镇化建设又必将引导工业化从粗放、速度型转向集聚、效益型，改革完善制约农民进城和流动的新型体制和机制。现阶段经济社会转型，要求转变以出口及工业发展带动经济增长的模式，而将更多的精力放在拉动内需，刺激增长带动经济增长，推动城市服务性消费升级。从城镇化发展的历程看出，农业是城镇化初始的动力，工业是城镇化的根本动力，服务业将是城镇化后续动力，所以在推进城镇化建设的过程中，第三产业（服务业）将是扩大内需、拉动投资、提高就业的重中之重。据国家统计局数据，2019年我国第三产业（服务业）在GDP的比重约60%，产业单位数量超过70%。按照历年固定资产投资第三产业所占比例的平均水平推算，服务业未来十年的投资增长仍将保持在较高水平。基于这一基本判断，新型城镇化建设要围绕大力发展各层次服务业，吸纳农民向城镇转移，特别是要通过加快大中城市建设来带动周边小城镇与农村乡镇经济发展。此外，促进信息消费，运用信息化手段管理城市也将在更大程度上降低经济发展的成本，发挥城镇化的聚集效应和规模效应。2013年8月8日国务院印发了《国务院关于促进信息消费扩大内需的若干意见》（国发〔2013〕32号），要求加快信息基础设施演进升级，增强信息产品的供给能力，加强信息消费环境建

设。媒体普遍对其中提到的3.2万亿元规模的信息消费高度重视。所以加强信息传播，运用信息技术这个关键工具提供高效管理，改造传统制造业将成为孕育新经济增长点的重要途径，也必将为城镇化建设注入新的投资活力。除此外，城镇化建设过程中，要消费的钢材、水泥，带动相关产业发展，包括新兴产业，比如文化产业，也是推动内需的重要产业，这些产业都离不开建厂房、办公用房等，据专家估计每年新开工建设不少于50亿m^2，消耗水泥20多亿吨、钢材6亿t。这一条就可以看出城镇化对扩宽的建筑业发展的空间。因此，围绕“产城融合、市镇互动”，切实推动“三化融合”，扩大服务业配套设施建设等方面蕴藏着巨大和广阔的市场投资空间。

2. 围绕推动新农村建设和中西部地区城镇化发展拓展区域投资空间

我国大陆各类城镇有2万多个，但平均规模小，散乱差，发展水平极不平衡，既表现在规模层面，也表现在区域层面。从规模层面看，大城市建设速度快、水平高、资金充裕，而且交通、能源等重大基础设施的枢纽重要节点也主要分布于大城市。比如，较早形成了以珠三角、长三角、京津冀三大都市圈为中心，以东北高铁沿线、山东半岛、浙东与福建沿海等城市密集区为羽翼的东部沿海城镇连绵带。

但与此同时，中小城镇数量多、规模小，相对封闭，建设推动速度缓慢、层次相对较低，资金缺乏，而且交通、能源的二级网络及相关节点建设主要分布于中小城镇，正处于初级阶段。特别是还有近6亿多人生活在农村，加快推进新农村和小城镇建设将是各级政府一项长期繁重的历史任务。从区域层面，城镇化呈现“东高西低”的阶梯状格局。虽然以郑州为中心的中原地区、以武汉为中心的华中地区、以长沙为中心的长珠潭地区、以西安为中心的关中地区、以重庆成都为中心的成渝地区也迅速崛起，形成我国中西部核心城镇群。但到2019年东部地区城镇化率为70%左右，中西部地区分别仅为50%和48%左右。上海、北京、天津均在84%以上，河北为57.6%，排序较后的分别是云南、甘肃，西藏还不足40%。所以，未来城镇化建设的重点将是中小城镇建设和中西部地区的城镇化建设。因为差距越大，潜力越大。随着以桂林南宁为中心的广西中部地区、以贵阳为中心的黔中地区、以昆明为中心的滇中地区、以兰州西宁为主轴的黄河上游一线、从武威到嘉峪关的河西走廊、以乌鲁木齐为中心北疆地区、以库尔勒为中心南疆地区、以拉萨日喀则林芝为主线的雅鲁藏布江西段地区，都已开始快慢不等地建设发展。最近住房城乡建设部等七部委又根据全国重点镇的条件和增补调整原则，综合考虑对中、西部和

“老、少、边、穷”地区以及集中连片特困地支持的因素，将原有1 887个重点小城镇建设增至3 000个，有力地促进大中城市与小城镇建设的协调发展，这些新的城镇群体与上述已形成的城镇相毗连，将构成完整覆盖我国大陆的城镇连绵网络，其形成的投资空间非常大。按照中央确定经济发展“稳中求进、稳中有为”的基本原则，即使未来10年我国GDP年增长率保持在6.5%左右，仍然要靠城镇化建设支撑来拉动投资和消费需求。据专家预测，我国城镇化在今后每年仍然可保持4%左右的经济增长率。此外，城镇群则是突破行政区划的发展模式，围绕城镇群内外部区间交通联系通道和能源网络建设布局的投资带动城乡建设，治理农村人居环境，发展小城镇和县域经济，促进基础设施和公共服务向农村延伸的规划目前也已起步，其发展和投资的空间将更大。

3. 围绕构建和谐社会，坚持“以人为本”提高城镇资源环境、交通出行和人口承载能力，拓展保障性住房与基础设施投资空间

新型城镇化必须要真正立足于“以人为本”这一发展的基本原则上来，党的十八大精神强调新型城镇化发展是以人为本为核心的城镇化。对于进城农民而言，要实现“职业和身份”的双重转变，作为城镇居民应有的社会福利必须予以保障。这就要求城镇化建设要科学规划城市空间，引入“文化城镇”理念，注重城镇生活质量，确保建筑节能环保，公共交通系统等基础设施配套完善安全可靠，切实使得广大居民福利保障随着城镇化的发展得到改善。

长期以来，城镇化发展在一定程度上透支了资源环境的承载力，在大城市存在容量不足、发展难以为继的问题，中小城镇存在发展粗放低效的问题。为推动资源节约型和环境友好型社会建设，近年来，低碳城市、生态城市、绿色能源城市已成为诸多地市的城市品牌。需要注意的是，一些城市品牌不仅涉及基础设施的投资，而且包括大量的新能源和节能环保产业。因此，针对大型和超大型城市，其承载能力不仅是资源环境问题，更关键的是“大城市病”现象。城市内人口流动负荷过重，要求城市交通、城市群内部城际轻轨以及医疗、教育、服务等配套设施必须跟得上，比如重庆市在未来8年规划建设约700所中小学幼儿园，由此可以更多地带动大量的公共服务体系与基础设施投资空间。

为了破解城市二元结构，提高城镇化建设质量，让更多的农业人口转移城市，让困难群众住进新居，国家将释放有效需求，充分发挥消费的基础性作用和投资的关键性作用，鼓励支持引导各类投资主体进入基础设施、公用事业和保障性住房等领域。2013年9月6日，国务院出台了《国务院关于加强城市基础设施建设的意

见》（国发〔2013〕36号），表示城市基础设施新一轮投资拉开帷幕，主要思路是着眼于国民经济持续稳定长期增长。为加大经济适用房、廉租房和公共租赁住房建设力度，解决中等城市低收入群体和农民工保障性住房，从2016年起至今5年间，棚户区改造项目就覆盖2 000多万户，加上各地规划改造项目，整体投资额超过4万多亿元。国务院确定的从“十二五”到“十三五”《全国城镇供水设施改造与建设“十二五”规划及2020年远景目标》也已基本实现。此外，未来城际交通将是推进城市群一体化，支持中国经济高质量发展的主要平台。2019年2月19日，国家发展改革委《国家发展改革委关于培育发展现代化都市圈的指导意见》（发改规划〔2019〕328号）要求打造一小时通勤圈促进化。同年9月，中共中央、国务院又发布了《交通强国建设纲要》，要求到2035年基本形成“全国123出行交通圈”。自2013年国家发展改革委已批复的27个城市轨道交通建设规划项目，投资规模已超过1万多亿元。广东省从2015年起的5年间，各级政府安排总投资达1.5万亿元用于在建和新开工高速公路、国铁干线和城际轨道等重要基础设施建设项目。江苏5年间改造棚户区6万多户，估计总投资超过2 500亿元。四川省还启动了8 000个新村聚居点和100个新农村综合体的规划实施。贵州省政府自2017年起4年共投入1 422.47亿元建设农村基础设施。这些重大的民生工程是新型城镇化建设发展的必然历程，更加有效地拉动投资消费需求，带动了相关产业发展，大大地改变着城乡面貌。

综上可以看出，新型城镇化建设作为建立现代化经济体系和实现国家现代化建设的战略任务，是今后相当长时期扩大内需的最大潜力所在。面向第二个新百年相信城镇化建设特别是基础设施新基建建设任务带来新一轮的投资热潮，成为国家推动经济持续发展的强劲动力，并将带动多个产业链受益，而建筑业将首当其冲。这里有必要指出的是，这些投资热点从侧面也提醒许多以往只关注大项目与标志性建筑的企业要结合市场变化，不断扩大业务范围，积极拓展发展空间。据有关部门专家分析新型城镇化建设的主要投资去向并不在于大城市，按照全国生态功能的规划要求，结合《城镇化发展规划纲要（2012—2020）》实施完成情况，和“十四五”城镇化发展六大战略，专家预测今后新型城镇化建设资金来源有两方面：一是存量方面，来自财政资金的盘活与资产证券化；二是增量部分，则来自民间资本。但不论是政府投资，还是民营投资，总体上讲其投资空间，一线城市约占15%～20%，比如已形成的京津沪、长三角与珠三角；二线城市约占40%，主要指已具备城市群发展条件的长江中游、成渝、中原等重点开发区域以及资源环境承载能力强、城镇体系相对健全、要素集便于聚集、人口分布合理的有培育性的新城市群，特别是粤港澳大湾区建设将打造新的发展格局；三线城市及乡镇建设约占40%，主要是具有辐射带动中小城镇及新农村建设的作用。所以，建筑业企业必须做好市场区域划分，整合资源，因地制宜，选好目标，准确定位，真正找到城镇化建设布局中的着力点，从而为实现企业持续发展提供重要的战略依据。

4.3.2 超前研究、科学规划、制定措施、直面挑战，在新型城镇化建设发挥主力军作用

建筑业作为国民经济的支柱产业，年平均完成总产值约占全国固定资产投资60%以上，是城镇化建设的具体实施者，担负着城镇化建设的重要使命。必须抢抓机遇，率先行动，超前研究，科学规划，采取措施，迎接挑战。

（1）抓住新机遇，抢占制高点，成为新型城镇化建设的积极参与者。新型城镇化发展将是我国从经济大国向经济强国迈进的强劲引擎，如果城镇化率的提高保持目前水平，每年将有1 000多万人口转移到城市，拉动4万亿元左右的内需，按照国家“十四五”规划和到2035年远景目标构想，预计未来15年我国经济发展态势不但不会出现大的波动，而且还将带来城镇公共服务和基础设施投资新的热潮，构成中国扩大内需的最大潜力。

新型城镇化建设所包含的技术投资、产业链投资、地产投资、基础设施投资和综合服务配套投资，必然持续成为中央及各级地方政府稳定发展经济，拉动投资、扩大内需、转型发展的重要政策着力点。在这新一轮投资热潮中，建筑企业不可避免地要和政府以及各类投资商打更多的交道，并将扮演一个重要的角色。首先是要配合国家政策导向和市场需求，成为当地政府推行城镇化建设落地的最大助力和合作方。与政府、业主和运营商形成战略合作伙伴关系，打造区域板块市场，做政府想做但做不了，而市场又非常需要的事情。比如20世纪90年代，许多有经营战略眼光的建筑施工企业大多选择进入房地产市场，企业受益不少。近几年随着城市基础设施的发展，不少房建企业又开始进入铁路和公路桥梁等基础设施建设领域。其次是要从可持续发展的高度，善于捕捉发展机遇，顺应投资趋势，改变经营模式，抢占市场先机，不仅能够为城镇化建设提供各类承包商应有的服务功能，还要按照行业发展规律和需求，提升产业链上下游企业投身新型城镇化建设的意识，特别是要与高科技类企业和高端服务业强强联营，整合资源，优势互补，深层次参与，积极配合政府做好新型城镇化发展及其建设项目的前期研究策划工作。

（2）迎接新挑战，打造升级版，成为新型城镇化建设的科学践行者。新型城镇

化建设不能再走过去粗放型工业化推动城镇化的老路，其规模效应要通过转型升级大幅度减少资源消耗，有利于对污染进行集中治理，促进资源节约型和环境友好型社会建设。解决资源消耗与环境污染的矛盾约束，需要依托技术进步与管理创新。建筑业企业是国家工程建设创新体系的主力军，既是先进适用技术的研发者，更是科技成果转化为现实生产力的应用推广者，有责任、有义务，也有能力承担起建设新型城镇化发展的历史重任，打造新型城镇化建设升级版。

城镇化带来人力资本和信息知识聚集，较好地促进了市场公平竞争、技术创新和高端管理，注重提升城镇化发展软实力和服务功能建设，强调城镇化与工业化、信息化、农业现代化协同发展。建筑业必须尽快适应这一新形势要求，科学制定城镇化建设质量评价指标体系，并纳入建筑业转型升级和绩效管理考核机制。要以低碳、绿色、科技为主导，勇于实践、敢于创新，不断改进生产方式，提高工程项目建设标准的技术含量。广泛应用新材料、新技术、新工艺、新设备，积极倡导技术改造和实践创新。从技术、管理和经营三大方面树立企业品牌发展战略，坚持信守合同、安全为先、质量第一、节约资源、降低消耗、提高效益，实现科技、绿色和人文的有机结合，积极探索新时期我国城镇化建设的有效途径和创新领域。

在新型城镇化规划建设中，建筑业还将注重民族悠久文化传承与现代人文关怀相容，强调历史文化和现代文化的亲密融合，城镇化建设既不“邯郸学步”、盲目崇外，又不能“闭门造车”、拒谏饰非，要为实现人的全面发展，建设智慧型、绿色型、科技型、人文型、包容型、和谐型城镇，体现市民化转型的有序性和公共服务的协调发展，致力于为构建和谐社会和美丽中国的新型城镇化建设做出贡献。

（3）履行新使命，勇于挑重担，成为新型城镇化建设的强力推动者。加快推进新型城镇化建设，实现经济发展方式由资源依赖型向创新驱动型转变，已经成为处于快速城镇化建设过程中我国经济社会发展的战略选择。建筑业是完成各类固定资产投资形成建筑产品的建设者，直接关系到整个工程建设最终产品能否达到优质、高效、低耗的最佳效果，责任重大，使命光荣。截至2020年，我国建筑业拥有从业人员约为5 800万，共有建筑业企业法人单位121.8万个，具有施工设计及专业承包资质的大中型企业4万多家，其中总承包一级以上资质15 000项，有集规划、设计、融资、采购、施工一体化的大中型企业特级资质870项。他们以新中国城乡建设长期积累的巨大财富和锤炼铸成的铁军精神及综合实力在国内外建筑市场所向披靡，特别是中央企业以建造超高层大楼、特大型场馆、跨海过江大桥、穿越深山高原的高速铁路和公路堪称世界一流而闻名天下，已经在城镇化建设中率先垂范，持续发力。此外，我国还有数万个以民营为主，善用技法、出奇制胜的中小型非公有制的建筑企业，他们虽不显山露水，却依托改革创新形成的良好经营体制和商业模式，扩纵深、近城镇、控规模，并以本土化、专业化、精细化的发展战略驰骋于区域市场。比如，江苏、浙江两省建筑企业为我们作出了示范引领作用，两省建筑业在外市场份额已高达60%。实践证明，中国建筑业完全有条件、有信心、有能力成为新型城镇化建设的强力推动者。

（4）开拓新市场、务实加苦干，成为新型城镇化建设的核心主力军。建筑企业作为新型城镇化建设的积极参与者、科学践行者、强力推动者与核心主力军，当前最迫切的是要以艰苦奋斗、实干兴业、卓越奉献、开拓创新精神适应新形势，迎接新挑战。因为，企业在主体运营层面，新型城镇化建设所衍生的企业运行机制问题、市场营销模式问题和企业战略转型问题等都需要深入地思考和探索。在项目运作层面，同样面临着如何从单一服务功能转向综合服务功能，从单项目管理转向多项目、项目群管理，从粗放式管理转向集约化管理，从施工阶段管理转向项目全寿命周期管理，从单个班级作业管理转向大规模多专业集团协同管理等问题，更需要我们进一步深化改革、励精图治、快速适应、成功转型，全方位地健全完善服务功能，全过程实施精细化管理，为打胜新型城镇化建设任务这一攻坚战，实现新时期建筑业可持续发展，务实加苦干，做出新贡献。

一是规划、设计、建设、项目管理全过程高水平服务。城镇化建设不同于传统的城市建设，其显著特点是规模大、范围广、体量小、综合性强。城市建设项目专业性相对较强，而且更多地强调在建设过程和施工中实施，资源也相对集中，管理较为紧凑。而城镇化建设，将要求建筑企业能够胜任区域（片区）规划、功能设计、项目建设以及场景改造，甚至包括全寿命周期的项目管理。未来的建筑市场需求将更多地强调承包商全过程、全方位和高水平提供优质服务。它既不同于工程总承包（Engineering Procurement Construction，EPC），也不同于施工总承包，而是一种特殊的综合性，包括投资承建和管理服务。这也将为企业拓展更大的利润空间，真正做到分层"养鱼"和建筑产品生产链条、价值链条和市场链条的闭合。比如，江苏某民营企业前几年在新疆就将这一体会参与城镇化建设的探索，并取得了良好经济与社会效益，该公司与新疆维吾尔自治区博尔塔拉蒙古自治州博乐市建立合作伙伴关系，投资8亿元，支持博乐市基础建设，采取建设–移交（BT）方式，4年投资回报率在20%左右。

二是新建、迁建、改建和复垦建设一体化介入。新型城镇化既包括新区规划、旧城改造和集中迁建，同时又包括环境改造、服务配套和土地复垦，充分体现了建设管理工作的复杂性和专业化的兼容。建筑业企业将在现有市场定位和多年技术积累的基础上，延伸服务内涵，有效做好内部机制转型和功能升级。有针对性地优化人才结构，强化综合素质的提高。同时，要打造新型的营销体系，及早与地方政府和相关部门密切关系，及时掌握信息，做好服务跟踪，逐渐适应新的市场需求。

三是民宅、工建、公用配套设施一条龙承担。新型城镇化建设在未来相当长的时期内是建筑业市场的主流，其特性决定了基本建设工作的全面性和多样性。以一体化投资管理的角度，企业的合同标的可能不是一个单一的项目，而是一个片区或一个成建制的功能体。建造的内容既包括居民住宅、工业厂房，也可能包括公共设施和城市配套系统。这就要求企业在现有施工承包、工程总承包基础上扩大业务范围，具有承担一揽子综合建设任务的业务能力，这样才能避免单一承包规模小、利润空间狭窄的局面。

四是建材、设备、技术、劳务全方位供给。城镇化建设其实质在于集约化，改变松散的城郊和乡镇体系，改善人的生存条件。作为工程项目建设，存在大规模集中和小体量项目分散相结合的特点。资源市场往往渠道不畅，这就要求按照建筑企业在产业链条上所处的位置，进行一体化组合调整，在建材、设备、技术和劳务方面拥有充足的市场资源和管理经验，积累大量的市场积淀和技术管理人才，同时也为企业多种经营、多元化发展、扩大内需和延伸外需提供动力和保障，以提高整个建筑业产业链条的运作效能和企业核心竞争优势。

综上可以看出走中国特色新型城镇建设道路，既是“十四五”乃至未来十多年我国经济持续发展的内在潜力和强劲动力，也是全面建设社会主义现代化国家的必由之路。必须以人的城镇化为核心，坚持新发展理念，以人为本，四化同步，优化布局，生态文明，文化传承，各行参与，点面结合，纵横联动，统筹深入推进新型城镇化建设高质量健康发展。

第5章

推进产业现代化与建筑业高质量发展和企业转型升级

2014年全国住房城乡建设工作会议和住房城乡建设部《关于推进建筑业发展和改革的若干意见》（建市〔2014〕92号）以及《工程质量治理两年行动方案》（建市〔2014〕130号）都明确提出要推进建筑产业现代化，要求以住宅建设为重点，研究制定支持推进建筑产业现代化发展的政策举措。2017年《国务院办公厅关于加快促进建筑业持续健康发展的意见》（国办发〔2017〕19号）、2020年住房和城乡建设部等九部门《关于加快新型建筑工业化发展的若干意见》，从工程建设全寿命期推广智能建筑和装配式建筑、提升建筑设计水平、加快技术研究应用、推广应用绿色环保建材、完善工程建设标准、实施精益化施工等方面进一步强调要大力推进新型建筑工业化和建筑产业现代化。现代化的实质就是说："全社会范围，一系列现代要素以及组合方式连续发生的由低级到高级的突破性变化（或变革）的过程。"它具有三大核心指标：第一，经济因素；第二，现代因素；第三，科技因素。面对新的形势以及党和国家的要求，建筑业如何紧跟时代适应"高质量发展阶段"，选择什么样的途径和目标，更好地把转方式、调结构、防风险、惠民生有机结合起来，突出创新驱动、增强内生动力，实现稳中求进，需要有更深层次的研究和思考。

5.1　推进产业现代化是建筑业为实现"两个一百年"目标发挥支柱作用的正确选择

长期以来，从国家宏观政策面上的有关描述中比较多见的是"建筑工业化""住宅产业化"，也有专家提出了"建筑产业化"。2013年中国建筑业协会设立课题就建筑业这个传统产业向现代产业转型的问题进行深入研究，首次提出了进入新时代推进建筑产业现代化这个命题，并于2014年就推进建筑产业现代化的必然性、迫切性、重要性专题报告并报送国家建设主管部门。

从建筑业的发展历史和演变规律看，推进建筑产业现代化是社会化大生产的必然趋势；站在全球化和科学技术发展的高度看，推进建筑产业现代化是应对新技术革命和第四次产业革命挑战的需要；就建筑业的现状和历史使命看，推进建筑产业现代化是贯彻落实党的十八大精神，加快转变行业发展方式，为社会主义现代化建设发挥支柱产业作用的根本要求。报告为什么没有延续过去关于建筑工业化的提法，除了以上这三个方面观点外，还有一个重要的因素就是因为工业生产与建筑业有着重大的区别。国家在产业划分上也非常明确地将工业与建筑业并列为第二产业。因为建筑产品具有单件性和一次性的特点，产品固定，人员流动；而工业产品大多是产品流动，人员固定，而且具有重复生产的特性。所以，建筑业不可能全部照搬工业化的组织形式和生产方式来建造建筑产品。但建筑业又是一个劳动密集型和建造方式相对落后的传统产业，急需转变发展方式和生产方式，向新型工业化和现代产业转变。这既符合党和国家早就提出的"四个现代化"目标，又符合当前推进国家治理体系和治理能力现代化建设、全面深化改革、坚持创新驱动、实现"新四化目标"的总要求。

5.1.1　从建筑业的发展历史和演变规律看，推进和实现建筑产业现代化是社会化大生产的必然趋势

建筑业是专门从事土木工程、房屋建设和设备安装以及工程勘察设计工作的生产部门，建筑产品表现为各种工厂、矿井、铁路、桥梁、港口、道路、管线、房屋以及公共设施等建筑物和构筑物。它们是国民经济各产业部门进行物质生产和提供服务的手段，是国家经济发展、人民生活提高和社会进步的重要物质基础。综观人类发展历史，特别是社会分工的发展历史，建筑业演变的进程是从原始建筑业到传统建筑业，再进展到现代建筑业，这是历史发展与社会进步轨迹的必然规律。

一是传统建筑业形成于从奴隶社会向封建社会演化的过程中。研究表明，在奴隶社会后期，随着社会生产力的发展，建筑业能够提供水利、交通、军事等相关设施的建设，以满足国家统治和社会生产的需要。在封建社会的进化过程中，传统建筑业在设计、材料、估价、营造及管理等方面的水平得到进一步提升，并且造就了

一批能工巧匠与建筑神话。

二是随着资本主义的产生和发展，传统建筑业也有了很大的发展。在现代工业革命的推动下，建筑结构技术、建筑材料技术、建筑施工技术均取得较大突破，使得建造摩天大楼和特大型建筑成为可能。大工业的发展和城市人口的快速聚集，需要兴建大量基础设施和各类房屋建筑，进而促使原来分散的工匠组合成为专业化的建筑承包商。

三是新中国成立以来，经济社会发展为传统建筑业的发展创造了良好的社会环境。在旧中国，特别是第一次世界大战爆发后，随着民族工业的发展，我国建筑业虽然有能力承包一些高层及规模较大的建筑（如上海的17层中国银行大楼工程）。但总体上，建筑业还很薄弱，尤其是规模经营不成体系，管理方式极为落后，综合实力无法与发达国家建筑业相论，建筑业这个传统产业真正有较大和长足的发展是在1949年新中国成立特别是改革开放以来的40多年间。

总之，建筑业发展的趋势是由低级形态走向高级形态发展演变的过程，这就说明建筑产业现代化是建筑业演变规律的必然要求。

5.1.2 站在全球化和科学技术快速发展的高度看，推进和实现建筑产业现代化是应对新技术革命和第四次产业革命挑战的需要

进入21世纪以来，在新技术革命推动下，世界产业和经济格局在大调整大变革之中出现了新的发展趋势。突出表现在高新技术日新月异、信息技术迅猛发展，许多重要科技领域都已经取得或正酝酿着重大突破，科技创新、传播、应用的规模和速度不断提高，与新兴产业发展的融合更加紧密，科学研究、技术创新、产业升级相互促进和一体化发展趋势更加明显，一系列重大科技与管理成果以前所未有的速度转化为现实生产力。发展先进制造业和战略性新兴产业，已成为世界各国的共同做法，也是全球产业变革中必争的高地。

目前，我国产业整体上还处于国际产业链的低端，无论是扩大就业还是改善人民生活，特别是面临新型城镇化建设的挑战，更不能没有建筑业这个传统产业，但传统产业只有与现代科技紧密结合才有出路。如果我国不能紧紧把握住这次世界科技革命和第四次产业革命的大趋势，抢抓机遇，抢占先机，就会继续拉大与发达国家之间的差距。所以，对于中国这样一个幅员辽阔、人口众多、劳动力基数大、经济发展不平衡的发展中国家，在战略机遇期乃至更长的历史发展时期，持之以恒地大力发展建筑业这样一个多功能、多层次、包容性强、弹性大的基础性支柱产业，

全面促进建筑产业现代化，应对新技术革命和产业革命的挑战，实现宏观调控目标、解决社会就业、消除穷困、缓解社会矛盾、稳定社会秩序、建设和谐家园等意义极为重大。

5.1.3 就建筑业的现状和历史使命看，推进产业现代化是实现高质量发展、发挥建筑业支柱产业作用的根本要求

我国建筑业伴随着新中国现代化建设事业的发展而成长壮大起来。在国民经济恢复期以及从156项重点项目建设到“六五”计划前，建筑业在极其艰难的条件下，为稳定发展国民经济、改变一穷二白的落后面貌，努力建成了比较完整的工业体系和行业运行体系，为20世纪70年代末的改革开放奠定了重要的物质和技术基础。进入20世纪80年代以来，随着社会主义市场经济体制的建立和不断完善、城乡基本建设投资的大幅度增加，党和国家率先把建筑业作为城市经济改革的突破口，正是在这一时期建筑业取得了史无前例的辉煌成就，完成了规模宏大的基本建设任务，为国家经济发展和改变城乡面貌、改善人居环境做出了突出贡献。进入21世纪以来，为了筹办奥运会、世博会、亚运会，北京、上海、广东等地先后建成了一大批结构复杂、技术含量高、施工难度大的重点工程项目，在一些建造技术领域达到国际领先或先进水平；与此同时，建筑业的蓬勃发展成为大量吸纳农村富余劳动力就业、促进社会和谐和城乡一体化发展的重要产业。

随着经济全球化，党的十八大以来以习近平同志为核心的党中央统筹中华民族伟大复兴的战略全局和世界百年未有之大变局，创新性地提出推进新型工业化、信息化、城镇化和农业现代化的“新四化”，其目标远远超过了前30年国家“四个现代化”的目标设置。虽然两个“四化”的提法不同、内涵也不同，但从中可以看出我国现代化建设的经历和阶段性特征，其实质都是围绕现代化这个核心内容。国家的现代化必然要依附于各行各业的现代化。建筑业作为国民经济的支柱产业在实现“两个四化”过程中肩负着重要的历史使命，发挥着主力军作用，必将切实为建立现代化国家经济体系、实现中华民族伟大复兴做出新的更大的贡献。

5.2 深入认识产业现代化对建筑业高质量发展的促进作用

为了更好地认知“建筑产业现代化”的内容和本质、促进建筑业高质量发展，

有必要进一步对“建筑产业现代化”等相关内涵、特征与目标进行深入的研究，为全面推进和实现建筑产业现代化奠定理论基础。

5.2.1 要深入研究探讨建筑产业现代化内涵及其特征

产业现代化是一个不断发展的过程，是一个历史的动态概念。通常讲产业现代化是指通过发展科学技术，采用先进的技术手段和科学的管理方法，使产业自身建立在当代世界科学技术基础上，使产业的生产方式和技术创新达到国际上的先进水平。目前，对建筑产业现代化的推进还在起步当中，尚没有统一的标准。按建筑产业构成要素而言，我们认为建筑产业现代化的特征应体现在以下几个方面：

一是产业生产资料现代化。即产业所使用的主要生产设备和工具、机具有当代世界先进技术水平，它是产业体系和产业升级是否现代化的一个重要标志。比如钢筋混凝土浇筑施工从原来的现场人工拌和到搅料机搅拌，再到商品混凝土的全机械化泵送，其本身就是手工作业到半机械化，再到机械化乃至全自动化的一个转变。

二是产业组织结构现代化。产业现代化需要有一个与其相适应的现代化产业结构，它是在先进技术和生产力发展基础上，按照市场需求管理设立不同专业资质，建立起来具有相互协调发展的行业结构体系。但目前我国工程建设管理体制还很不适应发展趋势，比如设计、施工、材料生产等各自为政、自立体系、相互制约。

三是产业劳动力现代化。产业现代化要求劳动者的技术水平、管理水平和文化水平都有实质性提高。产业现代化对于劳动力要求不是指个别的、单独的劳动力，而是要求有一个工程技术及管理人员和产业技能工人比重合理的劳动力组织结构。

四是产业各项管理现代化。生产设备和机具的现代化必然要求管理的现代化，否则就不能发挥现代设备和施工技术的作用。管理现代化集中表现在管理理念、管理组织、管理人员、管理工具、管理手段、管理方法和管理机制的现代化。

五是主要技术经济指标现代化。一个产业是否现代化，关键在一些主要的技术经济指标要量化。要通过国内外、各行业的指标体系纵横向对比，以当代国际上发达国家先进水平为参数，制定并反映到我国建筑业持续发展的各项技术经济指标上来。这里包括衡量建筑业的产品质量、科技进步、资源消耗、产值利润率、设备装配化程度、产业结构优化水平等指标及其综合实力与社会效益。

5.2.2 要深入研究准确把握推进建筑产业现代化的关键阶段和有效途径

建筑产业现代化是一个涵盖范畴广泛、内涵丰富、指标多元、多层次、多阶段的历史发展过程，所以它将随着时代的进步、科技发展水平的不断提高增添新的内容、展现新的特征。特别是当前要深刻领悟党的十九届五中全会精神，准确把握高质量发展阶段、深入贯彻新发展理念、加快构建新发展格局三个定位，找出推进的正确路径和有效途径。

一是坚持建造过程精益化。就是要大力推广智慧建造，运用精益建造的系统方法，建立工程项目治理体系，熟练掌握和运用先进的信息技术，比如BIM云计算、大数据、3S［遥感技术（Remote Sensing，RS）、地理信息系统（Geography in Formation Systems，GIS）和全球定位系统（Global Positioning Systems，GPS）］等创新技术监管控制建筑产品的生命全过程（包括精益规划、精益设计、精益管理、精益生产、精益施工和精益供应直至交付使用等），在保证质量、最短工期、减小资源消耗的条件下，对工程项目建造过程进行科学规划、设计深化、管理细化、产品优化，向用户提交满足功能使用要求为目标的高质量现代建造模式。

二是推进建筑预制装配化。建筑预制装配化是建筑业用现代化生产方式改造和代替传统手工操作和施工现场湿作业建造建筑产品的重要途径之一。但推进建筑预制装配化必须是建筑设计标准系列化、部件生产工厂化、现场施工机械化、项目管理信息化做支撑。

三是着眼项目管理国际化。随着经济全球化，工程项目管理必须将本土化、专业化和国际化进行有机融合，参照国际标准把建筑产品生产过程中各个环节通过统一科学的组织管理来加以综合协调，以项目参与各利益相关者基本满意为标志，达到提高投资效益、增强国际市场核心竞争力的目的。

四是任用企业高管职业化。国内外成功企业发展的时间证明，企业的高端管理人才是具有较高社会价值认同度的职业阶层。建设一支懂法律、守信用、善经营、作风硬、业务精、敢担当的企业高层复合型管理人才队伍，是推进和实现建筑企业高质量发展和产业现代化的第一资源和强大动力。

五是培育产业工人技能化。随着建筑科技进步和新型建造方式的发展，复杂多变的建筑结构类型与建造工艺革新，对操作工人的技能水平也提出了新的更高要求。因此，实现建筑产业现代化急需强化职业技能培训与考核持证工作，促使农民工向有一定专业技能水平的高素质新型产业工人转变。

六是形成全产业链集成化。借助于信息技术集成化管理，实现工程建设利益相关方资质共享和建筑规划设计、新型材料生产、物资设备采购、工程项目管理和劳动力资源配置得更加优化组合，在有限的时间内发挥最佳效能作用，提高资源的利用效率，创造更大的效用价值。

七是产品优质绿色化。按照党的十八大提出的“推进绿色发展、循环发展、低碳发展”和“建设美丽中国”的战略目标，加快发展绿色建筑，面对来自建筑节能环保和安全方面的更大挑战，2013年国家出台了《绿色建筑行动方案》（国办发〔2013〕1号）和“安全、经济、实用、美观、绿色”的建设方针，在政策层面导向上进一步表明了通过绿色建造来大力发展向社会提供节能、环保、低碳的绿色优质建筑产品。

5.2.3 要深入研究、规划设计，推进和实现建筑产业现代化的目标

依据建筑产业现代化的内涵、特征和高质量发展的要求，我们认为实现建筑产业现代化的总体目标应概括为：以创新、协调、绿色、开放和共享的新发展理念为先导，以行业顶层设计、统筹规划为依据，以科学技术进步为支撑，以部件工厂化生产为途径，以保障质量安全为红线，以现代项目管理为核心，以世界发达国家先进水平为目标，广泛运用信息技术、节能环保技术、关键核心技术将建筑产品全过程的融资开发、规划设计、施工生产、管理服务以及新材料、新设备的更新换代等环节集成为完整的一体化产业链系统，依靠高素质的企业管理人才和新型产业工人队伍，通过精益化建造，实现为用户提供舒适、低碳、绿色、经济、美观和满足需求的优质建筑产品。最终把建筑业打造成为具有对国民经济较高贡献率的支柱产业、引领时代发展潮流的绿色低碳产业、自觉履行社会责任的惠民产业、较高人本素质的诚信产业、管理先进和高科技水平的现代产业。

这里要特别强调的是，推进建筑产业现代化、实现高质量发展的目标就是要实现技术、管理、效益的三者统一。一方面，产业现代化要以先进的科学技术和管理方法武装产业，促使传统产业由落后技术向先进技术转变；另一方面，要求先进的科学技术与管理手段一定要带来较好的综合效益（包括经济效益、社会效益、环境效益）。没有先进科学技术和管理创新，绝不是真正的现代化；没有较高的经济、环境与社会效益，也是没有生命力的现代化。

5.3 建筑产业现代化与发展新型建造方式和项目管理创新

由于建筑业是一个劳动密集型的传统产业，面对新时代、新任务、新目标，建

筑业如何攻坚克难，保持健康持续发展，努力完成党和国家赋予新时代的历史使命，当前首先必须以加快推进建筑产业现代化为目标，深化和坚持项目管理创新，大力发展新型建造方式。

5.3.1 大力发展新型建造方式和项目管理创新的重要意义

建筑产业现代化是建筑业发展演变规律的客观要求，建筑产业现代化是应对新技术革命和产业革命挑战的需要，建筑产业现代化是转变建筑业发展方式的根本要求。现代建筑业是随着当代信息技术、先进建造技术、先进材料技术和全球供应链系统而产生的。在全球科技革命的推动下，科技创新、传播、应用的规模和速度不断提高，科学技术与传统产业和新兴产业发展的融合更加紧密，一系列重大科技成果以前所未有的速度转化为现实生产力。以信息技术、能源资源技术、生物技术、现代制造技术、人工智能技术等为代表的战略性新兴产业迅速兴起，现代科技新兴产业的深度融合，既代表着科技创新方向，也代表着产业发展方向，对未来经济社会发展具有重大引领带动作用。因此，在这个大趋势下，对于建筑业而言，唯有较快地从传统建筑业走向现代建筑业才能跟上时代发展的步伐。从本质上说，建筑产业现代化是建筑业转型升级的方向性目标，也是一个涵盖范畴广泛、内涵丰富、多层次、多阶段的历史过程，并且随着时代的进步、科技发展变化而不断增添新的内涵、展现新的特征。

建筑产业现代化与发展新型建造方式和项目管理创新有着内在的逻辑关联性。从建筑产业现代化的定义和基本特征可以看出，建筑产业现代化作为建筑业转型过程的方向和目标，必须要有相应的新型建造方式作为实践的载体。换言之，只有大力发展新型建造方式，才能更加有效地推动建筑产业现代化的进程。现代科学技术与传统建筑业的融合，极大地提高了建筑业的生产力水平，变革了建筑业的生产关系，形成了多种类型的新型建造方式。2016年2月印发的《中共中央　国务院关于进一步加强城市规划建设管理工作的若干意见》明确提出要“发展新型建造方式”。新型建造方式的运行机制离不开具体的项目管理模式。换言之，任何一种新型建造方式总是与一定形式的项目管理模式相适应的。某种类型的新型建造方式的形成和成功实践，必然伴随着项目管理模式的创新。

在建筑产业现代化背景下，研究新型建造方式和工程项目管理创新的目的在于探讨建筑产业如何立足新发展阶段借助于大力发展新型建造方式，贯彻落实“创新、协调、绿色、开放、共享”的新发展理念和“经济、适用、美观、安全、绿色"的工程建设基本方针，不断揭示适应于新型建造方式的工程项目管理新特征、新规律、新趋势，着力探索新型建造方式对推进建筑产业现代化的作用机制和有效路径，促进工程建设组织实施方式创新、企业商业模式创新，推进传统建筑业逐步向现代化产业体系的转型升级。

5.3.2 新型建造方式多元化的丰富内涵对建筑业改革发展带来巨大挑战

新中国成立70年来，我国建筑业先后经历了工业化发展初期、中期，当前进入了新型工业化或后工业化的阶段。长期以来，我们一直把发展装配式建筑作为建筑工业化的内容。从行业分类上看，建筑业与工业都是属第二产业，但产品形成有很大的差别。建筑产品的生产特点是固定、单件、露天生产，施工过程人员流动，而工业产品的生产过程正好相反。这就需要从建筑业改革发展的大背景下进一步研究阐述建筑产业现代化和新型建造方式的深刻内涵。关于装配式建筑，早在1956年国务院就制定了专门的规划，20世纪70年代末80年代初，国家建委曾就建筑工业化发展提出相关要求，核心内容之一是围绕预制件的标准化设计、工厂化生产、机械化施工。在这一时期，包括工业建设领域在内，每个建筑公司都设有构件厂。那个时代国内的预制构件发展速度、技术水平与先进国家几乎是同步的，但是由于后来出现的构造节点连接、外墙防水、抗震等问题，就一刀切地停止了。可以说在装配式建筑这个领域我们耽误了30年时间，总体上远远落后于日本等发达国家。现在之所以把装配式建筑作为新型建造方式再次提出来，这是着眼于全球化和发达国家的发展实践及我国新型城镇化建设的发展需求。党的十八大之后，随着各级政府的推动力度不断加大，各地区装配式建筑的发展速度日益加快。但是装配式建筑的建造过程也还有许多问题需要深入研究。比如构配件进入施工现场的质量谁来认定？是厂家还是建设单位、还是承包商来认定？现在强调五方责任主体的终身责任，而五方责任主体主要是针对建设、勘察、设计、施工和监理方，不涉及构配件生产方。工厂化生产也牵涉很多单位，包括构件质量检验、材料的生产使用、吊装运输、构件堆放等。所以说在推进建筑产业现代化进程中，发展新型建造方式必然对深化项目管理方法、模式创新以及管理过程提出了新的要求。当前，对于发展装配建造方式在业内也出现了许多争议问题，例如，有专家认为，新型建造方式不应单指装配式建造方式，应当从能够转变行业发展方式和改变传统生产方式等方面更广泛地研究其他相关的建造方式。比如现在施工现场框架支模采用的铝模系列化组合，不能说不是新型建造方式的一种表现形式。所以，在工程建设中贯彻运用新思想、新理念、新方法、新技术、新材料、新设备、新资源，都有可能衍生新型建造方式。

研究新型建造方式的前提是要弄清其内涵，明确新型建造方式的类别。除装配式建造方式外，新型建造方式还有智慧建造方式、绿色建造方式、增材建造（3D打印）方式等。智慧建造方式表现为BIM、物联网、云计算、移动互联网、大数据、可穿戴智能设备等信息化技术在工程建设领域的应用，包括智慧策划、智慧设计、智慧施工等。绿色建造方式要从绿色规划、绿色设计、绿色施工以及绿色材料生产抓起，在保证安全和质量的前提下，通过科学管理和技术进步，最大限度地节约资源和能源，提高资源利用效率，减少污染物排放，保护生态环境，实现可持续发展。绿色建造增材建造方式表现为通过3D打印机械将需要生产的建筑产品转化为一组三维模型数据，制造出所需要的三维零件或产品，实现设计、模具及材料制备到最终产品的一体化。在国内增材建造这个命题10多年前就已经提出，现在在打印模型、小型建筑产品等方面的试验性成果较多，但如何形成并进行产业化推广还需要解决一系列实际应用难题。

此外，新型建造方式离不开工匠精神。如果企业缺乏熟练的技能型产业工人，装配关键工艺和内外装饰环节的基本质量安全都保证不了，遑论发展新型建造方式。2018年中国建筑业协会组织专家去韩国学习考察，在机场看到工程质量的许多细部做法比国内鲁班奖工程还要精细，几百米长的一条乳胶勾缝非常均匀顺直、无一瑕疵，真正体现了工匠精神。所以，新型建造方式的基础是传承鲁班文化、弘扬工匠精神、优化工艺革新、操作精耕细作，实现精益化建造，即建造过程精细化管理。因此企业需要培养一批高技能的新型产业工人，广泛运用现代先进适用的创新技术和管理手段来提升建造水平，促进整个产业转型升级。综上可以看出，新型建造方式具有多元化的丰富内涵，对传统建造方式和建筑业的改革发展都将产生巨大挑战，其关键点在于新型建造方式以不同的理念、工艺、技术路径和管理模式实现提高工程质量，保障安全生产，降低劳动强度，坚持环保、节约资源、缩短建设工期，提高投资效益。从广义角度而言，新型建造方式是指在工程建造过程中能够提高工程质量、保证安全生产、节约资源、保护环境、提高效率和效益的技术与管理要素的集成融合及其运行方式。

5.3.3 正确认识推进建筑产业现代化与发展新型建造方式和项目管理创新的逻辑关联

（1）推进建筑产业现代化必须大力发展新型建造方式。新型建造方式的基础是精益化管理，而管理的重心又必须落地在工程项目管理层次，三者相互关联，促进协同发展。新型建造方式又是一个系统工程，具有全过程、全方位的创新，其中最核心的是建造技术与项目管理两轮创新驱动。这是因为任何一种新型建造方式总是与一定形式的项目管理模式相适应的。某一类型工程实施新型建造方式的成功实践，必然伴随着项目管理模式的创新。例如，装配式建筑是来源于施工工艺和技术及建造过程的根本性变革而产生的新型建造方式，则在项目层面上其项目管理的所有要素和体制机制都必须进行相应的变革、调整或创新，从而才能不断提升建筑项目生产力水平，促使工程建设目标得以高质量实现。

因此，必须正确认知建筑产业现代化、新型建造方式、工程项目管理创新三者之间的逻辑关系。在一定范围内，人们对什么是建筑产业现代化存在认识上的误区，有人认为装配式就是建筑产业现代化。装配式建筑、装配式建造方式不能和建筑产业现代化画等号。从内涵上讲，建筑产业现代化是以现代科技进步为支撑，以工业化建造方式为核心，广泛应用节能、环保新技术、新设备、新材料，充分利用现代信息技术和管理手段，将建筑产品生产全过程的融投资、规划设计、开发建设、施工管理、预制件生产、使用服务、更新改造等环节联结为完整的一体化产业链系统，依靠高素质的项目经理人才和新型产业工人队伍，以世界先进水平为目标，实现全面提高工程质量、安全生产水平和生产效率，提供满足用户需求的低碳绿色建筑产品，不断推动传统建筑业向可持续发展的现代建筑业转变。建筑产业现代化是一个历史发展的动态概念，必须充分体现建筑业全产业链的主要经济指标和各项活动建立在当代世界先进的科学技术和现代化管理方法以及新型生产方式三大要素上。

（2）发展装配式建造是促进建筑产业现代化的一个有效的重要途径。装配式建造方式有利于促进实现建筑设计标准化、部件生产工业化、现场施工机械化、产业工人技能化、项目管理信息化、功能使用智能化的实现。从技术经济范式的视角而言，这些方面反映了装配式建造方式关键生产要素的功能作用。绿色建造方式、智慧建造方式、增材建造方式等都有反映这些新型建造方式特征的关键生产要素，而这些功能直接推动了建筑产业现代化相关目标的实现。新型建造方式与传统建造方式相比有很大的不同，主要表现为发展理念不同、目标要求不同、科技含量不同、理论模式不同、管理方法不同、实施路径不同、综合效益不同。新型建造方式在技术路径上，通过建筑、结构、机电、装修的一体化，以建筑设计、构件工厂生产、绿色施工技术的协同来实现绿色建筑产品；在管理层面上，通过信息化手段实现设计、生产、施工的集成化，以工程建设高度组织化实现项目的经济效益、社会效益和环境效益。

（3）依据这几年对建筑产业现代化的研究和实践，不管哪种建造方式，都应当以精益建造为基础。没有精益化建造，无法实现建筑产业现代化。精益化载体和目标必须通过工程项目管理才能得以实现，即面向项目全寿命期阶段以及每一个过程涉及的管理领域，促进产业链集成和供应链联动，创新工程组织方式，优化配置生产要素，提高管理效率；而精益化建造的关键在于人，当前建筑企业不但要有一批项目高端治理的复合型管理人才，还要加快培养一大批适用于新型建造方式、技能水平高、应变工艺改革、熟练掌握装配式建筑组合的专业化一线操作产业工人队伍，以工匠精神兢兢业业，以先进技术精益求精，提高工程质量，降低建造成本，确保安全生产和保护环境，打造过程精品，向社会提供适用、经济、安全、绿色、美观的各类建筑产品。

5.3.4 推进建筑产业现代化和大力发展新型建造方式的政策建议

在推进建筑产业现代化进程中大力发展新型建造方式和坚持项目管理创新需要政策的强力扶持。可以结合或者参照目前关于节能减排、产业发展、科技创新、污染防治等方面政策，加大对新型建造方式的支持力度。

（1）首先是政府要在产业政策方面进行宏观调控，通过实施产业发展政策、产业技术政策、产业布局政策、产业组织政策、产业人才政策保证装配式等新型建造方式因地制宜、稳步有序、科学发展。2016年国务院文件明确今后10年内装配式建筑的比率达到30%的目标要求无疑是正确的，但我们调研发现，各地区之间发展很不均衡。就装配式构配件生产建设而言，发展比较好的地区，例如上海市政策力度大，行动速度快，比例要求高，周边的装配式构件生产厂产品供不应求。就连临近上海的江苏省南通市有一个构件厂，每年生产10万m^3都不够卖。但也有些地区因为没有相应的政策引导，造成社会和企业生产资源浪费。甚至个别企业跑马占地、仓促上马建厂，产品卖不出去。还有个别地方如沿海某城市脱离实际一刀切地要求几年内要全部实现新建工程装配化，导致建筑施工企业怨声载道。

（2）第二是行业主管部门和协会组织要及时制定和颁布完备的建设标准体系。在实际工作中反映比较突出的问题是装配式建筑、绿色建筑、智慧建筑及其生产方式的标准不统一、不完备。标准不统一就会造成新型建造方式的规模经济难以实现，优势显现不出来，各自为政带来造价居高不下，推广难度加大。因此，必须抓紧研究制定标准体系，同时还要切实处理好建筑部件标准化和建筑功能使用个性化需求的关系。

（3）第三是要采取必要举措，实施有效的优惠政策。统计数据表明，虽然2017年以后完成的装配式率与2016年相差不大，但是明显感觉到建筑企业对发展装配式建筑的积极性在不断降低，同时也暴露出落实优惠政策不足，以及在工程质量和安全生产、操作工人技能、“营改增”等方面的诸多问题。因此，在优惠政策的制定和落实上，要针对建筑产业链上的不同主体以及不同的工程建设领域，实行差异化的优惠政策。要找准优惠政策最有效的着力点，精准施策。例如，现在对装配式建筑的优惠政策扶持，大多是采用国家或地方财政补贴的方式，但是这样做不是长久之计。目前装配式建筑产品的造价每平方米高于现浇方式300～500元，这个成本不能转嫁给开发商、总承包商、购房者，应该通过税收制度进行政策方面的调整。从长远来看，装配式建筑有利于节能环保，提高生产效率，应该考虑税收一揽子政策解决发展中的问题。要结合“营改增”税制改革和政策调整的范围适用和有利于促进装配式建造、绿色建造、智慧建造等新型建造方式的发展。地方政府也可结合本地区的实际情况，在规划审批、土地供应、基础设施配套等方面实行相关优惠政策和措施，积极推动新型建造方式的发展。

（4）第四是要加快培养技能型的操作工人队伍。许多企业反映，目前从事装配式建造、绿色建造过程施工的操作工人的技能水平、作业熟练程度远远比不上从事现场湿作业的操作工人，在很大程度上影响了工效和施工进度，这也是在部分装配式工程项目上实际施工速度慢于理论施工进度的原因之一。因此，要动员专业高校、职业培训基地、行业协会组织在政府主管部门的统筹下，采取多种方式，加大资金投入，解决培训教材、师资力量、实际操作、技能鉴定等多个环节的难点，加快培养新型建造方式需要的技能型操作工人队伍。

5.4 以问题为导向推进产业现代化和建筑业企业转型升级

改革开放以来，对大多数骨干企业来说，经过近30多年来的改制重组，应该说已经建立了比较合理的产业格局，基本形成了没有规模不大、没有主业不稳、没有投资不富、没有专业不优、没有海外不亮、没有品牌（实力）不强的五大板块①，

① 施工、开发、投资、设计、科研。

较好地实现人才强企、科技兴企、主业固企、多元利企、品牌服企的发展战略，为推进和实现建筑业产业现代化领军企业奠定了坚实的基础。但是，由于很长一个时期，建筑业在政策导向和市场监管方式上严重滞后，欠账过多，加上建筑业又是一个劳动密集型的传统产业，仍然有相当一部分企业，产权制度改革、不到位，真正意义上的现代企业制度和法人治理结构还没有形成，企业资本市场直接融资的能力不强，分配制度和激励机制不完善，创新机制不健全，尤其是“人力资本”没有进行相应的匹配，制约建筑业发展的问题和障碍严重存在，以至于造成行业存在着诸多深层次矛盾，有些问题很突出。

一是组织结构不尽合理，“大而不强不优，小而不专不精”。我国建筑业产业集中度约低于世界发达国家20%。总包企业数量大层次多，专业及小型企业太少。国有企业子公司、孙公司过滥，央企100多家，子公司4万多家，股权不清，层次混乱。按国资委顶层设计，过去几年已减少法人单位20%～30%，管理层次减少3～5挡。

二是建筑业生产能力过剩，建筑生产方式落后。工程建设过程中资源浪费大、污染物排放多。加上建筑市场不规范，恶意压价中标，无序恶性竞争，造成行业严重存在“三低一高”的现象，即产值利润率低、劳动生产率低、产业集中度低、市场交易成本高。

三是建筑业产值利润率总体上普遍低于其他行列，积累少，加上国家财政基本上没有给建筑业资金投入，致使建筑企业的科技研发创新能力、技术装备水平与发达国家还存在着很大差距。

四是劳务管理混乱、职业教育与技术培训严重滞后，操作工人业务素质与技能水平偏低且年龄老化，特别是不少劳务队伍由于工人与管理者之间的素质差异已造成待遇标准不一、责任不清、推诿扯皮、拖欠工人工资等，甚至产生矛盾激化，已不能适应现代建筑产品和建造快速发展的需求。

五是政策导向失衡，监管制度不力，保障体系不健全。存在着传统建筑工地的现场管理模式层级较多、总分包关系不清、管理不到位、运行效率低下等问题，工程质量安全生产事故时有发生。

总体上看其发展还没有真正转移到依靠集约化管理和科技进步与质量效益型的良性轨道上来。所以，面对当前高质量发展阶段新任务，建筑业必须加快转变发展方式促进企业转型升级，关键是抓住一个“转”字，注重一个“升”字。

5.4.1 深化产权制度改革，加快实现产业结构转型

按照党的十八届三中全会精神和2015年中共中央国务院《关于深化国有企业改革的指导意见》(中发〔2015〕22号)及《国企改革三年行动方案》要求，从国家层面，国有企业改革的重点是遵循经济发展规律、优化布局、完善治理、强化激励、突出主业、提高效率的原则，不断完善公司法人治理结构，形成董事会、监事会和经营管理层三者责、权、利对称，实现“适度集权、合理分权、系统监控”，并通过新一轮的企业改制兼并、央地合作混改重组、构建母子公司体系，再造企业管理流程，优化股本结构，引导大型龙头企业做强、做优，打造区域行业建筑航母。同时要进行股权多元化改革，合理设计调整股权结构，分层分类积极推进发展以混合所有制为主流模式的非公有经济、职工股权与国有经济和央企股权互渗的法人治理结构，科学界定国有股东与混合所有制企业的权责边界，探索建立活力高效的差异化管理模式，形成市场化的经营新机制和现代企业制度，增强国企的竞争力和创新力。这里有几个关键词值得注意，比如优化经济布局、股权多元化、混合经济所有制、人力资源入股、发挥外部董事作用、国企领导离职审计和董事会投票制等。

从行业主管部门层面，就是通过市场准入调整企业的组织结构，制定不同企业资质的门槛设置，实行不同企业资质的市场划分，并通过新一轮企业资质改革完善，进一步提高建筑行业产业集中度，促使大型企业打造具有国际知名品牌和有核心竞争力的龙头企业集团，推动中小企业集聚发展，从而使不同类型企业按不同条件得以上升到新的市场竞争层次和高度，实施差别化发展，防止产业雷同盲目，统筹推动产业有序转移，形成布局合理、特色鲜明、优势互补的行业新发展格局。

从企业层面来讲，重点是发挥市场主体活力，实现以资产经营带动生产经营，资本向产业链上下游转移，走强强联合、强弱联合、优势互补、合作共赢发展之路。这里要特别强调的是建筑企业在转型升级中一定要从实际出发，结合形势和市场变化来调整产业结构，不要顾此失彼为转型而转型。总的思路是要紧跟全社会固定资产投资方向，围绕新的市场需求，与资本市场、建筑产品开发等有机结合，形成新的业务发展模式，提升产业层次，拉长产业链条。一是要解放思想，树立大建筑业的概念，依靠大市场，谋求大发展。要围绕新型城镇化建设从注重一线城市向二、三线城市拓展，既要积极与交通、电力、水利、邮电、通信等大型施工企业实

现强强联手，同时又要审时度势，积极与地方中小企业实行强弱合作，打造地域板块，尽快形成涵盖诸多领域、具有各类施工能力的大建筑业格局，实现产业融合和跨产业方向发展。二是要有智慧大脑的思维，超前考虑企业的发展战略，打造智慧企业。要从过去注重“建房”向包括基础设施、第三产业服务、再造城镇文化的“建城”转变。这一转型已不是未来，而是现在。三是要有国际化的眼光，立足国内国际双循环相互促进良性互动的新发展格局，大力实施“走出去”战略，从国内向国外发展，积极开拓境外市场。

5.4.2 坚持多元化经营发展，主推建筑业生产方式转变和企业转型升级

目前我们大多数建筑企业同行之间的竞争趋于同质化。而且垫资、欠款严重，企业单靠传统的生产经营，可以说生存空间有限。一个有前瞻性战略思维的企业经营者，就必须掌握前沿经营管理模式，积极开辟新的发展渠道。

一是在经营方式上，要坚持一体化和多元化发展战略。所谓一体化就是要依托工程总承包的优势，从勘察、设计、材料采购、施工管理、项目调试多方面，做强做优主业这是关键。多元化发展就是在做强做优主业的同时，有条件的可向非建筑领域渗透发展新兴产业。形成多元化经营、信息化管理、新方式建造、集团化发展、品牌化竞争、国际化跨越的发展格式。

二是在生产方式上，积极走预制装配化、新型工业化道路，着力提高现代化新型建造能力。大力推进和实现建筑设计标准化、构配件生产工厂化、现场施工机械装配化、工程项目管理信息化。在有条件的区域，企业可以建立集设计、生产、施工于一体化的建筑预制装配化示范基地建设。

三是在资本运营上，除了目前开展的房地产业务外，可效仿发达国家企业的发展道路，树立不为所有、但可共享的思维，加快建设多层次的资本市场，以银行为主导建立银企联盟，推进银行资本与产业资本的融合，以财团的金融资本和股权、债券直接融资吸引长期资金流入，运用BT、BOT、PPP等模式支持总承包业务冲刺和抢占高端市场向深度和广度发展。

四是在经营规模上，要以稳增长、防风险、调结构、促发展为原则，坚持适度规模经营，控制产能过剩、指标无限扩张，管理跨度失控。特别是要注意规避市场风险和企业盲目扩揽工程陷入恶性循环的怪圈，从而引导企业从重数量业绩、轻质量效益向高质量发展转变。

5.4.3 加快企业技术进步，实现科技先导转型升级

党的十八大做出了“实施创新驱动发展战略”的抉择。住房城乡建设部建市〔2014〕92号文针对行业实际也提出“完善以工法和专有技术成功示范工程为抓手的技术转移与推广机制”。1989年建设部开启工法制度的初衷，就是为了加强企业施工技术管理与工艺革新。

随着全球化、信息化、知识化的迅猛发展，工程项目日趋大型化、复杂化和国际化。建筑企业必须站在全球化、信息化的高度，在“新市场、强业主、多投资、大项目、高科技”中，创新发展项目管理模式，增强在高端市场的拓展能力，以适应国际工程承包领域的新趋向。

实现新时期高质量发展和企业转型升级的最根本是依靠科技进步，最关键是提高企业自主创新能力。现代科学技术进步与管理创新的巨大作用在于推动了建筑结构技术、建筑材料技术、建筑施工技术、建筑管理方法的深刻变革。

一是要加强信息化建设和BIM技术的应用，积极推广应用以“十项新技术”和国家级工法创新成果为主的新技术、新工艺、新设备和现代化管理方法。依托“高、大、难”和“新、特、尖”的工程项目，重点研发解决复杂关键技术，注重建筑用材上适时更新换代，加快促进和实现科技成果转化为现实生产力。

二是推广应用和创新低碳绿色技术要通过以发展低消耗、低污染、低排放为主要特征的经济发展模式，核心是通过低碳技术提升能源高效利用及能源技术与节能减排技术创新。创新包括产业结构与制度创新以及人类生存发展观念的根本性转变。

三是改革完善工程建设标准，建立全国工程建设标准专门委员会，为工程建造标准化提供技术支持。进一步整合精简强制性标准，提高标准编制质量和管理水平，逐步建立形成国标强制、行标通用及鼓励社团、行业协会、产业联盟发布市场需求的团体标准，引导促进企业制定适用本企业标准的工程建设标准化创新发展体系。

四是加快推进建设领域执业资格国际互认，培育一批有技术、会管理、敢担当、懂法律，高质量、高水平、高智商的国际人才。对建筑业企业来讲，就是要加强注册建造师的培育，同时要对建筑类执业资格进行规范化管理。中国建筑业协会也正在研究与英国CIOB会员互认问题。

五是建立科技进步创新评价和激励机制。中国建筑业协会设立的中国建设工程

施工技术成果创新奖，已作为建筑业申报国家级科学技术奖的重要依据。旨对在工程建设中开展科学研究、施工技术与工艺创新、工法开发应用有重大突破，填补国内空白、推进产业升级等方面具有行业先进水平的企业给予表彰激励，促进建筑业科技进步与管理创新。

5.4.4 推进产业现代化，促进建筑业高质量发展与转型升级必须全面贯彻落实国办文件提出的六大举措

《国务院办公厅关于促进建筑业持续健康发展的意见》（国办发〔2017〕19号）对我国建筑业过去30多年来的成绩和制约建筑业发展存在的问题和障碍进行了总结，并从六大方面二十个重点多方面提出了改革发展和解决问题的顶层设计方案。

1．简政放权，进一步优化资质管理

建筑业实行资质管理是改革开放推行市场经济以来，建筑企业市场准入的一项重大改革。在促进建筑业从计划经济转向市场经济工程任务竞争变革的伟大实践中发挥了重要的作用。但由于过度重视市场准入资质门槛，专业资质设置过多，造成工程承发包混乱，在实际操作中也给企业带来了许多困境。2012年以前不少企业为了取得特级资质、多资质，不惜人力、物力、财力，很大程度上加重企业负担。随着社会主义市场经济体制不断完善，新一届政府强调深化“放管服”改革，简政放权，取消不必要的行政审批项目，包括前一段时间住房城乡建设部也取消了不少行政审批项目。这次文件进一步就资质管理改革提出了新的要求，并将通过优化资质管理来提升政府主管部门行政效能和服务水平，充分体现了“简”字当头、“管”字为重、“服”字配套的改革创新精神。

一是按照“能减则减、能并则并”和逐步“淡化企业资质，强化个人执业资格”的原则，进一步完善资质改革。建设主管部门自2013年以来先后两次对企业资质进行改革，大幅度简化企业资质类别和等级设置、取消劳务企业资质，结合行业管理实行综合资质和专业资质改革。工程勘察设计资质分为综合和专业资质，施工企业资质分为综合资质、总承包资质、专业承包资质，国管资质全国通用，严禁各行业、各地区设置限制性措施。同时加快推动企业资质审批全程“一网办”，所有企业资质信息均在全国建筑市场监管公共服务平台上查询。减少资质层次和减少专业资质，取消劳务资质实行综合类资质改革有利于工程承包单位参与工程招标、统一管理和施工阶段“负总责”，强化个人执业资格责任追究，避免目前一人失信或失责涉及影响整个企业生产经营活动的情况。

二是加强市场信用体系建立和企业诚信建设，大力推进工程保险与质量担保制度。更多地通过市场机制约束工程建设各方主体行为，并选择部分地区开展试点，对信用良好、具有相关专业技术能力、能够提供足额担保的企业在其资质类别内放宽承揽业务范围限制。要求准入条件放在企业综合实力上，重在工程业绩。

三是加强事中事后监管，明确各方义务，强调责、权、利匹配与责任追究，加大对违法违规行为的处罚力度，切实做到放而不乱，管而不死，放要到位，管要严格。

国办文件和新的资质改革措施虽然只是强调优化资质管理，其实质是要通过优化资质管理来深化企业产权制度改革，加快产业结构调整，发挥市场主导作用，促进企业转型升级。总之，就是要以党的十八大和十九大精神为指导，充分发挥市场作为资源配置的决定性作用，按照市场变化调整和改革不同专业资质的门槛设置，并通过新一轮企业资质改革完善，加强市场监管服务功能。重点要放在为企业松绑，创造宽松市场竞争环境，扶持中小企业转型集聚发展，提高建筑行业产业集中度。实现精益做强主业，优势体系直管，重在提质增效，秉承诚信创新的企业法人治理结构。

2. 以国际化、市场化、专业化为导向，改革完善工程招标投标制度

建设工程招标投标制度是规划建筑市场运作的基本保证。我国招标投标制度虽然先后经过三次大的改革，但目前看来问题仍然很突出。围标串标，暗箱操作，"潜规则"等已成为建筑市场混乱不规范的主要"症结"。从社会角度讲，为工程建设领域腐败提供了温床。对企业来说，更是造成很大的经济负担，一般一个工程上百家报名，十多家入围，七八家投标，一家中标，工程交易成本巨大。

国办发〔2017〕19号文件明确：一是加快修订《建筑法》《招标投标法》《工程建设项目招标范围和规模标准规定》，缩小并严格界定工程招标投标范围，取消过去工程投标"一刀切"现状。按照项目资金来源，实行分类招标，优化流程，提高效率。二是运用现代化信息技术，建立公平、公正、公开、统一的公共资源交易平台，简化招标投标程序、规范招标投标行为，运用大数据实现交易全过程电子化，推行网上异地评标，降低工程交易成本。三是探索推行由建设单位自主决定发包方式，民间投资、外资、非国有资本投资项目原则上由业主选择承包商（据悉上海已明确国有企业投资项目也可自选总包单位）。四是对最低价中标有一定底线约束。国办发〔2017〕19号文件虽然仍然保留最低价中标的提法，这是着眼于国际惯例。但文字表述有限制措施，提出了"在原则上实行最低价中标的同时，有效发挥履约担保，防止恶意低价中标，确保工程投资不超预算"，这里有三个关键词"原则

上”“恶意低价”“履约担保”（包括高额担保）。目前各部委已按照国办文件精神就这一问题进行研究、并相继出台了若干意见。国家发展改革委文件明确对于无序压价、低于成本价的投标压价，可视为恶意低价中标，这就需要我们深刻理解文件精神转变观念，发挥行业优势，建立一个“政府指导、行业自律、企业负责、中介依规、社会监督、责任明确、权责一致运转高效、法制保障”的市场诚信建设体系，从源头上解决当前招标投标中不符合实际的最低价中标问题，切实为企业营造一个公开、公平、公正、透明的建筑工程招标投标市场环境。

3. 改革完善工程建设组织模式，大力推进工程总承包和工程项目全过程咨询服务

推行工程总承包，我国从20世纪80年代中期提出到现在已有30多年了。但由于政策引导不力，特别是在市场准入上对建设单位缺乏约束，配套措施跟不上，至今推行举步维艰。

这次文件在加大推进工程总承包力度上有了明确的保障措施。一是提出了加快工程总承包相关招标投标、施工许可、竣工验收等制度的建立和规定，从政策侧面进行引导。二是明确在政府投资工程和装配式建筑中率先带头推行工程总承包，要求全面实现基础、结构、装饰一体化施工。并授权总包单位相应的权利和义务，总包单位可以直接发包合同中的其他专业业务。三是培育全过程的工程咨询企业，强化工程项目全寿命期管理。鼓励投资咨询，勘察、设计、监理、招标代理、造价企业采取联合经营、并购重组等方式发展全过程工程咨询和项目管理，同时要求政府投资项目带头实施。四是引导企业创新项目管理模式，鼓励支持特别是大型的具有综合实力的龙头企业发挥工程总承包优势，积极推广运用BT、BOT、PPP改变传统单一的CM（Fast-Track-Construction Management）施工管理承包，以资本经营带动生产经营，逐步向“投、建、营”一体化发展，以此占领国际国内高端市场。

4. 严格落实工程质量与安全生产管理责任制度

建设工程质量第一，安全生产人命关天。建设工程质量与安全生产关系到亿万人民的生命财产，党和国家历来高度重视，先后出台了一系列文件和条例。但工程质量与安全形势并没有从根本上好转，这几年特大安全事故时有发生，2016年11月24日江西丰成电厂三期扩建工程发生施工架倒塌事故，一次性死亡73人，直接经济损失10 197.2万元。究其原因，主要是存在安全意识淡化、责任不清、制度不严、措施不当、管理失控问题，特别是相关部门工作人员玩忽职守、滥用职权、违反合同约定，最终导致重大责任安全事故。

为了严格落实质量与安全责任，国办发〔2017〕19号文件中有了新的要求。一是在责任划分上有三大变化：第一，明确强化了建设单位对工程质量的首要责任。这条规定很了不起，有了这个责任，建设单位就不能像过去那样随意对总包单位在工期、造价、材料采购、指定分包等方面提出一些违背文件精神、违规苛刻的霸王条款要求。一旦由于这些方面原因造成质量安全的严重问题，只要总包单位敢于追究，建设单位也难逃其责。当然建设单位如何负首要责任需要有长效制度保障。比如开发商几十年后这个公司没有了谁来负责，这就要求建设单位必须通过实施工程履约担保来解决。第二，提出探讨建立监理单位向政府报告质量监理情况的制度。按目前的关系，监理主要是为建设单位负责，实际现状是人员配备少，业务素质低，真正的监理责任并不能落实，甚至不少监理企业将工作只能转移给施工方。报告制度的建立对这种不良状况必将产生重要的影响和变化。其实应该逐步在工程担保公司内设立监理单位，才能够切实保障业主首要责任的落实。第三，进一步明确勘察、设计、施工单位各方直接主体责任。保障工程质量与安全生产是建筑业企业履行社会责任的永恒主题，既是责任、更是担当。随着工程总承包的推进，文件强调要提高设计水平，运用科技创新手段保障工程质量与安全生产。从总承包管理的内涵和发展趋势说，施工图设计也应尽快转移给工程总包方，这样主体责任就会更为直接明确。

二是强化了工程质量安全生产管理与责任追究。突出了施工现场防护、深基坑、高支模、起重机械安装及使用等危险性较大的分项分部工程风险评估与细化管理。强调严格执行质量管理制度与责任终身制。包括终身责任书面承诺，永久性标牌上墙，质量安全信息存档查询等制度。

三是提出要健全完善企业负责、政府监管、社会监督的工程质量安全监管保证体系。要求提高政府监管水平，明确政府可以通过购买服务方式委托社会力量进行监管，同时推进工程质量与安全生产保险。

住房城乡建设部为了贯彻《国务院办公厅关于促进建筑业持续健康发展的意见》（国办发〔2017〕19号），2017年3月3日出台了《工程质量安全提升行动方案》（建质〔2017〕57号），提出了四大任务：①落实五方责任主体，提升工程项目管理水平；②提升技术创新能力，加快推进建筑信息模型（BIM）技术在工程勘察、设计、施工和运营全过程的集成应用；③健全完善监督管理机制，构建风险分级管控和隐患排查，治理“双重”工作机制。④加强队伍建设，保障监管人员经费。与此同时又印发了五项分部分项高风险工程施工要点，涵盖了52个施工要点，力图有效遏制群死群伤恶性事件的发生。中国建筑业协会为了认真贯彻落实“三年提升行动开展质量安全万里行活动方案”，同年6月3日在山西召开专题会议，提出了三大重点：一是要充分认识和深刻领会“质量提升行动”的重要性和深刻意义，要抓好宣传教育、发挥新闻媒体作用，树立典型、弘扬先进。二是贯彻提升行动，不能停留在口号和“倡议”上，要有一种钉钉子的精神，撸起袖子一锤一锤地钉，认真细化扎实地深入开展好这项行动。三是具体工作要从三个方面抓好落实。首先，抓好岗前培训，组织专家深入企业和项目，提供实地咨询和指导。其次，运用先进适用技术提升质量安全管理水平，如BIM技术、互联网、大数据、智慧施工及质量安全标准化建设等。再次，严格标准，分部细化，大力增强各级管理人员特别是一线操作工人的执行力，以企业为单位加强制度建设逐级抓，以项目为对象分项分部检查考核抓，以班组为重点夯实基础，坚持岗位责任制落实到人抓。

5. 优化市场环境，建立统一开放的建筑市场

上面已经讲到建筑市场不规范在工程招标投标中的一些原因。但就整体讲，规范建筑市场，关键是政府在政策引导和监管上，要采取更加有效的措施来保障。

国办发〔2017〕19号文件除了在招标投标中做了重大改革外，还对建立统一开放的建筑市场做了进一步明确。一是打破区域市场准入壁垒，取消地方性设置的不合理规定和变相设立的一些市场准入门槛条件（涉及企业跨省和地区注册公司、缴纳注册费，在某地的业绩要求，以政府审计结果为依据进行工程结算等问题）。二是完善建筑市场监管公共服务平台与全国信用信息共享，建立市场主体责任黑名单制度，接受社会监督，这里包括对业主和建设单位。三是严格和规范工程结算，引导企业推行银行保函担保履约。这里有三条重要信息：①未完成施工结算的项目，主管部门不予办理产权登记；②对长期拖欠工程款的单位不得批准新项目开工。③建设单位不得以未完成审计作为延期工程结算和拖欠工程款的理由。建立统一开放的建筑市场，总体要求就是创造一个公平、公正、透明、竞争有序、激励上进的市场环境。

6. 提高从业人员素质，加快劳务队伍转型与用工管理

建筑业改革在20世纪80年代提出了两层分开。但由于缺乏政策正面引导，忽视了对劳务层的建设和管理，造成了企业一线作业人员全部剥离面向社会，成为散兵游击队员。可以说，当前劳务队伍涣散，工人技术偏低已成为建筑业持续发展的“瓶颈”。国办文件在这方面提出加快培养人才，引导企业将工资分配向关键技术和技能岗位倾斜，着力稳定和扩大建筑业农民工就业创业。

一是改革用工制度，推动劳务企业转型。强调要大力发展木工、电工、砌筑、钢筋制作等以作业为主的小型专业化施工企业。二是鼓励现有劳务企业进一步做专做精，建立和完善技术等级考核认定制度，逐步实行农民工转型为新型产业工人。明确到2022年前完成培育300万名产业工人，10年内培育1 000万名建筑产业工人。三是建立全国建筑工人管理服务信息平台，开展建筑务工人员实名制管理。这项工作中国建筑业协会劳务分会已会同中建总公司开发了一套软件，并在和住房城乡建设部有关司局协商负责托管维护，已在武汉召开了推广应用信息平台经验交流会。四是保护工人合法权益。据相关统计到2020年建筑业企业已基本实现了劳动合同覆盖，同时对拖欠工人工资的现象也进行了多次检查处罚，并形成制度。

总的就是要建立一个培育建筑人才的长效保障机制。建立以岗位价值为基础的专业（班组）分类、薪酬匹配、利益分享、社会保障、相对稳定的新型产业工人队伍激励机制；严格劳动务工人员岗前培训和主要工种技术等级考核持证上岗制度；加快建设劳务企业市场准入资信业绩查询平台、劳务输出用工实名制网络管理平台和企业自有专业技术产业工人管理的绩效考核平台。建立公平、科学、有序的育人用人机制、奖惩利益机制。鼓励青年人学技术、钻业务、掌本领，创造一个让有专长的人有平台、让进步的人有阶梯、让成功的人有机会、让能干的人有发展、让奉献的人不吃亏，切实为建立新时期培育建筑产业工人队伍，营造关爱工匠、留住人才创造良好氛围和环境。

这里还要强调的是加快企业转型升级、促进建筑业高质量发展除了国家层面出台一系列政策方针外，还需要省市地方各部门要高度重视深化建筑业改革发展工作，研究解决建筑业发展中的重大问题，同时要充分发挥行业协会贴近企业、提供服务、反映诉求的作用。

下篇

“项目生产力论”创新研究与项目治理体系现代化建设

第6章

学习贯彻十九大精神与“项目生产力论”创新研究

党的十九大报告对我国经济社会发展从实践理论高度做出了精辟的诠释、科学的阐述。提出了建设中国特色社会主义总依据是社会主义初级阶段，总布局是“五位一体”，战略布局是“四个全面”。总任务和主要目标是在中国共产党成立一百年时全面建成小康社会，在新中国成立一百年时建成富强民主文明和谐的社会主义现代化国家，实现中华民族的伟大复兴。强调了在新的历史条件下夺取中国特色社会主义新胜利，必须建设现代化经济体系，不断解放和发展社会生产力，把经济发展方式由高速增长向高质量发展作为新时期实现各项目标的战略选择。结合建筑业实际，实现新时代高质量发展当前最为关键迫切的是要认真学习贯彻落实党的十八大和十九大精神，把改革发展的重点和落脚点放在加快转变行业发展方式，深化建设工程项目管理体制改革，着力推进项目管理体系创新与治理能力建设现代化，进一步解放发展和创新研究及提升项目生产力水平，促进和实现建筑业高质量发展。

6.1 项目生产力提出的时代背景与理论依据

中国建筑业的快速发展是伴随着改革开放40年来我国社会主义建设和城乡面貌发生的历史性深刻变化过程之中，最为宝贵的经验源于20世纪80年代邓小平同志就建筑业改革的重要讲话精神和国务院关于学习推广鲁布革工程管理经验，进行建设工程项目管理体制改革，对解放和发展建筑项目生产力具有重要的创新研究与实践应用价值。

6.1.1 项目生产力提出的历史背景

1985年是个创新的年轮，也是自党的十一届三中全会以后中国改革开放承前启后关键年。同年3月邓小平同志在会见日本自由党副总裁二阶堂谈话时讲到“改革是中国的第二次革命”。自此，在改革浪潮中我国教育、科技、经济领域的改革开始陆续启动。与此同时，国务院明确把建筑业作为城市经济体制改革的突破口，率先推向市场。这个阶段国家进一步扩大企业的自主权，进行联产承包经营制和百元产值含量包干，实行建设工程招标投标制，广大建筑业企业开始进行了施工管理体制改革。1986年根据国务院领导在视察我国第一个利用世界银行贷款的国际招标投标项目云南鲁布革水电站工程时提出要把建筑业企业施工管理体制改革和学习推广鲁布革工程管理经验结合起来的指示精神，1987年，国家五部委发文在建筑业全面推广“鲁布格”工程管理经验，进行施工管理体制改革，以“项目法施工”为突破口按照项目的内在规律组织施工，推动我国建筑生产方式变革和建设工程管理体制深层次改革，揭开了中国建筑业改革发展的序幕，从此建筑业发生了翻天覆地的巨变。

正是在这个大背景下，以原国家建委施工局张青林为主要代表的我国建筑界一批改革发展的领导者、推动者、实践者和理论工作者，认真学习马克思、列宁、毛泽东有关论著，潜心研究邓小平讲话精神，集思广益、凝聚智慧，深入挖掘鲁布革工程管理经验的精髓本质，系统总结建筑业企业实施工程项目管理的实践成果，在推行“项目法”施工的基础上又创新性地提出了项目生产力的概念。应该说对项目生产力的认识研究有一个过程，最早是1988年9月张青林同志在关于推广鲁布革工程管理经验、进行施工管理体制改革时，分析了建筑业生产力的特点，讲到“企业生产力是最现实的生产力，是劳动者与生产资料相结合的场所”，认为企业劳动者与生产资料只有在工程现场直接结合，才能变成现实生产力。随后专家、学者及广大企业家从理论的高度和实践的广度进行了深入的研究探索，赋予了建筑业生产力更加丰富的内涵，从而界定了项目生产力的科学论断。这不但为我们今天形成具有中国特色又与国际惯例接轨、适应市场经济、操作性强的工程项目管理科学理论和方法奠定了基础，而且对新阶段进一步推进和深化工程项目管理理论研究和实践应用创新，促进和实现建筑业高质量发展与企业转型升级产生着重大而深远的影响。

6.1.2 项目生产力提出的理论依据是马克思主义关于生产力论的启迪与指导

关于如何解放发展生产力，马克思、列宁、毛泽东和习近平同志都有许多论著，并认为首先是必须变革旧的生产关系和上层建筑，其次是不断运用科学技术进行管理技术创新和着力发展保护生产力。早在《共产党宣言》中马克思和恩格斯就指出，无产阶级取得政权并把全部资本集中到自己的手里后，就要“尽可能快地增加生产力的总量”。列宁晚年也曾对落后国家建设社会主义进行了艰辛的探索，他认为建设社会主义必须摆脱固有观念的束缚和进行改革，必须把发展生产力放在工作的首位。

毛主席在党的七届二中全会上就已提出，生产上的成败是革命成败的关键所在；1956年在最高国务会议讲话中又强调，社会主义革命的目的是为了解放和发展生产力。改革开放以来，邓小平同志指出改革开放“从历史的发展来讲是最根本的革命”“社会主义的首要任务是发展生产力，逐步提高人民的物质和文化生活”，特别是1980年“四二讲话”正是他经济理论对建筑业的深度思考。习近平总书记在党的十八大、十九大报告中都特别强调解放发展社会生产力是社会主义的本质要求，指出“生产力是推动社会进步的最活跃、最革命的要素。社会主义的根本任务是解放和发展社会生产力”。进入新时代，深化改革就是要不断适应解放和发展生产力这个总要求和新任务，要以马克思列宁主义、毛泽东思想、邓小平理论和习近平新时代中国特色社会主义思想为指导，结合行业实际，注重从经济社会发展的整体上，把握社会生产力的内涵并做出新的理论诠释。马克思主义认为，人类社会发展是有规律的，即生产力决定生产关系，经济基础决定上层建筑。在物质资料生产过程中形成的人与人之间的社会关系构成生产关系，生产关系是实现解放和发展生产力的驱动力。其中，劳动者是最活跃的要素；生产资料是生产力的标志。判断生产力水平高低主要看构成生产力的要素，即劳动者和生产资料及劳动对象的结合与适应程度，结合得越紧越好，生产力水平就越高。但生产要素要通过一定的生产组织方式的紧密结合与配置，才能形成现实的生产力。生产关系一定要适应生产力的发展；同时生产关系对生产力，上层建筑对经济基础又具有反作用，适应时会促进生产力的发展，不适应时会阻碍生产力的发展。人类社会就是在这样的基本矛盾作用下不断前进的。马克思对生产力进行了三个层次的划分，即“社会生产力、部门生产力、企业生产力”，这就告诉我们社会生产力的发展提升靠的是部门（行业）生产力，而部门（行业）生产力的发展提升又靠企业生产力。针对建设行业的实际，建筑业企业的生产力源于工程项目。也就是说，建筑业生产力存在第四个层次，即项目层次。工程项目才是生产要素转化为现实生产力的有效载体，是解放和发展建筑生产力的最终落脚点。研究和发展建筑业生产力就不能离开项目层次。所以解放和发展建筑生产力，工程项目管理水平的高低至关重要。这是因为建筑业的物质资料生产形式不同于其他产业部门，建筑业生产要素的结合方式有其特殊性：第一是劳动者与生产资料在空间上表现为在施工现场直接结合及远离现场间接结合的并存；第二是劳动者与生产资料在时间上表现为时断时续的非连续结合来实现生产力；第三是劳动者与生产资料的结合呈现出机械化、半机械化、手工作业等多种形态。因此，按照生产关系一定要适应生产力的观点，对于建筑业而言，也就是说建筑业所追求的是企业生产关系一定要适应项目生产力的特点，这是因为劳动者与生产资料只有在工程项目上的紧密结合才能把生产要素变为现实生产力。这就是马克思主义生产力理论对我们认识建筑业生产力本质特性的启迪与指导。

6.1.3　项目生产力论的提出是推广鲁布革工程管理实践经验与理论研究提升的产物

位于云南省罗平县境内南盘江支流黄泥河上的鲁布革水电站工程，是我国改革开放初期第一个利用世界银行贷款的基本建设项目，按世行规定进行国际招标，日本大成公司以低于标底43%的价格中标，提前五个月竣工，工程质量优良，合同结算控制在合理的范围。鲁布革工程管理中所展现出的奇迹在于产生了先进的管理机制，精干的项目班子，科学的施工方法，有序的作业现场，高效、低耗、优质的项目管理理念，给当时我国工程建设领域“投资大、工期长、见效慢”的弊端和施工管理体制以巨大的冲击。通过对比、总结和反思，我们看到了差距，找到了问题的症结。大家深刻地认识到，计划经济体制所造成的“投资无底洞，工期马拉松”的工程建设局面其主要原因就是在于“三个落后”对于施工生产方式的制约，严重束缚着建筑业生产力的发展。从生产力角度看就是生产力与生产关系、经济基础与上层建筑的矛盾没有得到合理解决，落后的管理体制极大地制约了生产力的发展。鲁布革工程管理经验的核心，是注重投入产出，讲求经济效益。强化生产要素动态组合和优化配置，以强烈的竞争意识和科学管理的方法提高时效，积累形成了具有本国特色的宝贵经验和做法。而鲁布革工程管理的成功经验就在于它实施了以工程项目为对象，运用项目内在规律组织生产，也就是当时建设主管部门提出的“项目法施工”。其内涵有三个基本点：一是首先进行建筑业企业内部管理体制改革，打破三级管理和经济核算的行政管理机制，组建项目经理部，使之适应项目管理新方式的需要；二是以工程项目为对象，按照项目的内在规律实现生产要素优化配置与施工生产组织动态管理；三是最大限度集中全行业智慧，突破利益固化藩篱，促使企业整体机制转换、制度创新、配套改革，尽快适应社会主义市场经济体系，解放和发展建筑项目生产力。

30多年来，广大建筑业企业以马列主义、毛泽东思想、邓小平理论为指导，认真学习贯彻党和国家一系列改革发展大政方针，借鉴推广鲁布革工程管理经验，动脑钻研，科学谋划，通过实践探索和上百次会议研讨，在前面绪论中已阐述的“十大基本理论观点”的深入研究探讨并在其基础上总结创新，提出了“项目生产力论”。总结提升和坚持这些经过实践检验行之有效适用于行业发展的“项目生产力论”和宝贵经验，为建筑业新阶段高质量发展和工程项目管理创新发挥了重要的理论与实践奠基作用。

通过学习党的十九大和十九届五中全会精神，我们更加清醒地认识到，改革开放的历史征程，首要的任务是解放和发展生产力，是中国特色社会主义的根本任务。因为生产力发展才是推动经济社会发展的终极力量，要实现中华民族的伟大复兴，没有生产力的高度发展是不可能实现的。建筑业作为国民经济三大支柱产业，在中国经济发展中占有重要位置，建筑生产力能否提高是检验建筑业改革举措成功与否的根本标准。35年来，建筑业从计划经济到企业扩大自主权，小分队联产承包，再到进入机制转换，制度创新，推行“项目法”施工，实行企业内部两层分开，建立工程项目管理新型运行机制，实现了施工技术进步与管理创新的跨越式发展，再到创新性地提出和创新研究提升了“项目生产力论”，推进建筑业进入新阶段高质量发展，充分体现了改革、发展、创新三者之间的有机结合，构成了缜密的逻辑关系，总体上讲“项目生产力论”的形成发展和创新是以马克思列宁主义、毛泽东思想、邓小平理论、习近平新时代中国特色社会主义思想为指导，以中国建筑业改革发展创新实践为基础，对我国建筑业企业推广鲁布革工程管理经验进行生产方式和工程项目管理体制深层次变革的系统总结和理论研究的不断升华。

6.2 “项目生产力论”体系的基本框架构成

“项目生产力论”作为马克思主义生产力理论与中国建筑业改革发展实践相结合的产物，35年来经历了在建设工程项目管理中不断地实践、认识、再实践、再认识，并开始形成了比较完整的基本框架体系。

6.2.1 项目生产力的概念

我们知道生产力的狭义是指再生生产力，即人类创造财富的能力。从横向看，生产力分为个人生产力、企业生产力、行业生产力、社会生产力。从纵向看，生产力分为短期生产力、长期生产力。从层次看，生产力分为物质生产力、精神生产力。生产力是生产力系统的功能组织，生产力系统的要素包括两大要素：即实体性要素的劳动者、劳动资料、劳动对象；非实体性要素的科学技术、教育管理及社会文化制度体制环境。生产力系统的结构就是组成生产力系统和要素之间的关系。生产力系统的结构如果对称，生产力发展建设就快，否则生产力发展就慢。所以生产力发展是主客体相互作用、资源再生的结果。从大的方面说，它反映了社会系统的整体功能，从小的方面说，是行业、企业、项目整体管理素质和水平的体现。

生产力发展水平的高低是生产力要素构成的系统与其所处的政治、经济、社会、文化、生态等环境构成体系聚合匹配的结果。从建筑生产力层次看，项目部是物质生产力和精神生产力的结合，“项目生产力论”是按照生产力的狭义，特别是马克思主义关于生产力理论的层次性原理以及建筑施工企业生产要素结合场所的特殊性而提出来的。所以我们借用“生产力是人们征服、改造自然的能力”和“是人与自然之间的关系”的定义，把项目生产力的概念表述为“项目生产力是项目经理部全体人员实现工程项目建设目标的能力”。建筑业施工生产的实践充分证明，劳动者、劳动资料和劳动对象这三大要素只有在工程项目层面上实现优化配置、动态组合和科学管理，才能形成较好的现实项目生产力。

6.2.2 项目生产力的内涵

工程项目具有很强的单件性和一次性，在整个建造完成过程中，既要强调项目管理各利益相关方的不同需求，更要突出创新提高项目管理水平，注重完善生产关系，发挥项目在资源配置中的决定性作用，同时又要更好地发挥企业及其各利益相关方协管推进作用，从而实现解放和发展建筑项目生产力的目的。所以说，按照生产力的层次性，项目生产力揭示了建筑企业生产力与项目生产力的关系，即发展企业生产力是提升项目生产力的前提和条件，项目生产力又是解放发展建筑企业生产力的最终落脚点。项目生产力具有很强的管理属性、技术属性、价值属性和文化属性。项目生产力水平的高低关键在于项目管理部在实施过程中充分利用改造自然和利用项目管理工艺革新循序渐进地提升所积累的宝贵经验与知识产权和技术成果。以此可以得出项目生产力的深刻内涵是：以管理创新驱动为理念，以项目经理部为生产管理组织，以绿色建造为主要内容、以技术进步为引擎支撑、以生产要素与资源优化配置为基础，围绕实现工程项目建设目标，反映“以人为本”具有劳动文化的社会化大生产。从外延来看，项目生产力是物质生产力、技术生产力、文化生产力、精神生产力和人才成长能力的统一体。

6.2.3 项目生产力的特征

按照生产力的定义和项目系统论的观点，结合建设工程项目实践可以看出，项目生产力本身又是一个多元化的系统，在这个系统中包含了基础性要素、发展性要素和组合性要素。基础性要素包括以生产工具为主的劳动资料、劳动对象以及从事物质资料生产的劳动者；发展性要素主要是先进的科学技术和管理方法及其施工工艺革新；组合性要素主要指扁平化式的管理组织机构和信息集成化管理，其系统是具有质、量、时空结构的有机整体。

从一般意义而言，项目生产力应具有四大特征：第一是效益性特征。项目生产力运行的首要目标是要获取最佳效益。效益是项目组织和企业赖以生存的经济基础，效益性体现了项目生产力的经济能力。第二是创新性特征。工程项目的建造过程具有“单件定制”的特点，每一个工程项目都要根据其构造、功能要求及区域地况采取不同的施工组织设计和工艺技术革新。创新是项目生产力持续进步的灵魂，体现了项目生产力水平提升的动力源。第三是集约性特征。集约是指在社会经济和工程建设活动中，在同一管理范围内，通过经营管理要素质量的提高、要素结构的改善、要素投入的集中以及要素组合方式的调整来增进效益的建造方式，实现以合理的成本投入获得最大的产出回报。集约性体现了项目生产力的市场竞争力。第四是多元性特征。从工程项目的分类和生产力要素的资本构成和技术构成看，建设工程项目呈现多种形态。从项目生产力的整体功能角度看，项目生产力又呈现多层次功能，例如，工程建设有专业承包、施工承包、工程总承包、项目群综合承包等，其对应的管理组织方式和所形成的生产关系也有很大差异。

6.3 “项目生产力论”为深化项目管理体系建设奠定了基础

在改革开放的大环境下，建筑业由于有“项目生产力论”的有力支撑，成功实现了施工生产方式的深层次变革。35年来，建筑业在学习马克思主义关于生产力理论，借鉴国际项目管理四个阶段（策划、设计、施工、项目试运行）和五个过程（启动、计划、执行、控制、结束）的同时，运用“项目生产力论”的理论观点，对我国建筑业的生产关系进行了深入广泛的研究，并通过改革企业内部管理体制，转换经营机制，推进制度创新，不断调整生产关系，有力地促进了劳动者、生产资料和劳动对象三大要素在工程项目上的优化配置、动态组合和科学管理，极大地解放和发展了建筑生产力。

6.3.1 创建和形成了较为科学的建设工程项目管理组织机构与基本框架体系

35年来我国工程建设领域的广大企业和专家、学者、建设者在学习推广鲁布革工程管理经验的实践中，坚持以研究解放发展和提升项目生产力为先机，指导项目管理实践，严密组织施工，创造和积累了不少新的成功经验，为新时期建筑业高质量发展奠定了坚实的基础。

1．创新建立了项目经理部，实施项目经理责任制

项目生产力的组织形式是项目经理部，它是中国建筑业推广鲁布革工程管理经验和企业进行项目管理体制改革发展中出现的新生事物。自1987年始，项目经理部从无到有，快速成长，日臻完善，已经遍布大江南北，并在发展过程中逐步建立和完善了项目经理责任制、项目成本核算制。当前“两制”建设已成为广大企业普遍采用的基本生产管理责任制度，为企业优化配置社会生产要素、发展提升项目生产力、扩大企业经营规模提供了新的运营模式。

项目经理责任制具有对象终一性、内容全面性、主题直接性和责任风险性四个特点。它是以工程项目为对象组织施工生产；项目经理对项目管理过程中质量、安全、成本、进度、现场文明施工、合同履约以及总分包的组织协调具有全面责任，项目部是企业法人代表授权委托管理工程项目的组织团队，项目经理作为第一责任人直接对企业法人负责，并对工程质量负有终身责任。项目经理责任制的建立和实施从根本上实现了两个否定和两个有效。即，否定了行政命令指挥生产，否定了按行政层次进行经济核算；有效地解决了项目管理缺乏明确责任人弊端，有效地激发

了项目的实施活力，是提高项目经济效益的基本制度。项目经理责任制经历了从项目经济承包制到项目经理负责制，再到项目经理责任制这样一个试点探索、不断完善和最终适应市场经济体制运行和建设项目管理特点的变革与提升过程。虽然承包制、负责制和责任制只是二字之差，却清晰地刻画了企业运行机制和项目科学化管理不断改革完善创新的轨迹，逐步形成了关于项目管理的“三个一次性”的科学定位。即工程项目是一次性的成本管理中心，项目经理部是一次性的施工生产组织管理机构，项目经理是企业法定代表人在项目上一次性的授权管理者。三个“一次性”的定位不但有效地摒除了过去项目个人承包制的弊端，对项目生产方式的变革起到了有力的推动作用，真正体现了项目管理“组织机构层次减少，人员配置精干高效，管理对象直接到位，资源优化动态组合、责任明确绩效考核”的基本原则。而且加快了中国建设工程项目管理国际化进程，有力地促进了项目经理部结合国际项目管理知识体系（Project Management Boby of Knowledge，PMBOK）运用项目管理办公室（Project Management Office，PMO）在项目组织内部设立的实践、过程、运作形式和标准化及组织整体协调的部门，指定项目实施流程建立项目管理信息系统，组织项目管理人员对项目进行全过程全方位的监控、验收和考核，以确保工程项目的高效运作和最佳效益。

2．理顺明确了适应工程项目管理新型运行机制的企业内部三层关系

按照项目管理系统的内在联系、功能要求、运行原理、机制特征，通过推行项目资源优化配置，动态组合，科学管理，理顺了企业、项目和作业三个层次之间的关系。

首先强调明确了企业层次是经营利润中心，涵盖主体法人的责任范畴，它包括三个主体：市场竞争主体，合同履约主体，企业利润主体。其次明确了项目层次是管理实施执行中心，负责并确保工程项目的质量、安全、工期、成本等各项管理目标的实现。进一步明确了企业层次与项目层次之间关系为服务与服从、监督与执行的关系，也就是说企业层次管理机构的设置与生产要素的调控体系要适应并服务于项目层次的优化配置。项目层次生产要素的配置需求与动态管理要服从企业层次的宏观调控，劳务层次是为项目层次提供派遣持有相应工种上岗证书的劳动力班组和工人。项目层次与劳务作业层次不存在上下级关系，是相互平等、合作共赢的劳务合同关系。劳务作业层次的发展方向是专业化、独立化和社会化。企业法定代表人与项目经理是委托授权与授权管理的关系，他们之间不存在集权和分权的问题，项目经理要按照法人代表授权范围和职责要求做好工程项目全面管理，从而形成了

“总部服务调控、项目授权管理、专业实施保障、社会力量协作”的建设工程项目管理新型运行机制。

3．创建形成了“四位一体”为主线的建设工程项目管理运行体系

中国建设工程项目管理的实践比较集中鲜明的特点是创建和形成了以总部负责、过程精品、标价分离、项目文化“四位一体”为主线的建设工程项目全寿命期科学管理的新型运行体系。

第一是“统筹策划、依章建队、各负其责、服务项目”的项目管理服务保障线。企业作为市场的主体，是工程项目投标成功竞标的核心力量。依据企业章程，坚持“公司总负责，法人管项目”是企业层次协调各方、各司其职、各尽其责、上下配合、形成合力，确保工程项目管理目标实现最佳效益的强力支撑。

总部负责主要发挥三大作用：一是宏观管控、服务项目。项目投标前总部要组织人力、物力、财力进行市场竞标，项目中标落地后依据项目管理制度先行搭建项目团队，使项目托管纳入总部标准化的信息管理平台，开展对项目各项经营生产活动进行全过程的监督管控服务。二是资源整合、价值创造。依据项目动态管理的特点，按照项目进度、质量、安全、成本等目标要求做好现场生产要素（人、财、物）的优化配置和宏观调控。及时提供业务培训，保障物资供应，注重节点诊断，规避项目风险，指导支持项目以最少的投入，实现最佳的价值回报。三是竣工验交，绩效考评。项目完成后，按照合同履约条款，对外组织工程结算、竣工验收，交付业主使用；对内进行项目管理绩效考评，奖优罚劣，激励员工，以利再干，促进发展。

第二是“细化管理、工序控制、节点考核、奖罚严明”的项目管理质量安全线。即运用信息技术加强制度建设，抓好细化管理，通过推广运用BIM技术与智慧工地、人脸识别、数据决策等信息技术和建立施工项目管理质量安全制度，坚持“把好三关”（职工把好操作关，质检员把好检查关，项目总监把好验收评比关），狠抓“四个坚持”和“五个从严”。一是坚持施工前做好计划、质量、安全和技术交底；二是坚持工作岗位责任制，按专业实行班组分层包干，做到“三定三存”（确定工作部位、确定工作内容，确定工作标准，基本情况、检查数据、考核结果三存档）；三是坚持“三检一评”，样板引路。每道工序施工前都要有技师先行示范操作，做好过程分级检查和验收评比；四是坚持过程管理“五个从严”（施工图纸审查从严，执行规范标准从严，质量安全监控从严，事故责任追究从严，考核结果奖罚从严）。

第三是“逐层负责、精耕细作、集约增效、单独核算”的项目管理经济效益线。项目部在企业规定的项目管理包干经济指标范围内，按照“项目经理主抓全面、分管副职专业对口、各级管控逐层负责”的原则，运用系统工程原理，在做好工程项目管理规划的同时，预先建立成本管控目标，按照预算控制、分析、考核的管控流程，分解压实经济责任，坚持项目形象进度工程量统计、完成产值和项目各种耗费计算，实现会计成本核算“三同步”，精准计划工程预算，分类划分费用界限，择优组织集采物资，严格财务收支管控，强化项目成本核算，及时发现实际与计划成本的差异，以便采取纠正措施，从而降低成本风险，最大限度提高工程项目经济效益。

第四是“以人为本、党建引领、文明施工、CI标识”的项目管理文化建设形象线。工程项目建设工地是脑力和体力劳动的聚焦点，要充分体现以人为本。一是要考虑为劳动者创造安全、舒适、健康的活动场所。二是通过CI标识，激发和调动企业员工的主动性、积极性、创造性，以开展宣传表彰先进、传承弘扬优秀文化等各项活动，建立和完善无情管理，有情考核的激励机制。三是围绕项目过程管理建立互联协同、智能施工、科学管理的现场信息化生态圈，实现劳务实名制、材料合理堆放、噪声扬尘检测、临设合理布局等可视化全覆盖管理。四是充分发挥党支部建在项目上的政治引领作用。加强项目现场文明施工和环境美化与社区治理，充分展示企业和项目履行社会责任、服务社会、保障民生的项目文化和良好企业形象。

4．完善形成了建设工程项目管理科学运作的保障机制与管理总目标

工程项目管理的成功重在有科学合理的运作保障机制和目标策划作后盾。35年来我国建筑业企业在推进工程项目管理改革发展中之所以能够取得较好的效果，就在于特别注重对项目管理实践探索的成功经验进行及时系统地总结提升和推广应用。

一是依据项目管理系统性的原理，结合建筑业推行工程项目管理的成功经验，界定明确了项目管理的主要特征是动态管理，优化配置，目标控制，绩效考核；组织机构是“两层分开，三层关系”，即管理层与作业层分开，正确处理好项目与企业层次、项目经理与企业法定代表人、项目经理部与劳务作业层的关系；推行主体是“二制建设，三个升级”，即通过加强与推进项目经理责任制和项目成本核算制度建设，促进和实现企业建造技术进步、科学管理升级，工程总承包及资本运营能力升级和人力资源、智力结构升级；运行机制是总部服务调控，项目授权管理，专

业实施保障，社会力量协作。

二是参照国际项目管理九大知识体系，在建筑业推进工程项目管理实践探索和理论研究的基础上规范了我国建设工程项目管理的基本内容为“四控制，三管理，一协调”，即工程质量、安全生产、形象进度、项目成本四控制，现场要素、信息沟通、合同履约三管理和组织协调。

三是按照国家建设主管部门的有关政策法规和要求提出了建设工程项目管理“四个一”的总目标，即形成一套具有中国特色并与国际惯例接轨、适应市场经济、操作性强、较为系统的工程项目管理理论和方法；培养和造就一支具有一定专业知识、懂法律、会经营、善管理、敢担当、作风硬的工程项目管理人才队伍；开发应用一代能较快促进生产力水平提高和经济含量的新材料、新工艺、新设备和新技术开发；建设推广一批高质量、高效率、高速度，充分展示建筑业科技创新水平和当代管理实力，具有国际水准的代表工程。

6.3.2 “项目生产力论”在建筑业改革发展实践中经受了检验，并发挥了重要的作用

自20世纪80年代建筑业推广“鲁布革”工程管理经验，促进改革发展是我国经济社会改革发展进程中极不平凡的35年，也是建筑业践行“两个突破”、深化工程项目管理体制改革和提升项目生产力水平进入了一个高速发展的历史时期。据相关统计，2019年前40年，建筑业总产值平均增速在16.6%，增加值占GDP 6.7%，均高于国内生产总值的增速。

与此同时，建筑业还带动了50多个相关产业的发展，建筑业每增加1万元产值，直接拉动相关产业7.5万元，为国民经济和社会和谐发展做出了巨大的贡献。可以肯定地说，30多年来，建筑业取得的一切成就与辉煌，与推广“鲁布革”工程管理经验、深化建设工程管理体制改革功不可没。

1.“项目生产力论”引导助推建筑业企业改革发展与转型升级取得了显著的成绩

35年来广大建筑业企业正是通过学习、借鉴、推广“鲁布革”经验，以工程项目管理为核心，坚持改革发展创新，有力地促进企业管理制度化、标准化、规范化、精细化、信息化和科学化。当初政府主管部门从50家试点企业抓起，35年来培育了上千家拥有雄厚人力资源和技术、设备、融资等综合实力强的工程总承包领军企业。

中国建筑集团有限公司是中国专业化经营历史最久，进入市场化最早的国有

大型企业，自20世纪80年代学习推广创新“鲁布革”工程管理经验，实现了“一最两跨”的目标。40年来，企业的产值、利润、纳税分别比1987年增长827倍、382倍、363倍。2019年，新签合同额为24 821亿元，同比增长6.6%；从而以1 815.2亿美元的年营业收入位列500强全球榜单第21，总营收相较2018年增长16.3%，排名较2018年升高两位，蝉联全球最大的上市建筑企业首榜。2020年入选国务院国资委“科改示范企业前列”。

中国中铁股份有限公司成立60多年来先后修建了77 925km的铁路，占全国铁路里程的2/3以上，工程项目遍布全国31个省市自治区和全球60多个国家，进入21世纪以来他们“推进两大转变，实现两次创业”，各项指标排列世界建筑行业第二，大大提升了在国民经济产业中的带动力。特别是近10年来高铁施工的先进管理与技术走出国门、影响全球，成为中国铁路建设耀眼的明珠。2019年《财富》中国500强排行榜发布列为第七。

中国水利水电建设集团有限公司是首批学习推广鲁布革工程管理经验的示范单位，先后承建了包括鲁布革、小浪底水电站、三峡和南水北调等大型水利水电工程。20多年来他们以建设“行业领先，管理一流，品牌影响，具有较强国际竞争力的质量效益型跨国企业集团”为目标，以资本运营和管理创新提升工程总承包项目管理能力，在开拓国国内外水坝建设市场中取得显著的成绩。

中国建筑第五工程局有限公司启航于“大三线”建设时期，改革开放以后由于当时不适应市场经济，一度陷入生存困境，进入21世纪特别是党的十八大以来，他们深化工程项目管理，坚持“树信心、定战略、抓落实、育文化”，通过“提质攻坚”和“一引领、四支撑”，瞄准智慧建造，精准发力，推动企业转型升级。2019年实现营业收入超过1 200亿元，利润额也较2018年增加两倍以上，在中建内部排名从原倒数第二名一举提升到前三名。

中国建筑第八工程局有限公司秉承“诚信创新、超越共赢”的铁军精神和“高端市场、高端业主、高端项目、高端管理”的市场营销战略，通过研发推广“四新”技术、建立工程总承包（ERP）信息化网络管理系统，以承建像G20会展博览馆大型体育场馆、医疗卫生、文化旅游、重大国际活动会议中心及机场航站楼等地标性建筑精品著称于世，在国内外被誉为“南征北战的建筑铁军，重大项目建设的先锋”。

北京城建集团有限责任公司作为“兵改工”推广“鲁布革”工程管理经验的首批试点企业，当年面对市场经济步履维艰，借力改革，冲出困境。特别是近几年

来，他们紧紧围绕“调整资本结构、提高融资能力、转变增长方式、完善产业布局”的发展战略，坚持“四清晰、一分明”的项目管理制度，实现了工程承包高端化、地产开发高效化、设计咨询专业化、管理体系科学化、集团发展国际化。

上海建工集团股份有限公司坚持“重点区域、重大项目、深度开发、科学管理”，加快产业结构调整，推进集团可持续发展。2019年，建筑施工业务营业收入约为1 600亿元，较2018年增长21%；建筑相关工业业务营业收入约为125亿元，较2018年增长147%。

陕西建工集团有限公司是西部地区首个施工总承包特级、设计甲级资质及海外经营权的省属大型国有企业集团，多年来坚持省内省外、国内国外并举的经营方针，完成了一大批重点工程建设项目，国内市场覆盖31个省份，国际业务拓展到27个国家。正向稳霸陕西、称雄全国、驰骋国际，提前两年进入“千亿陕建”的宏伟目标迈进。

云南省建设投资投股集团有限公司是20世纪80年代项目法施工试点企业，30多年来树立“强化精细管控，打造过程精品”的质量理念，秉持“敬业、协作、担当、品质、责任、创新”的核心价值观，致力于企业文化建设，荣获住房城乡建设部“精神文明建设先进单位”，被中华全国总工会授予“全国五一劳动奖状”。2017年集团按照“大重组、大整合、大融资、大发展”的战略方针成为云南省首家国资控股老挝和中国香港上市公司，积极参与“一带一路”建设，为建筑业深化改革、促进转型升级提供了一个鲜活的样本，形成了投资引领、科技支撑、产业融合的跨越式发展。

中建科工集团有限公司是中国最大的钢结构高新技术新型建造企业。是较早推广应用工程项目管理模式，承建当时深圳最高最大最快的帝王大厦和深圳发展中心，10多年来他们秉承科技管理创新与工业化为核心“双引擎”，从最初中建系统的三级公司发展到一个“创新型、资本型、全球型”具有诸多国家级知识产权的示范企业。

天津天一建设集团有限公司是一家集建筑、地产、投资、贸易等为一体的多元化民营企业，集团秉承“严实求精、每时俱新、诚信进取、增创一流”的市场竞争优势。以优化工程项目管理为抓手，坚持每项工程精益求精一次成功，连续十年荣获共计十项鲁班奖工程，被行业称为鲁班奖工程的专业户。

中国冶建、中国交建、浙江中天、山西四建集团、四川华西集团、江苏中亿丰建设集团、江苏苏中集团、河南国基集团、江西宏盛集团以及内蒙古兴泰建设、广

东正升公司、南通三建、四建公司和安徽华力等国有、民营和混合所有制企业也在我国改革开放大潮中应运而生、茁壮成长。正是这样一大批传承“鲁布革”精神，勇于改革创新的建筑业企业，为当今中国城乡面貌巨变和现代化建设作出了巨大贡献，谱写了壮丽的篇章。

2. 面对经济发展“新常态”，建筑业保持定力、励志前行、创新提升“项目生产力论”，不断开创行业改革发展新篇章

党的十八大以来，面对经济发展“新常态”，建筑业与全国人民一道认真贯彻落实习近平总书记和党中央的战略布局，举旗定向，谋篇布局，攻坚克难，强基固本，强调思路之变，把握主动商机，探求创新之路，释放发展活力，不断攀登建筑高峰。在工程建设和推进建筑产业现代化进程中，深入研究提升“项目生产力论”，并以此凝心聚力，务实前行，不懈奋斗，铸就辉煌，彰显伟业，建造能力屡创新高，管理队伍持续扩大，综合实力不断增强，开创了新时代建筑业改革发展一个又一个的新纪录。这10年建筑业实施国家创新驱动发展战略，以科技进步与管理创新引领传统产业转型升级和高质量发展。所取得的辉煌成就，已在新时代中国改革发展创新的历史上留下深刻的印记，成为党的十八大以来，我国社会经济发展波澜壮阔历史丰碑的缩影。

一是产业集中度明显提高，国有、股份制和混合所有制企业呈现多元化发展。截至2019年，全国各类型建筑业企业超过30万家，其中具有建筑业资质的总承包和专业承包企业达到上万个。在建设现代经济体系的催化下，行业与企业资质结构渐续优化，高端市场占有率不断提高，大型国有企业改革步伐加快，建筑业兼并重组取得重大突破，以资本与特级资质为纽带的混合所有制企业集团不断涌现。例如，中建总公司斥资310亿元收购中信地产，极大地延伸了产业链，中国中铁通过内部实施重大资产置换与非公开股份发行，提升了企业综合实力，拓宽了更为广阔的发展空间。云南建总、十四冶、西南交建重组合并成立了云南建投集团，集城市建设投资、地产开发、旅游健康、国际工程承包和工业与民用、路桥、机场、港口的投资建设生产施工运营于一体。北京四大建筑集团合并重组，北京城建与北京住总、北京建工与北京路桥形成两大建设集团，合并重组后既解决了同质化竞争又优化了资源配置效率，综合实力大幅度提升，可与中央企业市场竞争。

二是建造实力明显增强，产业现代化建设进程加快。建筑业大力推进新型建造方式，以绿色建筑产品为目标，以智慧施工技术为支撑，以部件工厂化生产为基地，以项目精益化管理为手段，以全产业链集成为纽带，以高端专职人才为资源，

以工程总承包为主流模式的工程项目全寿命期管理彰显“中国建造”的综合实力。与此同时新型建造技术水平实现了新跨越，高层建筑及高速、高寒、高原、重载铁路和特大桥建造技术迈入世界先进行列。BIM技术推广力度、深度进一步加大，离岸深水港关键技术、巨型河口船道整治技术与大型机场工程建造技术都已达到国际领先水平。正如习近平总书记在北京大兴新机场视察时赞扬的“中国制造、中国创造、中国建造”共同发力改变着中国的面貌。

三是建筑业传承鲁班文化，弘扬工匠精神，有力地促进了“建百年精品、树行业丰碑、强项目管理、创一流品牌、塑中国建造”活动风起云涌。我国在城市建筑、市政设施、高速公路、水利水电等一系列高、大、难、精、尖的工程建设中，涌现出一大批以上海中心、杭州G20会址、中国尊、国家博物馆、西北科技创新港、文昌航天发射塔、厦漳跨海和港珠澳大桥、北京大兴国际机场为代表的大体量、超高层、高难度的大型优质工程。具有中国知识产权的高铁、跨越高山峡谷走出国门，穿越江海天堑的桥梁隧道与高峡出平湖的电站大坝等工程项目如雨后春笋般拔地而起，精彩纷呈，色彩斑斓，且工程项目规模越来越大，专业技术水平要求越来越高，先后有一大批工程项目荣获中国质量最高奖——国家优质工程奖和鲁班奖工程。充分体现广大建设者别具匠心、奉献社会、视质量为生命，为“中国建造”赋予了新的内涵，彰显了现代工程项目管理水平与中国建造质量品牌及综合实力具有世界顶尖的国际水准。

四是建筑业践行和加强“一带一路”建设，瞄准国际前沿，抢抓市场机遇，大力实施“走出去”战略，海外市场持续发力。“一带一路”本质上是面对经济全球化，进一步加强中国与周边国家的各领域经济长期合作，通过实现“五通”，加快我国基础设施开发模式与沿线国家基础设施强劲需求发展的深度融合，同时也为我国建筑业新时代转型升级与高质量持续发展提供了面向世界的外部市场环境。2019年我国对外承包业务已遍布全世界190个国家和地区。2019年，我国对外承包工程业务完成营业额11 927.5亿元人民币，同比增长6.6%（折合1 729亿美元，同比增长2.3%），新签合同额17 953.3亿元人民币，同比增长12.2%（折合2 602.5亿美元，同比增长7.6%）。同沿线的62个国家新签对外承包工程项目合同6 944份，占同期我国对外承包工程新签合同额的59.5%，同比增长23.1%；根据“美国工程新闻杂志ENP”发布，2019年中国共有中交、中建、中铁等65家企业上榜进入世界500强，数量连续5年居各国首位。中国内地75家企业入围“全球最大250家国际承包商”，较2018年增加6家，入榜企业数量再创新高。

6.4 进入新时代“项目生产力论”的创新研究与提升

党的十八届三中全会提出了“推动生产关系和生产力上层建筑与经济基础相适应，必须遵循市场决定资源配置这一市场经济规律”。党的十九大指出中国特色社会主义进入了新时代，再次明确要让市场在资源配置中起决定性作用，同时要更好发挥政府作用，并科学地判断我国社会的主要矛盾已转化为人民日益增长的美好生活需要和不平衡不充分的发展之间的矛盾。经过改革实践结合学习党的十八大、十九大精神，我们深刻认识到进入新时代，建筑业要保持高质量持续发展，首先要弄清楚社会主义主要矛盾的判断调整是关系到全面历史性的变化，是从生产力与生产关系的切入提出来的。从我国生产力发展的历史来看，党提出从“落后的社会生产转向不平衡、不充分的发展”是有科学依据的，是理论与实践统一的及时回应。

6.4.1 十九大就我国社会主要矛盾的新判断，为创新研究和提升项目生产力水平，实现建筑业高质量发展指明了方向

党的十九大关于建设现代化经济体系，把社会主义制度和市场经济有机结合起来，极大地解放和发展社会生产力，极大地解放和增强社会活力的总要求，为建筑业巩固推广改革发展的成功经验，继续深化建设工程管理体制改革，应对市场需求变化，不断创新工程项目管理，把市场规律、制度建设、工资分配和项目运行机制有机地统一起来，进一步完善管理制度，优化组织机构，为与时俱进、行稳致远、提质增效指明了方向。

从生产力与生产关系的辩证统一视角来看，社会主要矛盾的变化是一个社会生产力发展水平和社会发展阶段的客观反映。党的十九大对我国社会主要矛盾做出了新的判断，深刻反映了我国经济社会发展一般规律和特殊规律的认识。首先是进入新时代后和以前比较，建筑业的生产力水平总体上还有很多方面处于落后状况，存在着劳动者技能水平低、施工环境污染、材料资源浪费大等问题。进入新发展阶段，在新发展理念指引下，新能源动力、高新技术、生态环境的改善都对生产力的提升和保护起反哺作用。其次是随着人民对美好生活的向往，生产关系在人们物质生产过程中形成了不以人的意志为转移的经济关系，“人民日益增长的物质文化需要”转向“人民日益增长的美好生活需要”，深刻反映了我国生产关系的变化。建筑物作为人们生活的生态环境空间不再只是单一的质量合格，而是要在突出质量安全、保证建筑使用功能基础上，满足人民更舒适的宜居条件、更优美的居住环境，

充分体现了建设工程全生命周期对建筑设计、材料生产、质量标准、施工技术及绿色环保、人文管理等功能各方面都提出了新的更高要求。这就必然对建设工程项目管理原有管理理念、组织形态与建造方式进行冲击，同时也必然在项目建造过程中形成生产力和生产关系新的矛盾。如何把握好在社会经济发展满足人民美好生活和消费市场需求变化的大背景下，项目生产力与生产关系的变与不变对我们进一步深入研究创新发展建筑项目生产力，促进新时代建筑业高质量发展至关重要。一是因为随着新型工业化、信息化和建筑产业现代化进程中运用现代科学技术提升项目生产力水平，促进项目管理优化升级更能在激烈的国内外市场竞争中具有很强的优势。二是供给侧结构性改革和人民幸福生活水平提高的需求，党和国家以问题为导向，围绕新时代建设工程安全、适用、经济、绿色、美观的方针，对建筑业的各项建造活动和建筑产品也随之提出了新的要求和标准。建筑产业转型升级的选择，必然是高质量持续健康发展。满足人民对美好生活的需求，促使建筑产品质量与企业市场诚信对业主禀赋的依赖。三是在生产组织形态上不少企业实行了项目股份合作制，促使项目分配制度按劳生产要素的投入进行再分配，给项目参与人员带来了强劲的动力。这一共享项目丰收成果的巨大变化有望成为今后研究深化和提升工程项目管理一种新的发展理念和组织形态。

历史唯物主义认为，生产力与生产关系的矛盾始终是人类不同社会形态的基本矛盾，是国家经济社会发展的一般规律，所以生产力和生产关系的矛盾要必然被应用于具体行业的具体时期，并转化为国家经济社会发展的特殊规律。从理论逻辑与实践逻辑来看，在国家经济同一个阶段里，生产力和生产关系都可以有不同的层次。好的经济制度能够不断激发社会活力，把社会主义制度和市场经济有机结合起来，就能不断解放和发展社会生产力的显著优势。35年来，建筑业学习推广鲁布革工程管理经验的核心，正是从这视角出发，从当初计划经济到适应市场经济，再到“项目法”施工和提出“项目生产力论”，为实现新时代不断完善建设工程项目管理制度创新，提升项目生产力水平，促进建筑业高质量、高科技、高效益发展奠定了理论基础。党的十九大关于我国主要矛盾的判断告诉我们在深化提升项目生产力理论研究延伸中，必须注重提升项目生产力三大要素的变化。无论是劳动者需求的改变、还是劳动资料和劳动对象的改变，其实质决定于在生产力与生产关系研究上要以满足人们对住房质量、环境保护、功能使用的新需求上下功夫。由此我们得出了在进入新时代应对市场变化给建筑业带来的挑战依然是要加快现代工程项目管理的优化升级，其本质更要集中体现在推进项目管理中科技的进步与管理创新，最核心的是马克思主义关于生产力理论与党的十九大习近平新时代中国特色社会主义思想强有力的指导。

6.4.2 习近平新时代中国特色社会主义思想为创新研究和提升项目生产力水平深化项目管理赋予了新的内涵

党的十九大确立了新时代的指导思想，描绘了新时代实现“两个一百年”奋斗目标的宏伟蓝图，明确指出发展是解决我国一切问题的基础和关键，发展必须是科学发展。而生产力又是判断一个国家经济社会发展的重要指标。习近平总书记指出“全面建成小康社会，实现社会主义现代化，实现中华民族伟大复兴，最根本、最紧迫的任务还是进一步解放和发展社会生产力”。时代孕育思想，实践检验真知，认识真理永无止境，理论创新永无止境，实践发展永无止境。任何理论都需要在实践中与时俱进，不断充实、完善和发展。实践提升理论，理论指导实践，实践又为理论发展和创新提供原动力。进入新时代要求我们必须以习近平新时代中国特色社会主义思想为指导，探索规律，勇于实践，不断进行思想观念的更新、发展理念的创新，与时俱进地拓展、提升项目生产力水平新的理论内涵，创造新的理论价值，适应新的行业发展脉搏，才能永葆活力。

（1）自从党的十七大提出科学发展观到十九大习近平新时代中国特色社会主义思想，都为“项目生产力论”研究深化赋予了新的内涵。科学发展观和十九大报告强化了人的核心地位和作用。建筑业总体上讲是一个劳动密集型的行业，为社会就业吸纳了大量的劳动力。十九大报告坚持以人民为中心发展思想的核心内容和基本方略就是强调要在建设中国特色社会主义的伟大实践中坚持“以人为本”。在工程建设中，特别是工程项目施工现场正是脑力劳动和体力劳动的集散地，少则几百人，多则上万人。由于过去相当一段时间忽视对一线操作人员的培养，劳动队伍流动管理松懈，职业技能水平低下，一定程度上对项目生产力的提升产生了影响。所以创新提升项目生产力水平必须突出劳务层的管理与建设，选择好项目劳务队伍，注重抓好操作工人技能培训，尊重产业工人的主体地位，充分发挥广大建设者的首创精神，调动他们的积极性和创造性，依靠全体员工的智慧和力量促进经济社会和行业又好又快地发展。

（2）党的十八大提出“加快产业结构调整，转变经济增长方式”。十八届三中全会又提出“加快转变经济发展方式，调整优化经济结构”。从经济增长方式到发展方式，从调整结构到优化结构，虽是几字之变，但其内涵发生了由数量到质量的提升，强调发展速度和发展质量的高度统一。比如以GDP为例，2012年前我国过去30年的增长率平均在9%以上，但主要是靠资本的投入和劳动力的贡献，其中技术含量不足30%，而日本GDP增长主要靠高科技，约占整个增长率的70%以上。所以当前在推进行业高质量发展、调整优化产业结构中，更要注重从低端投入向高端管理和高科技含量的施工工艺与核心技术投入，努力提高企业的自主创新能力。

（3）党的十九大报告指出，新时代我国社会主义主要矛盾是人民日益增长的美好生活需要和不平衡不充分的发展之间的矛盾，这是关系到全局历史性的变化。习近平总书记指出“我们党领导人民全面建设小康社会，进行改革开放和社会主义现代化建设的根本目的，就是要通过发展社会生产力，不断提高人民物质文化生活水平，促进人的全面发展。”①显然可以看出，进一步解放和发展社会生产力才是解决不平衡不充分的发展之间矛盾的重要途径。改革开放40年来，特别是学习推广鲁布革工程管理经验35年来建筑生产力虽然有了巨大的提升和飞跃，但从建筑业生产力发展的历史看，党提出从“落后的社会生产”转向不平衡不充分的发展是有科学依据的。就建筑业来讲虽然“三个落后”的状况已成为过去式，但由于建筑业是一个劳动密集型行业，过去的生产力水平落后是多方面的，经济增长依靠大量自然资源和廉价劳动力投入，生产方式、队伍素质、技能水平以及生态环境污染、企业国际竞争力低下等问题仍然在一定范围内存在，还很不适应新时代实现“两个一百年”新任务、新目标的需要。所以，以新的判断从生产力与生产关系视角入手，也更有利于我们继续深化工程项目管理体制改革，创新提升“项目生产力论”研究与实践应用水平。必须通过深化改革，加快转变发展方式，紧跟时代脉搏，在习近平新时代中国特色社会主义思想指导下，全面贯彻“创新、协调、绿色、开放、共享”新发展理念，强调人与自然环境的和谐关系相协调，促进行业发展在内的全面进步，走生产发展、人文发展、绿色发展、科技发展、资源节约、生态良好、管理科学的建筑业高质量发展道路。

6.4.3 创新研究和提升项目生产力水平，必须高度关注数字经济时代建筑生产力要素的变化

综合建筑业改革发展和企业转型升级的实践，我们发现新阶段深化工程项目管理理论研究提升项目生产力水平，要高度关注建筑业生产方式和生产要素的变化。

---

① 摘自习近平总书记在《全面贯彻落实党的十八大精神要突出抓好六个方面工作》上的讲话。

主要体现在以下三个方面。

（1）劳动者的变化。劳动者其实就是“劳动的人”，是对从事劳作活动一类人的统称。其一，劳动者可谓参加劳动的人，包括体力劳动者和脑力劳动者；其二，是以自己的劳动收入作为生活资料主要来源的人。从最初计划经济时代大众化“大锅饭”的劳动管理模式，转变为劳务层相对独立的按劳分配运作模式，使得劳动力表现更集约、更专业、更高效。20世纪90年代初期提出来的管理层与劳务层“两层分开”组织生产的方式，使得项目管理目标更突出，管理更顺畅，体现了建筑业生产力的进步。但当时建筑生产力的解放发展主要在于劳务层廉价劳动力和农民工的输出。随着数字经济社会和建筑业产业现代化的推进，建筑活动随之发生了根本性的变化，对劳动者的要求越来越高，逐渐由传统的廉价劳动力输出向专业型、高技能、高素质和综合型过渡。这是因为劳动者作为生产力的主导需求因素，要强调劳动者应对劳动对象应有的综合能力和综合效率。主要表现在三个方面：一是管理人员要有一批具备一定专业知识，特别是高端管理人才要专技术、会管理、懂法规、懂经营与善协调，成为相对的复合型人才。一般业务人员也由单一的某一岗位工作者变成了具备一专多岗位，能够胜任较多工作的综合脑力劳动者。二是新型建造方式要求一线操作工人，具有一定的文化和专业工种技术素质，能够适应复杂工艺革新、应对综合技能的要求。三是数字建筑、智能化建造要求有一大批劳动者还要能够驾驭先进的智能设备，包括操作机器人等技能。

（2）劳动资料和生产方式的变化。劳动资料也称劳动手段，它是劳动过程中所运用的物资资源或物资条件，是劳动者和劳动对象之间的媒介，其中最重要的是生产工具。马克思曾经说过，各种经济时代的区别不在于生产什么，而在于怎样生产，用什么劳动资料生产。劳动资料因素主要以生产工具和设备作为先进生产力发展水平的关键性标志，体现了极大的进步，先进工器具和设备的使用，降低了劳动强度，提高了劳动效率，改善了作业环境，保障了劳动者的生产安全和职业健康，充分体现了以人为本的管理理念。

在这里要特别指出的是劳动资料的变化又与生产方式的变革具有紧密的联系，正如马克思在《资本论》中指出的“以劳动生产条件也就是它的生产方式，从而劳动过程本身必须发生革命，必须变革劳动过程的技术条件和社会条件，从而变革生产方式本身，以提高生产力”。建筑业在相当长一段时期内始终停留在传统劳动资料的使用上，随着社会进步、科技创新和新型建造方式的发展，极大地刺激了生产力进步，劳动资料也随之改善。新材料、新方法、新工艺、新工具、新设备层出不穷、日新月异。尤其是奥运工程、世博工程、超高层建筑以及大型馆场、三峡工程、高铁及大跨度跨海桥梁和隧道工程建设掀起的施工技术创新新潮，对劳动资料的要求愈来愈向高科技、高效能、高质量和低消耗的发展方向转变，出现了一大批生产能力强、工作效率高、劳动强度低、节能、减排、绿色环保的生产工具和设备，促使劳动资料更应体现智能化、人本化和低碳化。

（3）劳动对象的变化。劳动对象通称为把人们的劳动加在其上一切物质资料，一般分为两类：一是没有经过加工的自然环境中的物质，如矿山、森林；另一类是经过加工创造的产品，如钢铁、建材及构筑物等。劳动对象是生产力中最必不可少的要素，劳动对象的数量、质量和种类对于生产力的发展具有关键的影响。就建筑业而言，进一步全面实行工程项目管理创新，才能适应社会需求，促进建筑产品质量和功能质的飞跃。建筑结构、建筑质量、建筑造型、建筑功能、建造方式也将随之呈现出跳跃式发展。与此同时建筑高度、技术难度、项目体积日渐加大空间、地下发展日新月异，水利、交通、电力等工程规模也在不断扩大，对建筑业提出新的挑战，从而使得劳动对象日渐抽象、复杂。我们应当清醒地认识到，建筑业生产力的进步、生产方式的改进，应当重点关注和引导建筑产品逐渐向科技型、低碳型、智能型和人文型转变。

这是因为随着科学技术日新月异，建筑业生产方式转变应体现信息技术时代、人工智能时代、数字经济时代和人与自然和谐共生时代对建筑产品从规划设计、结构装饰安装一体化施工和项目运行管理全过程服务等方面体现智能化和人文型建筑的高端需求。深刻领会资源节约和环境友好的发展要义，充分体现环保、节能和循环经济，努力实现建筑产品全寿命周期的低碳经济，提升建筑业的整体运营能力。进一步完善建筑功能，加强科学技术和优质产品的建筑应用，加强专利技术、知识产权、优秀工法的挖掘、开发和应用工作，提高建筑设计、建筑施工和建筑产品使用的科技含量，促进建筑业企业在建筑产品全寿命周期各环节中能力和适应的深层次变革已势在必行。

6.4.4　创新研究和提升项目生产力水平，要高度关注建筑业生产关系的转变

生产关系包括生产资料所有制关系、生产中人与人的关系和商品分配关系。在生产关系中生产资料所有制关系是最基本的，它是人们进行物质资料生产的前提。生产、分配、交换和消费关系在很大程度上是由这种前提决定的，所以是最基本的，

最有决定意义的方面，它是区分不同生产方式，判定社会经济结构性质的客观依据。但生产关系的其他方面对生产资料所有制关系也具有重要的影响和制约作用，当他们适应时会对生产资料所有制起巩固发展的作用，反之会起削弱瓦解的作用。

有必要指出的是，研究创新和发展提升项目生产力，必须重视项目生产关系的研究，因为项目生产关系主要体现在项目管理中各实施主体之间的地位和相互关系，以及利益分配和责权划分对生产关系的转变。主要表现在以下三个方面。

1. 项目管理各利益相关方之间利益关系的转变

由于参与项目管理各实施主体与利益相关方的所有制组织形式不同，在工程实施招标投标以后，长期以来各实施主体之间的利益关系始终处在彼此独立、甚至对立相互牵制的层面。进入新时代，创新发展和提升项目生产力必须在实施项目管理过程中不断调整生产关系，转变生产方式，坚持平等互利、共赢互惠的合作原则，倡导建立项目管理目标利益一体化的合作共赢关系，改进承发包模式和合同管理模式，体现责任、权力和利益高度一体化的合作。改变合同管理理念，真正做到以人为本、和谐发展、目标一致的管理风格。改变狭隘的小团体利益追求思想，避免相互扯皮、推诿、作梗，减少合同纠纷，保持公正、平等、健康的合同履约关系。

2. 项目利益相关方各实施主体之间地位和关系的转变

当前传统的建设单位、投资单位、设计单位、监理单位以及施工、供应和劳务单位之间的地位和关系已发生了明显的转变。尤其随着工程总承包、代建制、项目管理咨询公司制等多种市场形式的出现，各实施主体之间地位和关系逐渐向平等、互利的方面转变。建设工程项目管理体制改革第一次生产方式变革初，我们提出的“四控制、三管理、一协调”，主要针对承包商管理而言，在生产管理处理上比较注重的是承包商与业主的关系，而把项目参与方各实施主体之间的地位和关系协调一般定为近外层和远外层。由于相互之间所处的地位不同、关系不同，较多层面体现了相互对立、相互矛盾、相互牵制的生产关系，最终导致不同层次之间的协调原则和方法也有所不同，无形中造成了项目管理中的诸多矛盾，不同程度上阻碍了项目生产力的发展。随着国家推进治理体系和治理能力现代化的加快，建筑业生产力的进步决定生产关系也随之转变，以适应五方责任各主体之间的地位和关系，推动项目各利益相关方围绕工程项目总目标建设形成一个大的组合团队，用团队的理念去凝聚，用团队的方法去工作，用团队原则去沟通，最大限度地体现各实施主体之间的共赢合作与和谐高效。

3．项目各利益相关方实施主体之间责权利划分的转变

责权利清晰划分是项目管理的特色工作与成功的保证，随着国家建设主管部门对五方责任主体责任划分的新规定，传统的责权利关系，已不存在。必须适应项目生产关系与项目生产力提升的需要，充分体现职责明确、责任共担、权利共融、利益共享的管理理念。针对建设项目，各责任主体在划清界限的同时，要充分体现为了共同的项目目标全盘负责的思想，真正做到分工不分家，以高度的责任心对项目负责、对社会负责、对使用者负责；对各方的权力，避免片面追求，在项目范围内既要做到权力渗透、交叉融合，又要体现权力的科学化和人性化管理需求。从而进一步研究责权利的引导和约束机制，提高项目各利益相关方实施主体之间的合作层次，围绕项目整体利益相互配合，从长远合作的高度处理合作与利益关系。

6.4.5　以问题为导向，反思和挖掘“鲁布革冲击”的深刻内涵，进一步创新提升“项目生产力论”研究与实践应用水平

当前在深入学习贯彻党的十九大精神，围绕转变建筑业生产方式与高质量发展的同时，对鲁布革冲击进行重新认识和反思，引发了我们对项目生产力内在要求和核心价值的深入思考。以有利于企业新阶段更长时期的科学规划、实施，有效应对国内外市场竞争，促进企业转型升级和持续健康高质量发展。

1．鲁布革水电站工程建设经验是对我国计划经济体制下施工生产方式的冲击

一是鲁布革把外资引进来，冲击了传统的投资管理体制；二是鲁布革把竞争引进来，冲击了工程建设任务的计划分配体制；三是鲁布革把工程成本概念引进来，冲击了国有企业只讲施工生产进度，不计经济效益地吃“大锅饭”的非物质生产单位的观念；四是鲁布革把先进施工工艺提炼为工法引进来，冲击了施工企业技术滞后、传统落后的施工方法；五是鲁布革把科学的组织结构形式引进来，冲击了国有企业以行政建制为主的四级管理、三级核算体制。这五个引进和冲击今天仍然是我们研究挖掘深化建设工程项目管理“时间快、成本低、效益好”三要素，创新发展提升项目生产力水平的本质要求，它为建筑业新时代深化工程项目管理、形成“低成本竞争，高品质管理，新方式发展，增综合效益”的新经营管理理念提供了驱动力。

学习党的十九大报告，结合我国社会主义现阶段的主要矛盾，回首推广鲁布革工程管理经验和提出项目生产力论作为支撑在建筑业生产方式变革中所起的积极作用，再反思建筑业目前存在的问题，可以看到30多年来，我们虽然已经取得了辉煌

的业绩，但这个成果还只是阶段性的。进入新时代，以习近平新时代中国特色社会主义思想为指导，充分发挥市场配置资源决定性作用和发挥政府作用，进一步深化建设工程项目管理体制改革，完善工程招标投标制度，营造实现公平竞争、优胜劣汰、规范有序的建筑市场任务还远远没有完成。随着我国供给侧结构性改革的深化，国内外市场竞争激烈，金融危机时起时伏，国内经济体制深层变革，社会结构深刻变动，利益格局深度调整，产业结构不断优化，经济效益有待提高，经济社会发展下行压力持续加大。面对各种纷至沓来的挑战，建筑业必须按照新时代党和国家的战略部署，不断更新发展理念、与时俱进，进一步拓展新的理论内涵，创建新的核心价值体系，适应新的发展脉搏，以更大的政治勇气和行业智慧不失时机地深化建设领域改革，全面审视研究和提升创新“项目生产力论”，解决好当前制约建筑业高质量发展的外部因素及转变发展方式与企业转型升级的深层次问题，从而更好地适应新形势下解放和发展建筑生产力的社会需求。

2．深化建设领域改革，创新发展和提升“项目生产力论”，促进建筑业高质量发展和企业转型升级要以问题为导向重点突破

改革开放以来，党和国家一直强调改革的目的，最根本的在于解放和发展社会生产力，要把解放和发展生产力作为解决社会主义社会基本矛盾、提高人民群众的生活福祉的出发点和归宿。建筑业提出创新提升项目生产力，其目的也是要结合行业实际，进一步解放和发展建筑生产力，对不适应提升项目生产力的管理机制进行深层次改革。建筑业生产方式的第一次变革，是针对企业内部管理体制的配套改革而言，主要从施工项目现场管理和后方生活基地建设入手，比较重视解决企业内部资源的配置和运行效率，强化了项目经理在项目管理中的地位和作用，加大了安全、质量、进度和综合效益等目标的管理力度，促进了企业内部经营机制转变和一定程度上建筑生产力的提升，较好地适应了社会主义初级阶段市场经济的建立和发展。

今天站在建筑业持续高质量发展新阶段的高起点上来审视和研究提升创新“项目生产力论”，不单是为推进和深化项目管理、促进企业自身发展的问题，更重要的是有利于研究和解决制约建筑业改革发展的外部因素及其潜在问题。当前建筑业不但存在着“三高一低”的问题（劳动生产率低、产值利润率低、产业集中度低、工程交易成本高），而且还存在着两大突出矛盾：首先是极不合理的产业结构导致产能过剩和建筑市场恶性竞争；其次是传统落后的建筑生产方式严重困扰着建筑业的持续发展。比如，工程招标投标领域不但围标串标的现象严重存在，而且成了滋

生腐败的重灾区，如何在政府主导下充分发挥市场配置公共资源的基础性作用，对于治理腐败规范建筑市场，为企业公开、透明地参与工程招标，依法公平竞争，促进高质量发展清除发展障碍，急需要有关方面加以研究解决。另外，在经济下行压力大的背景下，不少企业积极响应政府号召运用PPP模式投资城镇化建设项目、加大基础设施建设投入等，但工程后续的风险更需要国家在政策上予以支持和保障。这是因为2020年刚从经济下行中走出来的中国经济又受到一场新冠肺炎疫情的打击，为了救市政府也出台了更多积极的财政政策和货币政策，寄希望于基础设施建设能够实现经济增长的突围。比如上文中提到的2021年全国各省市第一批重大项目计划安排就有2万多个，总投资超过200万亿元。如此庞大的基础设施投资无疑在短期内更有助于扩大内需稳增长、稳就业，长期将更会产生释放地方经济稳中有进的增长潜力。但值得注意的是在后续更多的项目投资计划推出中必须避免逐浪随波的弊端，统筹考虑地方财力。这里不禁联想到2008年我国为应对世界金融危机，扩内需、保增长，国家财政拿出4万亿元投资基础设施建设。这么庞大的一揽子投资计划，曾对建筑业的拉动产生了重要的影响，但其经济效益如何？随着一大批项目的完工审计，其遗留问题相信会留下不少经验和教训。还有业主违规肢解工程屡纠不改，反而国际上通用的工程总承包方式在我国推进了近20年却举步艰难等诸如此类的问题，都很需要我们进一步在改革发展中认真思考、加以研究，并向政府主管部门提出建设性意见，以便政府出台符合市场规律的相关举措，为企业排忧解难，创造持续高质量发展的外部环境。

3．反思挖掘“鲁布革冲击”的深刻内涵重在深化供给侧结构性改革，研究解决建筑业转型升级中存在的深层次问题

在新阶段、新形势下，建筑业如何以问题为导向，谋划企业转型升级，做到固根基、扬优势、补短板、堵漏洞、增强企业内生动力。以适应高质量发展阶段，做好市场精准定位，进一步拓展经营空间。比如，建筑业企业从过去的高速增长发展如何适应高质量发展环境，坚持稳中有进、进中求优，有序化解发展改革中不平衡、不充分、不协调、不全面的问题，沉着冷静应对各类外部挑战和新冠肺炎疫情的严重冲击，审时度势，加大改革力度，调整形成新发展格局，在新发展理念指导下，研究培育企业高质量发展新动能。再比如随着新基建的兴起，建筑施工企业如何从单一的房建施工承包向基础设施建设乃至第三产业领域提供各类项目全方位、全过程管理服务的产业链延伸转变；还有传统产业的项目管理如何向运用信息技术，实现现代项目管理优化升级的转变；较为落后的生产方式和建筑工业化水平如

何向新型建造方式和建筑产业现代化转变等。通过这些研究探索清晰地回答好“为什么转型，向何处转型，怎么转型”的命题，以便结合巩固发展建设工程管理体制配套改革的成功经验和做法，更好地挖掘建筑业深度改革发展的内在潜力，促进和适应新形势下生产关系的变化，提升项目生产力水平，推动促进和实现建筑业高质量发展与企业转型升级。

当然也要看到，建筑业是一个很传统的产业和劳务密集型的行业，特别是目前又面临着诸多深层次的矛盾，转变发展方式实现高质量发展是一个艰难的历程，可能需要我们建设工作者整个几代人的努力，广大的建筑业从业人员注定将担负更多的责任和使命。

第7章

提升项目生产力水平与项目治理体系现代化建设

党的十八届三中全会首次提出了把推进“国家治理体系和治理能力现代化”确定为全面深化改革的总目标。党的十九届四中全会又提出“坚持和完善中国特色社会主义制度、推进国家治理体系和治理能力现代化，是全党的一项重大战略任务”，强调要以更大的政治勇气和智慧，不失时机地深化重要领域改革，坚决破除一切妨碍科学发展的思想观念和体制机制弊端，构建系统完备、科学规范、运行有效的制度体系，特别是要加快形成科学有效的治理体系，创新社会治理，提高社会治理水平。“治理”这是一个新的概念，新的提法，“治理体系现代化”宏观上主要是指处理好政府、市场、社会的关系，“治理能力现代化”就是要求把治理体系体制和机制转化为一种能力，发挥其有效功能，提高公共治理水平。从社会管理到社会治理彰显党和国际执政理念的升华，治国方略的转型，必将对我国经济社会发展及新时代各行各业高质量发展产生重大的影响，具有深远的历史意义和很强的现实指导意义。本章将结合建筑业改革发展的实际以创新研究和提升项目生产力水平为视觉，对推进建设工程项目治理体系和治理能力现代化建设进行研究和探讨，并提出基本框架体系和实施路径。

7.1 推进项目治理体系现代化建设的作用与必要性

建筑业是国民经济的支柱产业，在经济社会发展和城乡建设中是一个重要的物质生产部门，具有重要的位置。当前在大力推进国家社会治理体系与治理能力现代化过程中建筑业更有必要以创新发展的思维率先垂范，乘势而上，在研究推进工程建设领域治理体系创新与治理能力现代化上蹚出一条新路，发挥更大作用，书写当代建筑业高质量发展的新篇章。

城乡建设特别是工程质量关系到人民群众的切身利益和生命财产安全以及社会和谐稳定的发展大局。每一项建设工程项目的启动，从社会和政府层面涉及投资立项、规划许可、征地拆迁、工程招标、总工验收、技术资料存档等。从行业和企业层面来讲涉及工程项目的建造方式、生态环境保护、建筑材料生产、建筑产品质量等。归根结底一项合格或优质的建筑产品最终完成在于项目的成功管理。这里有必要提出的是当前建筑业正处于在转向高质量发展阶段，原有的虽为行之有效的项目管理制度和方法，并不能适应新阶段、新理念、新格局的发展要求。这就要求建筑业必须适应新的目标发展趋势，创新一套全新的管理方法和体系，建立深化项目管理的长效激励机制，特别是基于国家治理体系现代化背景下，在推进行业治理体系和治理能力现代化过程中，首先要把建设工程项目管理体系创新和提升项目治理能力现代化水平作为重中之重，不断完善建设工程项目管理各类制度和规范标准，将工程项目建造过程、制度建设、机制改革、体系完善、模式创新、服务方式等多方面联合发力，良性互动，形成共建、共治、共享、共赢的新型项目治理格局。这不仅为建筑业依法、依规、依标、依制深化创新工程项目管理，提升项目生产力水平，促进高质量发展提供了科学的治理体系保障，更符合建设工程项目优质产品满足人民日益增长美好生活高品质宜居的需求。从20世纪80年代推进建设工程项目管理体制改革，解放和发展项目生产力水平，到今天推进项目治理体系建设和提升项目治理能力现代化水平，将成为新时代我国建筑业深化工程项目管理优化升级和高质量发展的重要标志，也是建设工程项目管理利益相关方创新履行社会责任的应有之义和使命担当。

7.2 治理与项目治理理论的研究初探

本节将结合国内外专家学者对治理与项目治理的研究，从不同角度进行相应的梳理，从而通过深入研究分析更适应于建筑业工程项目治理体系和项目治理能力现代化建设的理论成果和实践方法。

7.2.1 关于治理概念的表述

"治理"（governance）原意是指控制、引导和操纵的行动和方式，治理理论广泛应用于政治、经济、文化、管理等社会科学研究领域。1989年首次出现在世界银行的报告中。在公共管理领域"治理"这一概念20世纪90年代在全球范围内逐步兴起的。按照治理理论当时的主要创始人之一詹姆斯·N·罗西瑙的观点，治理是通行于规制空隙之间的制度安排，或许更重要的是两个或更多规制出现重叠、冲突时，或者在相互竞争的利益之间需要协调时所发挥作用的原则、规范、规则和决策程序。按照全球治理委员会的定义，治理是或公或私的个人和机构经营管理相同事务的诸多方式的综合，似是相互冲突或不同的利益得以调和并采取联合行动的持续过程。此后治理理论经过多年的探讨和研究得到了一定的丰富和发展。

7.2.2 关于项目治理的研究

项目治理是治理理论一个重要的研究分支，是治理理论与现代项目管理相结合而产生的一种新理论。项目管理和项目治理应该都属于公共管理学范畴。目前，学术界对项目治理的定义尚未达成统一的意见，对项目治理的阐述也不尽相同。一部分学者认为，治理是过程方法论，正如上面所用的全球治理委员会的定义；另一部分学者认为，治理的实质是一种机制和制度。

Turner最早提出了项目治理概念，他研究了基于项目内部组织的治理，指出项目治理是一种可以获得良好秩序的组织制度框架，通过这种制度框架，项目的利益相关者可以识别出威胁或机会中的共同利益。这是"项目治理"一词的首次出现，由此开始了10多年的项目治理研究历程。此后，众多研究者延续了Turner的观点，认为项目治理是一种组织制度框架。例如，国内学者严玲和尹贻林认为，项目治理是一系列有关责、权、利关系的制度结构，相关方通过它从而产生了交易项目治理是为了高效地实现项目目标，确保项目的成功。Bekker和Steyn考虑到项目治理的目的，将它定义为一系列具有明确关系与结构的管理制度、规则和协议，并为项目的发展与实施提供框架，以实现既定的管理战略和目标。

与上述观点不同的是，部分学者结合"治理"原意具有方式、行动的特点，从动态的角度将项目治理定义为一系列的组织活动与过程。最具代表性的学者是Keith，他认为项目治理是一系列的组织活动，在规定时间内将项目交付使用，使项目各个参与方达到利益的最大化。此外，基于项目治理过程性的特征，丁荣贵教授等将项目治理定义为：相关方对项目治理角色关系的过程，这种过程可以降低相关方的风险，从而为实现项目目标提供可靠的管理环境。项目不可能由单一的个体或组织独立完成，项目的参与方众多，这就增加了项目的复杂度，不可避免地产生一些矛盾与冲突。基于此，国内学者杜亚灵通过研究认为，项目治理是为了协调参与方之间的关系，化解相互间的利益冲突，在制度层面开展的一系列活动。

还有一种观点认为，项目治理是公司治理的一种表现形式。例如，英国项目管理协会（APM）结合现代企业治理理论，将项目治理定义为公司治理中专门针对项目活动领域的治理工作。

7.2.3 基于国内外专家的研究对建筑业工程项目治理研究的定义归述

综上研究，结合我国40多年来工程项目管理的实践探索，我们认为，项目治理应该是一种在坚持巩固、遵守执行、充实完善和提高发展建设工程项目管理已形成的成功经验与管理制度方针基础上与之建立形成较为科学的系统，覆盖整个工程项目全寿命期多维度、全员参与的复合型治理模式与治理框架体系。而这个框架体系必须建立在项目经理部和项目经理提供管理项目的决策方式与制度建设、建造流程和管理工具对项目计划实施、组织协调及全过程活动进行监管的支持和控制基础上，以实现工程项目的成功交付充分体现项目各参与方和利益相关者之间责、权、利关系的制度保障框架体系安排。由此得出项目治理应是一个静态和动态结合的过程，静态主要指制度层面的治理，动态主要指活动，包括德治、自治层面的治理。主旨是恰当地处理项目参与方不同利益主体之间的监管责任、风险分配与利益关系等问题。最终通过建立健全规则明确、划清底线、规范有序、激发活力、合作共治和成果共享的治理体系，实现项目最佳的效益目标，以充分体现项目治理功能的本质性内容。

项目治理给项目团队提供了一个保障工作制度的实施框架体系，项目经理和项目团队应该在项目治理框架和时间、预算等因素的限制之下，确定最合适的项目实施方法，负责项目的规划、执行、控制和收尾。在这个治理体系实施过程中进一步明确界定项目治理谁应该参与、升级流程、需要什么资源以及通用的工作方法。从另一个角度讲，项目治理是一种明确利益相关者权利、责任和利益等关系的过程制度安排，以确保项目在整个生命周期内调解各利益相关者的矛盾与冲突，优化配置项目资源，最终实现项目目标以及使各利益相关者的需求得到满足及项目顺利高效地进行。

7.3　项目管理与项目治理的区别

这里讲的项目管理和项目治理都是以建筑业企业的工程项目管理为对象，通过不同角度和方式实现项目的总目标。项目管理与项目治理虽有一字之差，但其内涵却有着明显的区别。

7.3.1　项目管理的定义

就项目管理本身而言，它是管理学的一个分支学科，是指在项目活动中运用专门的知识、技能、工具和方法，使项目能够在有限资源和特定条件下实现和超过设定的需求完成的一次性任务。为达到项目相关方对项目的要求与期望而开展的各种计划、组织、领导和控制等方面的活动。由此可见，项目管理是技术层面的活动，是一种具体的技能和方法。在这个活动过程中项目管理办公室（PMO）起到了重要的作用。

通常我们把工程项目管理作为一元化主体，多为扁平化管理。项目管理的组织机构是项目经理部，其核心是项目经理责任制。工程项目管理作为一次性的建造活动是为了实现工程项目目标而进行的决策、计划、组织、指导、实施和控制全过程。它是以管控为主，主体相对单一，偏向单向度，多是垂直性的。国家建设主管部门对工程项目管理（Project Management，PM）的定义是指从事工程项目管理的企业受业主委托按照合同约定，对工程项目的组织实施进行全过程或若干阶段的管理和服务，以保证项目在设计、采购、施工、安装调试等各环节的顺利进行。

7.3.2　项目治理的定义

就项目治理本身来讲它凌驾于项目管理之上，是以制度为基，法制为本，德治为序，自治为辅，协同并举，全面指导，规范运作，组织协调，提升项目管理活动的功能和过程，是一种引导、激励、规范、协调项目利益相关方权、责、利等关系，通过共治成功实现项目交付使用的制度方针和框架体系安排。

工程项目治理一般是偏向多元性，是一种更能够体现和充分发挥扁平化管理效能，通过巩固执行、完善创新制度建设和发挥人的主观能动性、积极创造性及自律性来进一步执行落实细化项目管理各项工作，做到制度强制约束和德治育人管理双管齐下，相互渗透，融为一体，推进和提升项目管理水平和治理能力现代化建设的过程。相对项目管理而言，项目治理具有内容丰富、包容性强的特征，它是以治为主，需要多方共同参与，带有制度化、法治化、系统化、德治化、现代化，强调其整体性、沟通性、协调性、先进性、共赢性。项目管理是项目治理的基础，项目治理是对项目管理的细化与提升。一个项目，虽然制定了好的制度，但制度不能得到执行，制度也就转换不成治理的效能。这就告诉我们如果缺乏良好的管理制度和模式，它就不可能建立起一套好的治理体系；同样，如果只单纯地强调治理体系建设而忽视对项目管理制度的完善和模式的创新，也只能是一朵缺少实质性内容的"镜中花"。项目治理只有在良好的管理制度、框架和模式下，明确各方责任，进而形成整个项目治理运作过程的框架体系，才能成功实现项目的管理目标。

另外，工程项目治理按照参与项目各利益相关方的管理职责要求，应该是从业主到勘察、设计、监理、施工等五方责任主体。如果单对承包商来讲，项目治理必须从公司层次的纵向与横向全方位展开。加强项目治理体系和治理能力现代化建设折射了项目管理不断深化创新和全面提升的历史性进步。

7.3.3 项目管理与项目治理两者的不同点

综上可以看出工程项目治理是一种制度框架体系安排，而工程项目管理为一种管理技能和方法，这是两者间的主要区别和不同点。

（1）目标要求不同。由众多学者对项目治理的研究可知，项目治理的目标是平衡各参与方的权、责、利安排，从而使各参与方不同的项目价值观达成共识、得以圆满实现；而项目管理的目的是实现进度、成本、质量、安全等规定范围所制定的目标。项目治理除了确保成功实现项目目标，还要关顾确保项目各参与利益相关者的利益与社会效益。

（2）责任主体不同。项目治理是为了明确各利益相关者权、责、利的制度安排。在治理过程中，各个利益相关者在各自职责管理目标范围内参与其中并且发挥专项治理作用，从而成为各自专业项目治理的主体。对项目管理而言，项目经理是企业在项目上的全权委托人，是项目管理的第一责任人，是项目目标的全面实现者，其必然也就成为项目管理的主体。

（3）所处对象不同。项目治理是各相关利益者参与项目治理专业层面的内容。是在整个项目运作基本制度框架体系上，按照各自专业职责范围和治理对象建立起的互动合作关系，并以此为基础，通过项目治理活动和方法，促进和分别实现项目在进度、成本、质量安全等方面的目标完成，以确保项目的成功。项目管理则是项目经理受企业法人代表委托，对某一项目从开工到竣工交付使用、进度、质量安全、成本及现场生产要素配置全过程的管理。

（4）履约途径不同。依据不少专家的观点，项目治理强调的是基于项目各参与方与业主的契约安排以及激励机制的设计，以解决项目参与方之间存在的信息不对称和激励不兼容问题，调整相互间的利益关系；项目管理是在项目经理领导下为了达到项目的目标，关注项目团队应该做什么、怎么做，重点强调为达到特定目标应选择的理念方法、手段和管理技术。

7.3.4 项目管理与项目治理相辅相成、互为促进

工程项目管理和项目治理虽有诸多不同点，但本质上又处于相辅相成、互为促进构成了治理体系的内在关系。良好的治理结构和先进的管理制度及工具能够帮助组织解决流程和资源之间、多样化目标之间的冲突，从而避免浪费资源，提高项目效率。缺乏良好的项目管理制度即使有很好的项目治理体系也无法实现项目价值，就像地基不牢固的大厦是很危险的。同样没有较为科学完善的项目治理体系与项目管理制度建设深度融合和畅通，单纯的项目治理也只能是一张美好的蓝图，而缺乏实质性的内容。所以项目治理和项目管理两者均是为了有效地创造实现项目的价值，只是各自扮演的角色不同，只有将两者很好地结合起来，才能真正实现工程项目的最佳价值。从本质上看项目治理则是一个左右与上下沟通协调、良性互动的管治过程，主要通过项目各利益相关方切实履行主体责任，建立伙伴关系，加强合作协商共赢，运用现代化管理方法共同努力更好地完成工程项目管理目标。

7.4 建设工程项目治理框架体系的构成内容及其本质特征

依据工程项目治理理论研究，项目治理体系充分体现了科学化、系统化、现代化的创新理念，为新阶段运用现代信息管理技术和先进方法对工程项目进行全员、全方位、全过程的管控，并为建立相应的治理体系奠定了基础。其要点就是要在全面贯彻落实国家治理战略和相关政策法规的同时，紧扣建设工程项目经理责任制这一基本制度，通过遵守执行、巩固完善，提升发展各类项目管理制度水平，强化和形成项目管理过程规范化、标准化、精细化和个性化，发展多角色、多元化完整闭环系统的治理框架体系。应该说它是建立在制度化、标准化、规范化、精细化、个性化乃至着眼上升到国际化发展基础上的复合型监管和治理制度的综合，最大限度地减少管理所占用的资源和降低管理成本为主要目标的治理方法，其本质也是一种

对企业战略和项目目标分解细化和落实的过程，是让项目参与方的不同企业战略规划能够有效贯彻实施到参与某一项目每个环节并发挥助推作用。

7.4.1 项目治理框架体系构成的主要内容

推进项目治理体系现代化建设，是以工程项目为对象，制度化为基础，专业化为前提，系统化为保证，数据化为依据，标准化为尺度，信息化为手段，个性化为需求，国际化为方向，效率化为目标，把治理的焦点聚集到满足项目过程控制的需求上，通过项目治理与提升治理能力现代化水平获得工程项目更高的效率，更强的竞争力。

1. 制度化建设

制度本身是来自成功实践经验和管理方式的转化变革而形成的。一项好的制度将会形成相关标准并加以推广应用。加强制度化建设是企业和项目管理分别为项目治理铺垫的一个基础条件，是企业层面实行法治化管理和项目治理的基本准则。是以企业各项管理制度为标准，丈量企业和约束员工的行为。针对工程项目而言，其实质就是依靠由企业和项目制度建设到规范体系构建的具体客观性的体制机制来进行科学管理，也是项目体系建立和有效运行的根基所在，在推进项目治理体系与治理能力现代化建设过程中必须自始至终坚持巩固好、遵守执行好、完善健全好有利于企业发展和项目管理成功的各项制度，并使其转化为项目治理的效能。

2. 标准化推进

标准的实质就是规则和依据。虽然标准的性质有范围分类，对象及法律约束性分类，尽管分类方法、适用范围和对象不同，但目的都是为获得秩序运作流畅、推进实施管控有据、效益显著。标准是通过对在实施执行中经过实践验证认同管控有效的相关制度进行梳理、总结完善和提升、分类有序形成的。标准化是规范化管理的基石和前提，是在企业统一的管理制度和流程化、数字化基础上以获得项目管理的最佳生产秩序和效益为目标，对企业管理和工程项目建造活动中相关事务重复和制度潜在问题进行优化，通过制定、发布、推进、实施统一的标准及贯彻落实国家行业标准规范的活动过程。它是推动企业各业务系统工作流程的简化，是衡量一个企业科技进步与管理水平的重要标准，是项目治理体系建设和治理能力现代化的核心内容。这里讲的最佳秩序就是通过实施标准使标准化的对象有序和秩序化程度提高，发挥最好的效能。所谓三流企业卖苦力，二流企业卖产品，一流企业卖专利，超级企业卖标准，这就是推进标准化实施品牌管理发展战略的缘由和意义所在。因此在项目治理过程中要大力倡导推行标准化，按标准化的对象和作用分类制定企业管理规则，以有序地改进产品生产过程和服务的实用性防止贸易壁垒，促进技术合作，其目的就是为了制定相应的标准化程序，成为相对稳定的行动纲领和能与外部世界共享的准则，从而达到提高互换性、利用外部资源的能力与项目效率和管理协作的治理能力。新时代推进治理体系建设和治理能力现代化都需要标准化作为其坚固的基础，尤其是在信息时代，标准化自然成为项目治理的核心。

3. 规范化运作

规范化和标准化在本质上区别并不大，但在项目治理体系建设中讲规范化运作应是制度化建设和标准化推进层面的有序提升，是项目治理体系创新的关键内容。其特征强调必须有一套系统的价值观体系，对企业生产经营管理活动起到整合规范的作用。尽管规范化运作最终也要落实到制度化和标准化管理层面上，但并不等于制度化管理，它包括首先要制定部门职能与职责，其次建立企业规章制度，理顺管理运作流程，形成工作标准，坚持业绩逐级考核，是一种行为规范化、管理制度化、流程标准化、检查常态化、工作习惯化的科学管理方法。其内涵是企业在规范化和标准化管理基础上对生产流程、管理科学流程进行科学细化、合理优化、不断升级的过程。

4. 精细化管理

精细化管理是一种管理理念和项目文化。有了制度和标准及规范，企业能否贯彻执行落实执行好，最关键的是要精准管理对象，调整管理流程，强调全员参与、全过程细化。精细化管理是项目治理体系建设创新的内在要求。其以“精、准、细、严”为原则，实现社会化大生产和社会分工细化对工程项目进行全过程、全方位、全面的现代化管理。它包括落实管理责任，将管理责任具体化明确化，用最具体明确的量化指标取代笼统模糊的管理要求和一般制度。充分体现了由粗放式管理向集约化管理的根本转变，由传统经验式的管理向现代科学化管理的根本转变。企业和项目要成功，需要这种有效运用文化精华、技术精华、智慧精华的强力指导，以切实提高建筑项目生产力水平，促进建筑业高质量发展，因而精细化管理是项目治理体系建设与创新的必然要求。

5. 个性化参与

个性化管理顾名思义就是非一般大众化的独特管理。它是基于管理对象的实际和不同特点，从管理开始起点到过程以及到目标的实现，采取不同的方法和激励措施，调动激励并给予被管理者提供独特的优质服务，是一种因时、因地、因材、因过程和结果而进行的独特的管理方式。其目的就是立足于管理者和被管理者能够有效地协调起来，以达到人的自我价值的最大化，从而保证工程项目目标和效能的有效实现，最大限度地发挥开发管理者的最大优势和潜能，使之更富有积极性、创造性和先进性，为企业和项目做出更大的贡献。个性化管理是项目治理体系过程中非常重要的不可缺少的组成部分，某种程度上也是对治理体系制治、法治、德治补充的一种个人自主行为。这是因为每个企业每个项目在制定其管理制度流程和方法时都必然要考虑本企业和项目所具有的实际情况，不宜一味地照搬照抄现成或别人的东西。同样一种制度在其他企业或某一项目适用，可能在另一个企业和项目上却会起到反作用。另一方面，个性化管理强调在管理中充分注重人性的要素，充分开发挖掘人的智慧潜能，发挥人的主观性、能动性，创造性会给项目治理优化提供个人成长和发展的机会，也为企业与个人在科学管理上实现双赢的一个平台。

6. 现代化（信息化）提升

信息化是现代化最新的时代特征，加快项目治理体系现代化建设其实质是项目管理由低级向高级优化升级的突破性变化，最终目的是在于提升项目治理和治理能力现代化水平，是推进和实现建筑产业现代化的必然要求。项目治理现代化建设必须坚持以工程项目为载体，以系统论为基础，以信息化为引擎，以集约化为原则，在依制（制度化）、依标（标准化）、依规（规范化）治理的同时，要与时俱进引入科技创新驱动，广泛运用新信息技术和数字技术，通过“互联网+”实现工程项目“互联协同、绿色建造、资源优化、智能生产、智慧治理和管理升级”，以切实提高项目生产力水平，确保每一个工程项目建设都能达到共治、高效、优质、低耗的最佳经济效益和社会效果，全面促进新阶段建筑业高质量发展与企业转型升级。

7. 体系化保障

项目治理体系与治理能力现代化需要有一个长效机制体系做保障。这个机制体系来源三个核心要素：一是依赖于从企业到项目的基础性制度化建设，再到标准化推进、规范化运作、精细化管理和个性化渗透这样一个全方位、多层次的治理内容和结构组合；二是高度重视人才是第一资源的强企战略，不断推进体制机制改革创新。通过优秀高素质的管理技术人才和精干高效的组织机构建设匹配实施；三是营造良好的治理环境氛围，步步为营，持续项目迭代优化。总之就是依据运作流程和治理体系现代化建设的要求去实施，其中包括明确目标，拆解问题，细化方案，配套改革落地执行，管控考核，结果反馈，总结提升。以切实提高工程项目治理现代化建设效能和全体员工参与项目治理的责任感和使命感。

8. 国际化融合

国际化管理实质上是某一产品的制造或建造过程所形成的管理标准、规范和方式，能够适应不同地区和国家相关行业的要求。推进项目治理体系创新的方向目标，就是要将我国的治理体系建设融入国际化发展之中，升华适应为国际化项目治理发展的需要。换言之，就是要将我国建筑产品在建造过程中形成的管理制度、技术标准、行为规范和运行方式，能够被大多数国家承认，成为与国际化接轨的标准，以实现我国工程项目治理体系和经济全球化与项目管理国际化发展深度融合接轨。其实，我国建设工程项目管理从当初学习推广鲁布革工程管理经验开始，先后经历了一个学习推广、实践探索、提高完善和创新发展的过程。从学习“国内工程国外打法”到今天“国外工程国内打法”，建立形成的一整套既适应于中国建设工程项目管理实际，又符合国际项目管理发展趋势的“四位一体”和“四控制、三管理、一协调”及“四个一项目管理总目标”的中国建设工程项目管理新型运行体系，特别是面向经济全球化背景下的“一带一路”建设，就是要通过实现“五通”加快我国基础设施建设开发模式、施工技术、规范标准与沿线国家发展需求的深度融合和输出，为我国工程项目管理创新与项目治理体系和治理能力现代化赋予新的内涵。充分体现新时代“中国建造”管理理念、管理技术、管理机制和管理模式的自主创新能力，有效地促进了我国建设工程项目管理与项目治理能力现代化向国际化发展。

7.4.2　项目治理框架体系的多维度推进与实施

综上可以看出，推进工程项目治理体系现代化是对企业已形成的项目管理制度化、标准化、规范化建设完备程度和执行力的全方位整合和提升，并形成互为促进、有效制衡的新型项目治理机制。

1．要围绕项目共同目标，加强项目治理全过程的管控和多维度协同治理。项目的共同目标是指五方责任主体对工程项目规划设计、进度计划、工程质量、安全生产、成本核算及绿色施工和现场管理共治而言，以实现工程项目优质、低耗、高效、绿色的圆满完成。作为参与项目管理的建设、勘察、设计、监理、施工各方虽然在治理的内容和重点上有所不同，但项目治理的目标是一致的，这就要求各方必须加强项目治理全过程的跟踪和各自治理方法、内容与资源信息的反馈，并进行节点分析和阶段性考核测评，注重相互之间的衔接与协同治理，避免顾此失彼，以达到项目治理效能的最大化。

2．要围绕项目共同目标正确处理好五方责任主体治理之间的关系。项目治理是针对工程项目而言，涉及全员参与多元化、多维度的治理。由于五方责任主体的协同共治模式取代了原来工程项目由总包方单一主体管控的模式，所以健全完善项目治理过程的协同发力将在项目共治中起到举足轻重的作用。必须要正确处理好总包单位与业主、勘察、设计、监理各方的关系。一方面总包单位要为其他参与项目管理的利益相关方提供资源共享平台等（比如现场信息化、网络可视平台），创造提供良好的治理环境和渠道；另一方面其他各方要遵循项目管理内在规律和制度建设，在各自业务范围内协同总包单位为完成项目共同目标发挥各自独特的治理作用。

3. 要围绕项目共同目标建立BIM信息网络平台，实现资源共享。BIM技术具有三维立体模型的优势，有利于收集相关信息、建立数据库，对项目建设和治理各个环节工作做到统筹规划安排。特别是能够为项目各参与方责任主体在项目治理中提供各自所需精准高效的信息单一入口，便于项目各参与方众多交流的数据传递，及时较好地处理相互之间的冲突与矛盾，实现资源共享，协同治理，合作共赢，以实现工程项目共同目标的圆满完成和治理成果共享。

7.4.3 推进和实现项目治理体系现代化的重要标志

建筑业推进项目治理体系与治理能力现代化建设旨在提升项目生产力水平，加快促进和实现新阶段高质量发展，其本质特征与重要标志体现在以下几个方面：

1. 坚持以人为本，立足新发展阶段、贯彻新发展理念，构建在社会化治理的大背景下，从行业治理—企业治理—项目治理相互配套、联动推进、协同治理、有机结合的多维度治理格局。以专业分类为单位履行治理主体责任、以制度为基础进行行为约束，以德治加强员工引领、激励与责罚并重，以自制提高自觉性和制度执行力，为推进治理体系和治理能力现代化创造条件，建立和完善规范有序的公共秩序。

2. 通过制度化建设、标准化推进、规范化运作、精细化管理、个性化参与，现代数字化提升和体系化保障进行项目治理过程中要求企业和项目以及员工必须树立制度执行意识，发挥管控和行为规范的优势，坚持制度和标准管事，在制度和标准面前人人平等，不允许任何单位和个人有超越治理体系规则的权力。

3. 项目治理体系是一个有机的整体和系统，要协同推进、良性互动按照项目管理共同目标和国家对工程建设五方责任主体的要求，建立完善业主、勘察、设计、监理和工程总承包等多方参与协同治理的共建（共同参与项目建设）、共治（共同参与项目治理）、共享（共同分享治理成果）的创新治理模式。以现代信息技术为支撑，充分运用数字化、网络化、智能化、可视化和平台化，开发建立形成精准流程点、加固衔接扣、夯实责任链的企业治理横向到边，项目治理纵向到底的闭环治理体系。

4. 注重项目治理最佳效能。推进治理体系和治理能力现代化，最根本的在于企业和项目都要围绕工程项目总目标，以管理夯实基础。以治理激发活力，不断深化项目管理模式创新，推动项目管理与项目治理双轮驱动，相辅相成，切实将治理体系和治理能力转化为项目成功的最佳效能，着力提升项目生产力水平，实现项目管理目标效益的最大化。

基于上述要素所涉及的建设工程项目治理体系框架构建图如图7–1、图7–2所示。

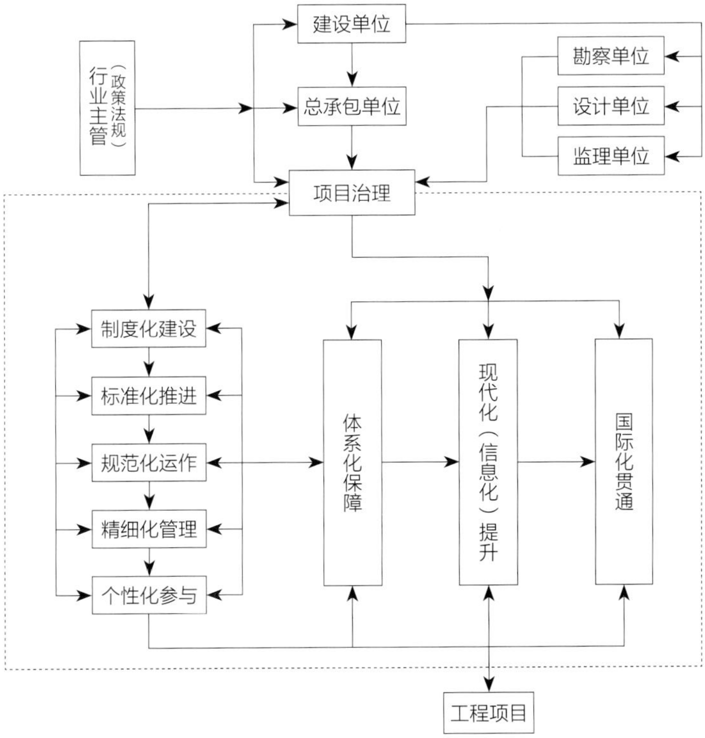

图7-1　建设工程项目治理体系框架构建图

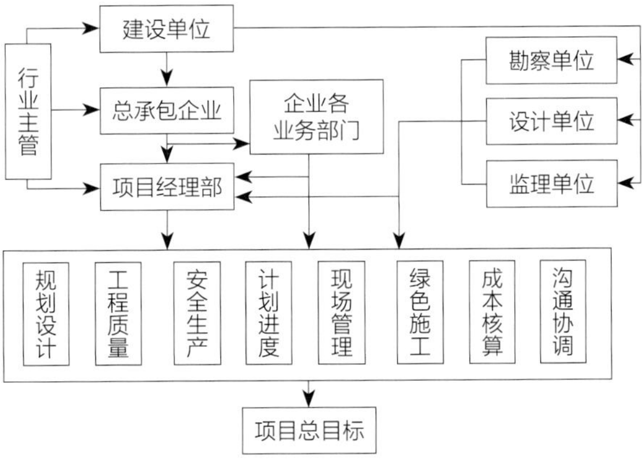

图7-2　项目治理体系推进实施示意图

7.5 基于工程项目的内部治理和外部治理

就宏观讲，项目治理大致可以分为内部治理和外部治理。内部治理直接反映了投资主体和总承包方内部决策过程利益群体之间和所有利益相关者参与的项目管理方法和手段。其他利益相关者通过项目的外部治理环境来直接约束项目利益相关者。内部治理主体包括业主单位、建筑企业、资讯管理公司、使用机构和分包商等；外部治理主体包括政府监管机构、相关的外部市场机制和公众。需要注意的是这些要素的运行是基于双向制约的形式。

7.5.1 基于委托－代理的工程项目治理结构

有效的治理结构应该让最能干、最热情且最具优秀能力的项目负责人来施行，从而实现资源、能力和态度的有效结合。尹贻林团队在研究委托–代理的工程项目治理结构中提出：对于一个大型工程项目来说，需要代表不同的利益相关者参与，从而实现项目内部不同因素所有者之间的合作。所涉及的利益相关者有：直接利益相关者（ 主要指①项目投资人；②项目建设负责人；③设计单位；④承包商；⑤监理公司或咨询公司等其他相关利益者），其他相关利益群体。他们相互之间形成了多级委托–代理的关系。代理理论研究表明：怎样确立代理人和委托人之间合同的决定要素，其焦点在于寻找代理成本最低的可观测合同。

自“利益相关者”一词引入项目管理实践中以来，利益相关者理论使组织从成本、质量、服务和速度方面得到了跨越式的改善和提高。基于利益相关者理论的工程项目治理机制在强调各参与方互相协作的同时，更加关注项目的整体执行情况，在保证各方利益的前提下，建立起以项目管理企业为中心的项目治理机制，促进各方交流，更好地实现预定目标。

7.5.2 基于代建制的工程项目治理模式

从项目管理的角度来看，代建制促进了工程项目管理工作的社会化、专业化和职业化。在代建制项目运营管理中，委托代理理论的核心是其探讨了委托代理框架的优化设计激励方案。这里介绍几位国内专家在代建制项目运营管理与治理模式的见解。尹贻林主要从经济学的角度出发研究公共项目的治理。他认为针对代建制，委托人应建立一套能有效约束人们行为的体制，激励代建人根据客户的目标努力工作，实现利益最优。特别是他对基于项目群治理框架的大型工程项目集成管理模式进行了更深入的研究，构建了一个与项目群治理体系相适应的集成管理整合模型，划分出组织管理层次、制度层次、集成管理层次三个可延伸的层次。在他的一篇论文《公共项目合同治理与关系治理的理论整合研究》中提到：近年来对于项目的本质认识已经过渡到社会网络组织，使得公共项目管理与项目治理的情境因素理应包括内嵌于项目环境中的社会关系，关系治理便成为公共项目治理的应有之义。

在政府投资方面，丁荣贵及其团队通过调查研究，主要验证了用于确定由政府投资项目治理方式的统一过程模型的有效性，为发展项目治理理论提供了较为科学的依据。

严玲等将项目治理理论融入BT模式下的工程项目中，给出了按照项目控制权与风险分担相匹配的BT 模式选择过程。

7.6　项目治理体系创新和现代化建设的方略要求

项目治理结构是治理制度体系的框架，是项目各参与方构建的一组契约关系。当它与周边经济、市场和自然环境相匹配时，它就能充分发挥出应有的效力。国内外很多学者在项目治理研究中，延续了公司治理的理念，从治理结构着手进行研究。下面结合相关研究做进一步的探讨。

7.6.1　治理角色分析

国内外学者专家研究认为，项目的利益相关者是项目治理的主体。一般来说，项目参与方的数量越多，他们之间的利益关系就越复杂，从而直接影响项目治理结构的复杂度。Winch基于交易费用理论从微观层次对建筑项目的全生命周期进行治理分析，并根据治理主体之间的相互关系，认为项目治理由垂直和水平两个治理维度组成。其中，垂直治理是指与业主签订合同的主体，比如总承包商、建筑师、供应商等；而水平治理主要是市场环境方面的治理。王华和尹贻林延续了上述思路，认为工程项目治理结构体现了工程项目主要利益相关者如投资者、建设者、承包商、供应商、咨询机构之间权、责、利关系的制度安排，并构建了工程项目治理结构图。不同的是，Turner指出项目治理结构中主要包括公司层治理、公司环境治理以及单个项目治理的三个层次。这一观点得到了国内学者杨飞雪的支持，他认为项目治理结构包括内部治理、外部治理和环境治理三部分，它们相互影响，相互制约，是一个有机的整体。

合同和契约是维系各个利益相关者在项目中所处角色的纽带，明确了各自的权利、责任和利益。利益相关者通过合同和契约建立起各种委托代理关系，比如，业主与设计、承包商、供应商之间，都或多或少地存在着这种关系。按照委托代理理论，委托人和代理人之间存在着信息不对称和激励不兼容的问题。项目治理结构就是要设计一套控制和激励机制，缓解委托人和代理人之间的信息不对称，使两者的利益指向一致。王华构建了一个稳定的、多阶段的伙伴式委托—代理博弈模型，从而降低了委托成本，并优化了项目治理结构。王淑雨进一步提出，建设项目中所涉及的各种委托代理关系对有效的治理结构具有很强的依赖性，建设项目治理结构是项目参与方就各种项目权利、风险划分所形成的一系列制度设计和契约安排，在进行项目治理结构设计时应该遵循权责明确、激励和约束并存等原则。

7.6.2 项目治理结构的不确定性

众所周知，项目作为总体来说是一次性的、不可重复的，这是项目最基本的特征。项目治理结构作为项目主体间利益关系的表现，某种程度上必然也具有项目的这个特点。Miller认为，项目的复杂性、长期性和风险不确定性决定了不存在一个适合所有项目的治理结构，应该根据具体项目的类型、规模和复杂程度而特定地进行项目治理结构设计。Gyawali等学者对项目的治理方式和治理结构进行了研究，认为项目的治理方式决定了治理结构。相同的项目治理方式下往往存在多种治理结构，只是其中的某一种治理结构可能居于主导地位。此外，项目在决策、设计、实施、运营和结束的整个生命周期中，许许多多的组织将参与其中，在不同的阶段，会有不同的利益相关者进入或者退出。也就是说，项目组织并不是一成不变的，会随着项目所处阶段的不同而改变。自然地，项目治理结构也不可能是固定的，它具有动态性。

7.6.3 项目治理理论的应用

项目治理理论经过10多年的研究与发展，虽然取得了一定的成果，但相对而言仍然是一个新兴领域。目前，国内外学者的研究主要集中在项目治理结构、机制等方面，对项目治理理论的实证应用研究还比较少。

国外学者在PPP和BOT项目方面开展了较为丰富的治理研究。Martinus和Stephen基于项目治理理论分析了PPP项目的风险合理分担问题。其研究表明，好的项目治理可以促进项目风险的合理分担，保证项目的成功。Patel和Robinson通过研究发现，项目治理因其清晰的组织架构、有效的决策结构和控制流程，会在成本、工期、质量和财务可行性等方面对项目的交付产生影响。这就告诉人们不合适的治理结构将造成利益相关者的冲突，故需对治理结构进行适当审查和调整，建立较为科学规范的治理体系以保证项目按时成功交付。

通过对项目治理理论的定义、治理结构、治理体系和应用等方面已有文献的归纳整理，项目治理已经引起越来越多学者的广泛关注和研究，并在理论和实践上得到了一定程度的发展。然而，项目治理发展的时间较短，还需要更多的学者和专家进行更加深入的理论研究和实践探索，不断探讨挖掘项目治理的本质内容，明确项目治理的真正内涵，并在借鉴学习项目治理与公司治理、多项目管理之间的联系与区别已有的理论与实践的基础上，探讨项目治理体系建设的新路径，以促进项目治理理论的发展与繁荣。同时还要看到项目委托人和代理人之间信息不对称和道德风险问题依然存在。比如，有的文献虽然也提出项目治理得依靠激励机制以解决这类问题，但大多都停留在定性的描述，激励机制到底如何影响项目治理的效果缺乏充足有力的说明。今后，项目治理结构及其体系建设的研究会更多地会转向构建数学模型和绩效评审与奖惩机制的设立，以正确处理和平衡项目各参与方之间的利益关系。

7.6.4 公共项目治理策略

公共建设项目治理策略组合分类契约治理倚重于具有法律约束力的正式制度框架，强调通过严格清晰的合同界定项目参与方之间的责、权、利安排以降低交易双方的机会主义行为和交易成本，合同成为契约治理的核心要素。关系治理本质上是具有嵌入性的关系契约，即各方在关系规范指导下采取相应的关系行为，包括信任、承诺、沟通、合作等核心要素。因此，研究将信任和关系行为作为关系治理的两个核心要素。在明确契约治理与关系治理核心要素的基础上，结合不同阶段的治理策略组合的动态性特点，将公共建设项目治理策略的组合进一步划分为如下四类。

（1）基于契约的信任型治理策略，在缔约及合同条款拟定阶段，政府业主对承包商的信任程度较低，治理路径严密：公共建设项目治理策略研究中本土化构念及其组合类型以严格合同的签订为前提，在契约保障的基础上逐步形成对承包商的信任，并在履约阶段增加沟通与协调等方式来减少冲突与分歧，逐渐建立信任并嵌入关系行为。相应地，合同的控制效用减弱，而信任对整体利益及合作的效用增强。

（2）基于信任的契约型治理策略，缔约方之间的信任为具有柔性合同及协调功能合同的签订创建条件，通过具有激励和协调性功能的合同对承包商进行激励，从而在履约阶段嵌入关系行为以进一步地促进信任的建立，促进缔约方的履约行为。可见，契约型治理策略重点在于事后柔性合同的设计与履行。

（3）关系主导型治理策略，缔约之初合同双方之间有较高程度的信任，治理路径以信任为基础。因此，在项目层面嵌入关系行为成为可能并贯穿缔约全过程，缔约方能够一定程度上为对方考虑并追求共赢，注重有效的信息沟通，希望双方分享专有信息，愿意用协商的方式解决问题，避免双方产生冲突，培养合作共赢的氛围。

（4）契约主导型治理策略，在缔约及履约的全过程中，虽然信任程度随着互动的增加而逐渐提升，但缔约方之间的信任程度始终较低。契约主导型治理策略排斥关系行为的嵌入，治理路径是在契约保障的基础上通过加强合同的控制功能作为双方责、权、利实现的保障，以正式合同作为提升双方信任的基础，进一步增强双方的合作意愿。

综上，可以发现：其一，囿于公共建设项目外部制度环境的严格规制，关系治理无法取代契约治理在公共项目治理框架中的核心地位，但关系治理客观存在。虽然实践中表现出对于契约治理的倚重，但除契约主导型治理策略外，其余类型组合中，均体现出关系治理以不同形式和不同深度嵌入公共建设项目治理过程中，关系治理的嵌入形成了对契约治理功能的补充，实现了项目绩效改善。其二，不同治理策略组合下治理机制的作用路径有所差异。基于契约的信任型治理策略和契约主导型治理策略均以契约治理作为起点，缔约阶段首先强调严格的合同控制；但基于契约的信任型治理策略在履约阶段一步发展了关系治理形成对契约治理的补充。基于信任的契约型治理策略和关系主导型治理策略则是关系治理与契约治理并举，缔约之初即形成了一种合作氛围，不强调单一的合同控制功能，而是在缔约及履约过程中进一步完善合同的协调性和适应性功能，实现了契约治理与关系治理的整合。

7.6.5 关于对项目治理体系创新研究的思考

尽管很多学者和专家对于项目治理做了大量的研究和实践工作，并取得了一系列有价值的成果。但是我们也要看到对项目治理深层次的研究仍存在着不少缺陷，特别是面对新发展阶段工程项目管理创新，促进建筑业高质量发展的项目治理体系建设研究任重道远。必须把握党的十九大确定的关于建立现代经济体系和推进国家治理体系与治理能力现代化的总目标这个主线继续加以深入研究。

（1）目前不少专家学者对于项目治理的研究主要是集中在公司治理层面。然而，工程项目管理项目层次的重要性及其领域面临的高风险和规则行为决定了项目治理不是一般的管理理论，而是理论普遍性与项目特殊性及社会治理现代化建设要求的有机统一。所以对于现在比较熟悉的工程项目领域，项目治理理论涉及的内容还不是很多，很有必要从理论的高度和实践的广度加以认真研究总结和提升。

（2）不少学者和研究人员，特别是企事业单位的对于项目治理评价考核机制的研究和应用过于单一。主要是靠某些项目实践中得出的结论，这种做法往往从个别经验出发，而不易对整个项目全寿命期过程管控做出正确的评价和考核，缺少科学性。这些都会直接影响到项目治理体系的应用和效能发挥。

（3）对于项目治理的研究还很不广泛。在国内只有相对少的教授学者和大型国资企业热心于项目管理的人士在做这个方面的研究工作。项目治理体系建设也没有形成比较系统的理论。尤其是民营建筑企业对项目治理的重视程度还很不高。

（4）长时间以来，针对工程项目管理所做的理论研究和实践应用大多主要集中在工程承包管理范畴之中。重管理方法应用、轻治理体系建设是一个普遍的现象。现在十分迫切的是要把“管理”和“治理”这两个概念作相应的区分和不同作用加以研究，形成适用我国国情和行业特点的项目治理结构与体系建设理论与方法。

综上，我们认为有必要结合新阶段项目治理体系建设从以下几个方面进行深入系统的研究。

（1）要对项目治理理论研究和实践应用进一步深层挖掘。项目治理理论对于大多数项目管理者来说，还是一个比较陌生的概念，所以需要结合理论研究与实践探索发展一套适合我国的建设工程的项目治理的新理论。尤其是需要在项目治理同项目管理区别研究的基础上，寻求建立一种有利于解放和发展建筑业生产力，提升项目生产力水平的项目治理体系来衡量项目管理的结果和效率。要针对不同类别的项目，考虑不同的治理结构和利益相关者的利益冲突，研究实现项目管理模式创新与项目治理能力现代化相契合，从而建立分门别类、科学有序、执行有力、彰显效率的项目治理体系。同时要注意项目治理过程衔接、方法应用、工具配备、资源共享、文化渗透和全员参与，以既能实现项目价值最大化、又能满足项目利益相关者的诉求。

（2）项目治理研究必须满足新发展理念的内在要求。项目治理作为国家现代化治理体系的重要组成部分，必须符合国家的发展战略，顺应时代的发展潮流。因此，一是要重视创新发展理念。要根据项目管理的特点和新发展阶段需求，不断创新发展思路、提高项目制治理的效能，推动项目治理机制创新。二是要注重协调发展。在项目治理中既要注重项目治理体系建设所带来的经济增长，也要注重不同专业项目治理的政治、文化、社会等多方面的协调发展。三是强调绿色发展。一方面，政府要制定有利于发展绿色建筑的政策举措，指导引领建筑业走绿色发展的道路；另一方面，行业要按照人与自然和谐共生的基本方略，通过探寻有利于绿色生态发展的项目管理实践经验，赋予项目治理体系建设新的内涵。四是要坚持开放发展。项目治理体系建设要突破由于目前治理经验不足和管理手段落后导致的发展困境，借助践行“一带一路”建设，引入国外先进的管理技术和治理经验，为我国项目治理体系建设提供外在推力，实现共治、共赢、共享、共同发展。

（3）将项目治理体系建设与国家治理战略需求和全球化竞争趋势实现深度融合。要立足于国际百年未有之大变局与新发展阶段国家治理体系和治理能力现代化的总要求，结合行业实际以解放发展和提升项目生产力水平为着力点，弄清在推进工程项目治理体系创新和治理能力现代化建设中坚持什么、巩固什么、完善什么和发展什么。要认真学习全面贯彻落实党的十九届五中全会精神，坚持深化改革和创新驱动引领，统筹整合多方力量和资源，凝聚行业智慧，聚焦新发展阶段，坚定不移地推进和全面实施项目经理责任制，把治理工作的重点和落脚点始终放在解放发展和提升“项目生产力论”研究与实践应用创新水平上，不断推动建筑业这个传统产业改造升级。

第8章

提升项目生产力水平与促进建筑业高质量发展

习近平总书记指出，我国正进入高质量的发展阶段，经济正处于转变发展方式、优化经济结构、转换增长动力的重要战略机遇期。经济发展前景向好，但也面临的结构性、体制性、周期性问题相互交织所带来的困难和挑战。但总体上看，机遇大于挑战。站在这个新的起点上，正确认识我们党和人民事业所处的历史方位和新发展阶段的战略格局，既为我们明确了党和国家赋予的新阶段、新任务、新使命，又为我们规划制定行业发展目标提供了根本依据和路径。

新阶段促进和实现建筑业高质量发展，首先要弄清高质量发展的深刻内涵。站在国家层面看，党的十九大对我国社会主要矛盾做出了新的重大判断，提出了新时代全面建成社会主义现代化国家、实现中华民族伟大复兴的总目标和总任务。党的十九届五中全会又提出了在我国全面建成小康社会实现第一个百年奋斗目标之后，要乘胜而上，开启全面建设社会主义现代化国家的新征程，向第二个百年奋斗目标进军。这就为各行各业新阶段建立现代产业体系，引领推动行业高质量发展指明了方向。从行业层面看，建筑业作为国民经济的支柱产业，显然在实现党和国家这个总目标、总任务中肩负着极其重要、光荣而艰巨的历史使命，必须以习近平新时代中国特色社会主义思想武装头脑，准确把握新发展阶段的战略格局，全面贯彻新发展理念，按照发展是第一要务、科技是第一生产力、人才是第一资源、创新是第一动力的原则，做好顶层设计、把握发展方向、明确发展目标、制定发展战略，指导建筑业改革发展创新的全过程。从企业层面看就是要紧紧围绕推进和实现建筑产业现代化这个行业总目标，加快发展绿色建筑，以高质量品质服务社会，满足人民日益向往的美好生活需要，坚持有利于促进行业转变生产方式和企业转型升级需要的发展方式。以供给侧结构性改革为主线，以国内国外双循环经济发展为主体，以科技创新驱动发展为引擎，以新型城镇化建设为载体，大力发展绿色建筑和新型建造方式，全面推广应用工程总承包与全过程工程咨询模式，不断夯实制度建设基础，坚持质量第一、效益优先，构建管理与治理机制有效、总部宏观调控有度、企业发展有活力的现代化产业链运行体系。进一步加大力度实施"六个推进"，准确把握"五个走向"，不渝坚持"四个创新"，始终着眼"三个提升"，加快转变"两个竞争"，全面推动行业质量变革、效率变革、动力变革，着力提高项目治理能力现代化和项目生产力水平。

8.1 提升项目生产力水平，促进建筑业高质量发展要加大"六个推进"

进入新阶段解放发展和提升项目生产力水平，促进和实现建筑业高质量发展，要以极大的政治勇气和较高的理论修养不断深化工程项目管理创新，进一步加大"六个推进"的实施力度。

8.1.1 大力推进和发展以装配式建筑为主的新型建造方式，是创新研究和提升项目生产力水平、促进高质量发展的有效途径

继2016年2月印发的《中共中央 国务院关于进一步加强城市规划建设管理工作的若干意见》明确提出要"发展新型建造方式"后，2019年全国城乡建设工作会议又提出"以发展新型建造方式为重点，推进建筑业供给侧结构性改革"。就是说建筑业高质量发展和未来一段时期供给侧结构性改革的聚焦点是传统的建造方式向新型建造方式转变，以适应新时代产业转型与科技革命的需要。

这是因为，一是随着新型城镇化建设的全面推进，未来5年城镇化率将提升到70%，由此带来的建设规模、结构类型、质量标准等需求要求建筑业加快发展装配式建筑；二是绿色发展理念进一步深化，"两型社会"建设要求建筑业注重环境保护，减少能源消耗，降低粉尘噪声，特别是建筑垃圾、废物对生态环境的污染，这既是发展装配式建筑的首选，也是发展绿色建造的必然；三是劳动力短缺，老龄化现象严重，不断上升的劳动力成本已成为建筑业日益严峻的考验，建筑业急需减少对人的依赖，以新型建造方式改变旧的建造方式来应对这一问题；四是新型建造方

式利于建筑业科技驱动产业升级，以信息技术为基础，以数字化技术为支撑，运用互联网和自动化技术实现工程项目高品质管理、低成本竞争；五是以装配式建筑为主的新型建造方式有利于建设效率不断提高，便于企业建立形成规模经济，合理布局工厂化生产基地，产业链和市场集中度不断提升，资源整合优化配置高效，工程交易成本持续降低，质量、安全、进度、现场协同管理，从而实现建设工程项目投资效益最大化；六是建设标准和技术规范已逐步完善。由于政府主管部门高度重视和政策支持，装配式建筑国家标准和技术规范逐步完善，具有模块化、定制化、高效化，逐步形成了标准系列化设计、部件工厂化生产、现场装配化施工、产品绿色化建造、市场社会化协作、项目信息化管理、功能智能化应用和产业工人技能化的现代新型建造方式。

通过实践探索人们又扩展了新型建造方式的范畴，先后提出了绿色建造、智能建造、精益化建造等。但总的来讲，新型建造方式应主要体现在建造技术的路径上，通过对工程项目全生命期建筑、结构、机电、装饰的一体化，从建筑设计、构建生产、施工技术的创新和组织协同来实现建筑产品的优质完成。比如智能建造内容构成通过三维图系统、CIM平台和数字化建造过程，包括机器人代替人工进行现场施工将成为提升中国建造现代化水平的必然之路和有效途径。2020年1月29日新冠肺炎疫情的突然发生，33 900m^2的武汉火神山医院以装配式建筑的形式，5小时出方案，2小时出施工图纸，历时十天十夜快速建设落成，受到了国内外业内的关注和热议，充分彰显了装配式建筑的优越性与中国建造的综合实力。

8.1.2　大力推进和依靠科技进步，实施科技强国战略是创新研究和提升项目生产力水平、促进高质量发展的引擎支撑

建设创新型企业，加快转变发展方式，促进行业高质量发展，赢得发展先机和主动权，最根本的是要靠科技的力量，最关键的是要提高自主创新能力。

（1）始终坚持把技术进步与管理创新两轮驱动作为企业领先的发展战略。转变发展理念，加大科技投入，培养和引进高端管理人才，应用价值高、科学先进的现代化管理方法，实现项目目标动态控制和“智慧”管理，构建行业横向联动、纵向贯通的网格化管理。不断提升知识产权保护水平，增强企业的自主创新能力，提高国内外高端市场的核心竞争力。

（2）健全完善“政府规划、行业指导、企业为主体、科研院校参加的良性互动的产、学、研、政、科技创新体系”。加快建造技术、信息技术、绿色技术的深度

融合，组建高端核心专业研发机构，有的放矢地结合行业实际，重点研发解决复杂关键技术，加快促进和实现科技成果转化为先进生产力，以创新驱动引领推动建筑业这个传统产业改造升级。

（3）当今世界正经历百年未有之大变局，科技创新是其中一个关键变量。新一轮科技革命和产业变革及数字经济全球化正在孕育兴起，科技创新已呈现出绿色发展势态和特征，以信息技术为主的新工艺技术、新材料技术、新能源技术的广泛渗透必将带动整个行业新型建造技术的革命，包括机器人革命也有望成为建筑业未来最大的需求市场和经济发展增长点。面对这一新的挑战，建筑业必须审时度势、通盘考虑、超前谋划、扎实推进科技强国战略，利用大数据时代的信息技术、云计算、人工智能等前沿关键技术为核心，创新驱动发展。要充分运用BIM、大数据、互联网等先进高新技术提升管理创新，加快科技成果在提升项目生产力水平上的应用效率，破解实现项目管理技术突破、施工工艺流程变革、多元建造模式创新一条龙转换为先进生产力的瓶颈。

8.1.3 大力推进和加强工程质量与安全生产保障体系建设，是创新研究和提升项目生产力水平，促进高质量发展的永恒主题

确保建设工程质量和安全生产，不仅是建设问题、经济问题，更是政治问题和民生问题。同时，工程质量和安全生产又是建筑业企业生存发展的立身之本。质量兴业、安全强企，二者是实现工程项目管理成功和企业高质量发展的永恒主题。

（1）健全完善工程质量与安全生产保障体系。一个企业的持续发展和每个工程项目的高质量成功完成，必须有健全、过硬的质量与安全管理组织和体系做保障。而在这个体系的实施过程中，企业和项目经理部是履行主体，因此企业与法人代表与项目经理要牢固树立"安全大于天，质量重于山"的第一责任意识，完善形成自上而下的、涉及企业各层次、内容全面、规范有效、切实可行的工程质量与安全生产管理的自律保障机制。这里包括企业对质量安全管理费用的投入、管理人才的培养及各项制度建设、工程项目组织方式、质量安全管理的规范化、标准化、集成化以及道德价值观和信息网络管理等。只有通过有效的体系建立、制度建设，才能不断提高工程质量与安全管理水平。

（2）严格质量与安全生产全过程细化管理，充分发挥技术进步与管理创新对提高和保证工程质量与安全生产的支撑作用。一个工程项目启动后，必须从项目全寿命期的整体功能上深刻认识，高度审视质量管理和安全生产对建筑业的理性要求。

一方面要做到事前按章认真谋划，事中严格过程检查，事后做好总结提高，保证建筑产品从开工到交付使用安全优质过硬。另一方面要充分发挥创建鲁班奖工程的品牌效应，建立一个更高的工程质量与安全生产标准，做到项目规划科学决策、施工组织设计精益求精、过程管理精耕细作、内外装饰精雕细琢、产品竣工交付一次成优，以尽快适应新阶段消费市场需求。这是因为鲁班奖工程设计先进功能完善，施工管理科学有序，争先创优理念特显，高于国家标准规范，严于行业规程要求，堵绝克服质量通病，切忌违反国标强条，重塑“中国建造品牌”是各类工程建设中的高质量精品样板工程，节能环保绿色工程、新技术示范工程和社会诚信民心工程，体现了我国当代工程建设细部精准、科学管理、弘扬工匠精神的最高水平，彰显“中国建造”的综合实力。所以要以创建精品工程和鲁班奖工程为目标，细化管理、技术支撑、过程监控、阶段考核、持续改进、一次成优。把质量管理和建筑节能、环境保护与技术创新贯穿于设计、施工、物料采购满足业主和社会需求的全过程。

（3）全面落实质量与安全生产责任制度，严格实行责任问责制。工程质量和安全生产工作涉及多方责任主体和多个管理环节，是一项复杂的系统工程。要牢固树立责任意识，完善法规制度体系，夯实质量安全基础工作，严格执行国务院颁发的《建设工程质量管理条例》《建设工程安全生产管理条例》。强化勘查、设计、施工、监理等注册人员的个人责任，进一步合理界定工程监理、质量检测、工程担保、质量认证、质量仲裁等中介机构的责任。明确各相关方主体法律责任，增强质量和安全各项法规、技术标准的执行力度，实行责任追究问责制。加大社会综合评价和奖罚力度，充分发挥行业协会和中介机构运用市场机制的约束和激励作用。建立和制定科学、规范、公正的质量安全评价标准，加强企业和评价机构诚信体系建设。努力把握工程建设管理规律，健全和形成工程质量安全的长效机制，确保工程建设领域的长治久安。

8.1.4　大力推进和加强工程总承包与项目全生命期的管理咨询服务，是创新研究和提升项目生产力水平，促进高质量发展的重要举措

工程总承包和建设项目全生命期工程咨询都是国际通行的一种建设项目管理模式，也是当前我国建设主管部门倡导鼓励主推的有效模式。进入新时代，随着国民经济由高速增长向高速发展转型以及项目管理国际化的发展，不少业主希望承包商能够为其提供更全面、更高效、更广泛的优质服务，这就要求承包商能够从项目策划、工程设计、物资采购、部件生产、结构装饰、设备安装、施工组织到竣工投产

一体化全过程的总承包管理，以其优势抢占国际工程总承包高端市场，以满足国内外建筑市场大项目、高难度、强业主对建设项目从工程招标投标到建造全过程的法律、技术、经济、信息、人才的高度融合和集约化、一体化、多样化管理服务的需求。相对我国建筑市场的实际情况看，工程总承包目前已成为建设单位和业主选择的主流模式。它不但从理论和体制上能够克服设计、采购、施工相互制约和脱节的矛盾，使设计、采购、施工等工作有机地组织在一起，进行整体统筹安排、系统优化设计方案，合理减少资源的浪费。而且经过数十年的实践经验积累，业主与承包商沟通管理相对直接，效果显著，已逐渐被建设单位和业主接收。工程总承包是指具有综合特级工程建设资质的企业按照合同约束从决策、设计、施工到项目试运行期内实行全过程的承包。推行工程总承包可以优化企业专业类别结构布局，形成公正、科学、统管、控制、协调的总分包分工合作，优势互补，减少协调矛盾，有利于集合人、机、料、管等生产要素进行资源整合和优化配置，以节约、约束、高效为取向，从而达到节约资源、降低成本、提高效率，保障工程质量与安全生产，实现工程建设项目最佳效益的目的。

（1）工程总承包对整个工程建设而言，从体制上解决了当前投资、设计、施工单位依靠扩大工程数量来增加自身效益的藩篱弊端；还能够克服设计、采购、施工相互制约和脱节的矛盾，使设计、采购、施工等工作有机地组织在一起，进行整体统筹安排、系统优化设计方案，减少资源浪费，降低建设成本。同时有利于建筑业企业组织结构优化调整。

（2）工程总承包对项目业主而言，将工程的设计、施工全部交给一家承包商，责任主体明确，从而减少了业主管理成本，合理降低工程造价。同时也有利于充分利用总承包企业的建造资源，最大限度地降低项目风险，符合国际惯例和国际承包市场的运行规则。

（3）工程总承包对施工企业而言，从过去分阶段管理变为项目全过程管理，促使承包商统筹协调安排，能有效地对质量、安全、成本和进度进行整体综合控制，缩短建设工期，降低工程造价，保证工程质量，提高投资效益，更加符合全寿命期工程项目管理的社会化大生产的要求。

这里要强调的是企业在推进工程总承包中要注重调整经营战略思路，在主业做大做强、做优的同时还应注重从单纯的施工业务向产融结合方向转变，高度重视BT、BOT、PPP等融资建设模式的高效应用。最大限度地发挥承包商在资本运营、设计优化、物资集采、技术创新、施工管理以及项目运营等方面的优势作用，进一步通过企业资本运营带动生产经营。同时还要在推进工程总承包中注重系统性、开放性、包容性和共赢性的协同发展，兼顾协调好各参与方利益诉求，处理好地方政府、合作伙伴、金融机构、专业咨询单位的关系，促使总承包商尽快发展为优秀的总集成商。

随着建设工程管理体制改革向纵深发展，今后将加快推进施工图与建筑方案设计相分离，使施工图设计逐步位移总承包单位，并进入市场竞争领域，为总承包商实现设计、采购、施工一体化，优化施工方案，实现新技术推广应用和节能、节材，降低工程造价，提供二次深化设计空间。这既是与国际工程承包方式接轨的必然要求，也是规范国内建筑市场运行秩序，培育工程总承包企业为建设工程提供高端管理和技术服务的客观需要。有两个案例很有说服力：一个是中建八局在深圳大运会体育馆施工中与德国公司合作进行施工图二次深化设计，将椭圆形现浇筑钢筋混凝土结构改为菱形混凝土预制结构，实现现场构件模板标准化和施工装配化生产，减少了施工难度，节省大量的木材，仅此一项节约投资3 000多万元。第二个是陕西建工集团承包的西部科技创新港工程，总面积156万m^2，由于存在多个设计单位，建筑外观设计多样化、极不协调，陕西建工集团作为总承包单位对整个设计进行了全面的统一优化，既美观了整体造型，又为业主节约了几亿元的投资。

8.1.5 大力推进和加强生态文明建设是贯彻绿色发展理念，创新研究和提升项目生产力水平，建设“两型社会”的基本国策

党的十九大提出要贯彻绿色发展理念，把生态文明建设放在突出地位。2019年中央政治局又召开专门会议做出了《加强生态文明建设的意见》，首次把加强生态文明建设提到事关实现“两个一百年”奋斗目标的战略高度。提出了“要协同推进新型工业化、城镇化、信息化、农业现代化和绿色化”，从“新四化”到“新五化”，强调的是要把绿色发展融入社会主义现代化建设各个方面的全过程，这一提法充满希望，饱含新意。2020年我国又提出要实施包括建筑领域在内的重点行业减污降碳行动，力争2030年前实现碳达峰，2060年前实现碳中和，住房和城乡建设部要求到2022年，当年城镇建筑中绿色面积占比要达到70%。所以，以良好的城镇生态环境支撑新型城镇化发展，以资源节约型、环境友好型城镇支撑新型城镇化发展，提高城镇生态环境的承载力。绿色建筑承担了这样的使命。

1. 贯彻绿色生态发展理念，大力发展绿色建筑

绿色发展是一种以效率、和谐、持续为目标的经济增长和社会发展方式，是以人与自然和谐为价值取向，以绿色低碳循环为主要原则，以生态文明建设为基本抓

手。其内涵为：一是将环境资源作为社会经济发展的内在要素；二是要把实现经济社会环境的可持续发展作为发展目标；三是要把经济活动过程和结果的绿色生态化作为发展的主要内容和途径。“十四五”规划就“绿色生态”类提出了绿色生态五大约束性指标，取代了“十三五”“资源环境”类，与此同时我国政府庄严承诺到2030年要实现碳达峰目标。由此可以看出，大力推行绿色用能模式，采用更严格的能源标准，支持推动工业、建筑、交通等重点领域非化石能源的替代和用能方式的改变，将为建筑业新阶段实施绿色发展提出更高的要求和带来严峻挑战。

绿色建筑是针对建筑产品而言，是建筑业实现绿色生态发展的必然要求，它与传统建筑不同。绿色建筑能最大限度地发挥建筑物使用效率，节约与循环利用能源、水和材料，保护环境和减少污染，为人们提供健康、适用和高效的适用空间、与自然和谐共生的建筑，是高耗能建筑向绿色发展和循环经济发生的根本变革。

2. 变革建筑生产方式，大力推进绿色建造

绿色建造定义为一个综合考虑环境影响和资源消耗的现代建筑建造模式，其利用先进的绿色建筑技术进行绿色建筑设计和建造，采用绿色建筑部品和绿色建材，组织建筑的绿色施工过程，在建筑的寿命周期内最终实现建筑对环境负面影响最小，资源利用率最高，并使企业经济效益和社会效益协调优化的综合目标。绿色建造包括绿色设计、绿色技术、绿色建材、绿色施工。

（1）首先要强调绿色规划和设计理念融入，构建绿色发展毛细单位，优化建筑能源结构，充分利用可再生能源的方案设计，提升建筑设计绿色品质。

（2）生产绿色建材。开发生产应用品质优良、节能环保、功能良好的新型建筑材料是发展建造绿色建筑的基础保障。要不断提高建材的绿色环保质量，高度重视建筑垃圾资源化与再生建材的利用。加快建立绿色建材生产和品质的测评体系。

（3）坚持绿色施工。绿色施工本身不是具体技术，而是对工程项目管理提出的更高要求。绿色施工是指工程建设工期中，在保证质量、安全等基本的前提下，通过科学管理和技术进步，最大限度地节约资源与减少对环境负面影响的施工活动，实现“四节一环保”（节能、节地、节水、节材和环境保护）。

3. 深刻认识坚持绿色发展和绿色建造对建设两型社会和加强生态文明建设的必要性

（1）发挥绿色施工示范工程的标杆引领作用。

2008年建筑业围绕建设“绿色世博”的目标，上海世博园区工程的建设者大力推进“绿色施工”，不但研发和采用了一系列低碳施工的技术、工艺，而且摸索出

相应的施工标准、管理机制，考核体系，完善了“绿色施工”的模式，为建筑业绿色施工提供了宝贵的经验。2009年中国建筑业协会以推广世博会绿色施工为契机，正式启动了绿色施工示范工程活动。2013年又推广了中建八局成都银泰项目作绿色施工示范工程经验，2014年5月对该项目确立“五个零”①的经验进行了系统总结，并召开现场观摩会，对全行业广泛推进绿色施工起到了积极的示范引领作用。据了解，目前我国不少城市如杭州、上海、山东菏泽都建设了建筑垃圾处理专业基地，并取得了很好的效果。

实践证明，绿色施工不但对建筑企业大力实施节能减排具有重要的学习借鉴和应用价值，而且对建筑业坚持绿色发展和实施循环经济具有十分重要的现实意义。

（2）大力发展绿色建筑，加强建造过程节能减排是实现绿色发展和循环经济的重要途径。

绿色发展、循环经济是在传统发展基础上的一种模式创新，其要点在于：一是要将环境资源作为社会经济发展的内在要素；二是要把实现经济、社会和环境的可持续发展作为绿色发展的目标；三是要把经济活动过程和结果的“绿色化”“生态化”作为绿色发展的主要内容。

从宏观上看，绿色发展，循环经济是在深刻认识资源消耗与环境污染、生态破坏之间关系的基础上，以提高资源与环境效率为目标，以资源节约和循环利用为手段，以政府和市场为双轮推动力，在满足社会发展需要和技术经济可行的前提下，实现资源效率最大化、废弃物排放和环境污染最小化的一种经济发展模式。

从微观上看，绿色发展，循环经济是一种以资源的高效利用和循环利用为核心，将“减量化、再利用、资源化”的原则运用到经济建设的生产、流通、消费各个环节，以低消耗、低排放、高效率为基本特征，符合可持续发展理念的经济增长模式，是对“大量生产、大量消费、大量废弃”的传统增长模式的根本变革。

4．绿色建造为建筑业加强节能减排，坚持绿色发展奠定了坚实的基础，前景广阔，大有可为

改革开放40多年来，建筑业规模不断扩大，不仅已成为国民经济名副其实的支柱产业，而且也是一个基础产业、民生产业。据最新统计数据，2020年建筑业从业人员5 000多万人，具有资质建筑企业10多万家，完成总产值已达26.7万亿元，建筑业增加值占GDP的比例仍保持在6.6%以上，房屋施工面积20万亿m^2。可以看出建筑

① “五个零”指工期零延误、质量零缺陷、伤亡零事故、垃圾（无机固体）零外运、用水（施工）零引用。

业关系到城乡建设事关人民财产和生态安全，显然建筑业实施绿色发展和循环经济对推动国民经济的良性运行必将产生重大影响。

其次是对关联产业的带动作用大。建筑业是物质资源消耗大户，占全国总能耗量的三分之一，分别为钢材的55%、木材的40%、水泥的70%、玻璃的76%、塑料的25%、运输量的28%、黏土砖几乎100%。据统计，仅房建工程所需要的建筑材料就有76大类、2 500多个规格、1 800多个品种。建筑产品的生产形成促进了建材、冶金、有色、化工、轻工、机械、仪表、纺织、电子、运输等50多个相关产业的发展。

再就是随着新型城镇化的快速发展，建筑垃圾处理突显，污染十分严重。每年房屋建筑面积都在20多亿平方米，不少是“毛坯房”，二次装饰不但浪费大，而且能耗高。目前，可推算建筑垃圾总量为20多亿吨，每年新产生垃圾超过3亿吨，仅每户装饰拆改产生的垃圾高达2t，新增垃圾的堆放将占1.5亿～2亿m^2用地。我国建筑垃圾的资源利用率不足50%，而美国、日本、德国、荷兰等国超过90%。建筑垃圾的长期堆放不仅有碍市容环境，而且会产生粉尘，污染大气和水质，影响居民身体健康。绿色施工垃圾回收再利用的经验，对建筑业发展循环经济、实施有效资源节约、减少污染排放、加强环境保护具有重要的现实意义和推广应用价值。

8.1.6 大力推进和加快建筑业企业转变发展方式与转型升级，是创新研究和提升项目生产力水平，促进和实现高质量发展的重要保证

当前我国经济社会已进入高质量新发展阶段，正处在转变发展方式、优化经济结构、转换增长动力的公关期、关键期和战略机遇期。“三期叠加”影响持续深入，加之新冠肺炎疫情的出现造成经济下行压力进一步加大。这就迫切需要建筑业通过加快转型升级来对过去多年以要素投入、粗放式管理形成的经营策略、运营模式、组织机制以及资源配置方式的整体形态进行颠覆性的变革，坚持以习近平新时代中国特色社会主义思想为指导，全面贯彻落实党的十九大和十九届五中全会精神，结合行业实际，抢抓机遇，坚持定力，改革创新，加强统筹规划，做好顶层设计，突破关键技术，管理统揽先导，创新驱动引领，破解发展困境。

一是以供给侧结构性改革为主线，加快产业结构调整，去产能、重效益，实现从数量追求转向质量超越。从企业层面讲关键是要处理好“量”和“质”的关系，既要做大总量，还要做活存量，更要做优质量，制定严格科学的举措，确保企业转型升级的各项工作落地生根，成就经济发展新的增长极。从项目部层面讲要立足于承揽大项目、实投资、强业主、高效益的工程项目，实施项目管理提升再造行动，

不断优化营商环境，为企业高质量发展营造源头活水。

二是以转变发展方式为主题，适度规模经营，内抓管理，外树形象，从规模扩张向内涵开发转变。建筑业从改革开放初启的三十年间发展主要有三个显著特点：一是依靠大量的廉价劳动力增加产出；二是污染排放物资消耗大，环境保护差；三是建造方式落后，生产效益低。总的讲都属于更多依靠要素投入实现外延式的粗放型经济增长模式。进入新阶段，高质量发展已成为企业和项目成功的引擎，强调从外延规模扩张向内涵开发转型，主要依靠企业的高科技含量和精细化管理提高工程质量和服务水平，通过诚信经营塑造企业品牌形象，赢得市场。

三是以市场需求为导向，优化资源配置，少投入、多产出，实现要素投入的粗放式经营转向精细化管理。在发挥市场配置资源决定性作用、发挥政府宏观调控作用的同时，更要发挥企业资源配置、创新驱动和激发市场活力的主体作用。坚持市场化运作，攻克体制机制上的顽瘴痼疾，突破利益固化的藩篱，整合产业优势资源与要素合理集聚，构建结构优化、专业分工合理、企业管控精细、产业深化融合的水平先进、合作共赢、优势互补、协同发展的高端服务功能，着力提高企业的综合竞争力。

四是以科技进步、管理创新为支撑，强化关键技术攻关，实现先进管理技术学习引进转向自主创新驱动。习近平总书记在《努力成为世界主要科学中心与创新高地》一文中指出“关键核心技术是要不来、买不来、讨不来的。只有把关键核心技术掌握在自己手中，才能从根本上保障国家经济安全、国防安全和其他安全”。目前，BIM技术在建设领域用得很多，但存在对我国城市建设数据的安全隐患。建筑行业要认真学习领会总书记这一讲话的深刻内涵，有的放矢地制定适用于建筑业高质量发展的关键技术攻关方案，研发适用于工程建设实用的建设工程管理核心技术，以切实提高行业自主创新能力和企业自主知识产权。特别要注重从过去的一般学习引进先进技术向创新驱动，提高自主创新能力，形成关键核心技术自有知识产权转变。最大限度地解放和激活科技自主创新为主的生产力潜能，向创新要动力，向管理要效益，向科技要竞争力。

8.2 提升项目生产力水平，促进建筑业高质量发展要坚持项目管理创新

进入新阶段，提升项目生产力水平，促进建筑业高质量发展必须围绕项目治理

体系现代化建设，以创新驱动引领，准确把握项目管理前沿发展“五个走向”，不渝坚持深化项目管理“四个创新”。

8.2.1 创新研究和提升项目生产力水平，促进和实现高质量发展必须准确把握“五个走向”

当今世界科学技术日新月异，数字经济带动项目管理国际化发展凸显。两种同步交织，相互激荡。从工程建设领域来讲本质是项目管理理论研究的深化和管理秩序的重塑，项目生产要素配置优化的加大，项目管理制度建设的不断完善。要义是新阶段高质量发展和项目治理体系建设现代化。

随着新型城镇化建设速度的加快和人民对美好物质生活的追求，工程项目投资主体多元、建设规模与技术难度不断加大，特别是第四次工业革命方兴未艾，智能建造、智慧工地、信息技术、数字建筑蓬勃发展，将深度改变人类生产与项目管理的组织方式。项目管理方法、项目管理制度、项目治理机制与治理能力比拼及业主对项目管理高端服务的要求，将成为发展提升项目生产力的重要因素，蕴含着极大的机遇与挑战。所以必须紧跟时代步伐，准确把握五个新走向：即工程项目管理由过去推广普及阶段进入了“信息化管理、低成本竞争、高质量发展、增综合效益”新发展阶段的新走向；工程项目管理由过去传统管理模式转向运用数字技术提升项目管理优化升级的新走向；工程项目管理由不同主体的单项施工承包进入了以工程总承包为主流模式、实现集约化管理的新走向；工程项目管理由施工承包商单一的管理进入了以项目寿命期多方责任主体全过程咨询与治理能力现代化为趋势的新走向；工程项目管理由现场文明施工上升到以“党建、人文、科技、绿色”及创新项目文化建设引领为标志的新走向。推动建筑业高质量发展，必须准确把握上述五个走向，突出管理创新，不断提升项目生产力理论研究和实践的应用水平，从而谋划促进建筑业企业结构调整和管理服务模式的全面升级。

8.2.2 创新研究和提升项目生产力水平，促进和实现高质量发展，必须坚持深化项目管理“四个创新”

建筑业高质量发展体现在企业每一个工程项目管理水平和综合效益的提升。这里包括对项目承包方式、过程管控、人才储备、装备供给，特别是管理创新提出了更高的要求。这是因为管理创新是深层次的改革，“管理为纲，纲举目张”，举一纲而万目张、解一卷而众篇明。就是要以管理创新总揽全局。管是控制，理是疏导，创新是魂。先理后管、多理少管、伦理必管、管理并进、注重细节是提高和实践创新能力的高级表现，有别于常规和常人的思维，这是促进企业高质量发展的智慧大脑。因为企业一切经营生产活动都要通过管理来实现。近几年来行业层面一直在倡导企业转型升级，转型固然重要，但升级才最为关键。管理升级无止境，管理的重心要放在企业和项目层面，而最基础、最关键的环节是深化创新工程项目管理、提高项目治理能力现代化水平，这就是说要夯实基础，筑牢根基。

第一是管理理念创新。理念创新是引领创新发展的动力源，思想是行动的先导，理论是方向的指南，文化是方向的血脉，创新是发展的源泉。工程项目管理的价值已从过去的经济价值转向了社会价值，其管理方法与治理体系也由过去传统的滚轮转向信息化、智能化、数字化等现代化管理。项目目标管理也已从过去仅考虑成本、质量、安全、进度转向追求环保、社会等多元化指标的卓越化管理。这些转变都将体现项目管理理念的创新，所以坚持项目管理创新必须以党的十九大提出的新发展理念为指导，不断解放思想，善于用创新的思维去审视、研究、解放、发展建筑生产力，提升项目生产力水平。

第二是管理技术创新。技术创新是提升项目生产力的源泉和重要支撑。深化项目管理，要把推进技术创新摆在关键位置，牢牢把握新时代世界科技发展和产业革命的大趋势，围绕提升项目生产力水平，大力推广和应用BIM技术为主的信息技术。随着云计算、物联网、大数据、人工智能、智慧工地，特别是BIM技术的日趋成熟，推广应用BIM技术将进入深水区。其应用核心和价值在于参数化带来生产效率的提高，已成为推动传统产业升级和提高建筑项目生产力水平和企业高质量发展的驱动力量。同时带动了企业管理和项目管理新型办公模式的发展，也为“法人管项目”提供了线上云服务平台。当然BIM技术不但要在管理层加大推广应用力度，也要立足抓住项目管理应用点和轻易化，“提升”和“下沉”到操作层。

第三是管理方法创新。管理方法创新是提升项目生产力水平的重要保证。任何一个项目本质上都是一个复杂的系统工程，关键是要厘清管理思路、采用先进方法、把握关键环节、制定有效举措，围绕工期、质量、安全、成本以及绿色施工等多项目标，坚持运用敏捷和适用创新的理论和方法有机地处理好有利于不同工程结构类型、地域环境、人员流动、物价浮动、资源配置、方案优化等系统管控。在进度管控中必须按照工程的特点和合同履约，科学编制项目管理规划，充分运用BIM技术从项目进度计划与时间安排快速细化到每个工序级（分包单位实体工作包）的控制点。质量安全管理方法创新重在落实责任制度，结合贯彻ISO9000管理标准和“质量安全两个条例”，依据创建鲁班奖工程的管控标准和方法抓好工程项目建设。成本管理创新是提升项目绩效的核心。其管理的各项活动都是围绕着效益目标展开，要结合“营改增”改革，从投标、承揽任务开始，到项目竣工交付使用每个环节做好成本管控，增强洽商索赔意识，重点是运用互联网技术实现物资、采购、供应、使用一体化管理。由于项目的单件性，每个项目相对独特，在管理方法创新上必须按照项目功能需求变化，建立完整的管理台账和全过程的信息追溯，因地制宜、灵活开阔地纳入项目管理方法创新之中。同时要加大项目责任追究、风险抵押、成本监控、绩效考评的无缝深度融合。

第四是管理模式与机制创新。管理模式与机制创新融为一体，是提升项目生产力水平的组织保证和有效途径。传统的管理体制与现代组织形式都有不同。过去建筑企业多为总公司、分公司、工程队三级管理，建造工艺和方式主要以现场作业为主，现在是装配化、绿色化、智慧化方式建造，有事业部制、矩阵制，还有模拟股份合作制。其管理模式可以是承包商，也可以是咨询公司和分包单位。比如，总承包企业就要研究以推进工程总承包（EPC）为主流模式兼顾BOT、PPP等新型融资模式创新，工程咨询企业主要以推行CM、PM、PMC等全过程咨询创新商业服务管理模式。同时要结合国际工程承包，适应“一带一路”建设，实施“走出去”战略的需要。“一带一路”建设其组织结构、管理方式、运行流程、制度建设、资源配置、文化底蕴、责任划分都发生了根本性变化。这就要求在新发展阶段进行管理模式和机制创新中，要高度重视解决好把新型建造方式和现代项目管理方法及国际工程承包模式创新深度融合，以引领总承包企业实现集约化、精细化、专业化、品牌化、国际化的跨越式发展与整体转型升级，更高层次地嵌入世界产业链的战略载体。

8.3 提升项目生产力水平，促进建筑业高质量发展，核心是坚持项目经理责任制度，加快转变竞争方式

工程项目管理是以优质产品和最佳效益追求为目的的现代化管理。解放发展建筑项目生产力必须紧紧围绕项目经理责任制和项目成本核算制，强化两层建设，加快转变市场竞争方式全面提升建设工程项目管理理论研究与实践应用的创新水平。

8.3.1　创新研究和提升项目生产力水平，促进和实现高质量发展要始终着眼项目生产力水平的“三个提升”

一是企业要毫不动摇地始终坚持以项目经理责任制为核心，加强以项目经理为责任主体的项目团队建设，着力提升建设工程项目治理与项目治理能力现代化水平；二是要大力推进和发展绿色建造，科学运用信息技术建立形成新型建造方式下工程项目全生命期集成化管理的运行体系，着力提升工程项目管理全过程的实践创新水平；三是要高度重视一线操作技能工人培育为基点，突出从业人员岗位技术等级考核，强化劳务层队伍建设，着力提升全员智力结构和行业整体素质。

“三个提升”的要害是在新阶段建筑业新旧动能转换，深化创新项目管理促进高质量发展的前提下项目团队要切实转变思想观念，以推进项目治理体系和治理能力现代化建设为主线，以科技进步与管理创新驱动为支撑，紧扣工程项目管理目标，强化项目治理执行力度，不断优化项目运作流程，严格控制项目成本核算，建立完善项目管控标准，健全项目管理考核机制和奖罚制度，着力提升全员工作效率。其目的在于促进工程项目管理各相关方，首先是项目经理要按照团队精神树立责任意识和创新理念，心无旁骛地抓好项目管理，塑造和践行“以人为本、安全为先、质量为基、科技为源、管理为纲、绩效为佳、创新为魂、奉献为荣”和“成果共享”新的工程项目管理核心价值体系。进一步明确创新发展提升项目生产力水平的核心是坚持把“以人为本，成果共享”作为项目管理的出发点和落脚点；主题是确保工程质量与安全生产，引擎是促进科技进步与工艺创新，要义是“管理为纲，纲举目张”，目标是规避各类风险，实现项目经济、社会和环境最大效益；责任是关注民生、履行职责、奉献社会。成果共享就是要特别注重建立完善按生产要素和按劳分配为主体兼顾效率和公平的分配机制，极大地调动脑力管理者和体力劳动者积极性和创造性，为提升项目生产力水平提供根蒂保障。并以此激励人心、凝聚团队、增强活力、提高动能，实现工程项目最佳效益，打造“中国建造”品牌，促进建筑业高质量发展与企业转型升级。

8.3.2　创新研究和提升项目生产力水平，促进和实现高质量发展必须坚持市场化运作，加快转变“两个竞争”

党的十九大提出，我国经济增长已由高速增长转向高质量发展阶段。高质量发展从国家宏观层面主要是指国家经济的整体质量和效益的稳定性、均衡性和可持续性，通常用全要素生产力去衡量；从行业层面主要是指产业布局优化，结构合理，效益显著，产业规模不断扩大，结构不断优化，创新驱动力强；从企业层面主要指企业的产品生产和服务质量具有一流的竞争力，品牌形象好。经济增长的质量取决于整个经济的投入质量、运行质量和产出质量。投入质量包括投入生产的物质资源质量和人的资源质量。前者是指生产资料的装备程度、技术水平以及产品的质量状况。后者是指生产人员的文化水平、专业能力。运行质量主要包括生产技术水平、微观和宏观管理水平、产业结构关系。产出质量主要指产品和服务的质量水平、成本水平及结构水平。投入质量、运行质量和产出质量之间是相互联系、相互作用的。总的来讲就是投入要少，产出要多，效益要好。

由于过去很长一个时期国民经济发展进入“新常态”，经济发展之力已从过去依靠资本、劳动力等生产要素投入驱动转换到创新驱动上来。特别是建筑业原有的廉价劳动力红利已快速消失，职工老龄化加剧，高端管理人才短缺加上市场价格波动造成建造成本不断加大。另一方面受国内国际诸多不稳定因素的影响，产业结构调整，房地产行业整体萎靡，加上新冠肺炎疫情的冲击，经济下行风险显著，建筑市场供过于求的矛盾非常突出，供求关系失衡导致了过度竞争，从而加剧了招标投标活动中的不正当竞争，并引发了交易成本过高与寻租和腐败。面对如此诸多的问题，建筑业推进项目治理体系现代化建设，促进高质量发展就必须在加快企业转型升级的同时转变发展竞争方式。转变发展竞争方式、促进企业转型升级涉及多个环节，涉及的可以说是复杂的系统工程。从认识论的角度讲，首先要转变思想观念和思维方式。从生产要素投入的角度讲，就是要从资源配置型向资源再生型增长方式转变。当前最迫切的是要在工程项目招标投标中坚持市场化运作，发挥市场作为资源配置的决定性作用，把过去以无序降低标价、减少费用为主的市场恶性竞争转向以管理科学、技术领先、质量取胜、诚信经营的品牌企业竞争；建筑市场准入由过去高度关注企业资质高低的竞争转向强化个人执业资格准入和企业复合型高端管理人才培育，提高项目经理专业素质特别是执业能力的竞争。

加快转变市场准入“两个竞争”是进入新时代建筑业企业认清新发展趋势，贯彻新发展理念，构建新发展格局，建立完善内控管理机制，提升企业品牌知名度，应对国内外激烈市场竞争，推动企业转型升级，打造具有行业竞争优势新的商业模式的迫切需要和必然趋势。

第9章

提升项目生产力水平与国际化人才培养

功以才成，业由才广。习近平总书记指出人才是第一资源。古今中外一个国家、一个行业、一个企业的高速发展都离不开人才这个核心资源要素。在经济学上，增长靠各种生产要素起作用。一是自然资源，二是资本，三是普通劳动，四是人力资本，就是人的技能和知识。人类第一次产业革命主要靠自然资源消耗。第二次产业革命以资本为主，到了第三、第四次产业革命后，转入现代经济增长，靠的是人力资本。据统计从20世纪80年代初到进入21世纪的几十年间，我国专门人才总量增长速度年均为7%左右，GDP增长为9%以上，经济增长对人才总量增长的弹性系数为1.28，即人才总量是每增长1%，拉动经济增长1.28%。另外从全社会教育经费投入每增长1%，可以拉动经济增长0.98%，而全社会固定资产投资每增长1%，只能拉动经济增长0.44%。所以实施人才战略就是创新提升项目生产力理论，促进建筑行业劳动密集型向知识密集型转变、实现高质量发展的重要元素和战略要求。随着经济全球化和项目管理国际化发展及“一带一路”建设的推进，当前我国建筑业除了加快培养高素质的产业工人外最为迫切的是需要培养国际化的高端管理人才，走人才兴业、知识强企之路。

9.1　进一步抓好国际化管理人才培育工作的重要性

高质量发展阶段，也是一个全球化的时代。全球人才流动、人才竞争已成为新时代人才培养的重要特征。实现中华民族伟大复兴，促进建筑业高质量发展，推进项目治理能力现代化建设，实现行业发展新的跨越，人才是根基，最根本的就是企业要加快培养一支国际化项目管理人才队伍。这既是项目管理国际化发展的需要，更是适应我国经济社会对外开放的必然要求。

9.1.1 深刻认识加强企业国际项目管理人才队伍培养建设的重要意义

国际化项目管理人才，是企业管理队伍中的高端人才。同一般人才相比较，首先是能够掌握相关专业领域里的基本理论、学科前沿知识和专业技能；其次是要熟悉国外法规与技术标准，了解国际工程承包通行做法，掌握国际项目管理知识体系；再次是具有熟练的外语听、说、读、写能力和进入国际市场的资格证书，通晓国际规则，具有全球视野和跨国文化交流的能力。当然这些还只是本质特征，其核心表现是在各专业领域和项目管理活动中务实拼搏、勇于创新并做出突出贡献。

随着中国经济日益深刻地融入全球市场，建筑市场国际化趋势更加明显。一方面，我国加入WTO后的20多年间外商投资建筑业企业迅速增加，进入我国的跨国公司和跨国项目越来越多，国内许多项目也要通过国际招标、咨询或以EPC、BOT、PPP等多元化模式运作。另一方面，我国建筑市场的竞争规则、技术标准、经营方式、服务模式也进一步与国际接轨。建筑业的国际化进程不断加快，促使建筑业企业将在更大范围、更大领域和更高层次上参与国际竞争，最终取决于管理人才素质的高低，特别是随着“一带一路”建设和建筑市场的全球化趋势，国内建筑企业在国际竞争下面临许多挑战和困难，缺乏大量优秀的国际化的项目管理人才已经成为中国建筑承包公司在海外业务拓展的障碍和瓶颈。虽然中国已有79家企业进入“全球最大250家国际承包商”行列，但目前企业普遍缺少熟悉国际市场标准、操作规范以及市场运作规则的人才，还不能在项目中全面系统地采用先进的项目管理方法，不能充分有效地利用时间、技术和人力资源。这些给寻求走出国门、参与全球竞争的国内公司带来很多困难。

因此，进入新时代需要我们更加树立强烈的国际化人才意识，进一步解放思想，深刻认识国际项目管理人才培养这个关键环节对经济社会发展和建筑业深刻践行“一带一路”建设重要性和迫切性。加紧培养具有国际化视野和高技能的国际工程项目管理人才具有重要深远的现实意义。要以更宽的视野、思路和胸襟做好这支队伍的建设工作，要以创新精神完善人才教育培训机制、考核评价机制、市场配置使用机制和表彰激励机制。确实做到寻觅人才求贤若渴，发现人才如获至宝，举荐人才不拘一格，使用人才各尽其能。以适应建筑市场国际化的发展趋势，更好地贯彻实施中央关于“走出去”战略。

9.1.2 加强国际化领军人才培养，带动全行业项目经理人才队伍职业化建设深入开展

针对我国项目管理人才队伍的现状和国际建筑市场对人才的需要，建筑业当前首先要实施领军人才培养工程。首要是要加快培养一批高素质的国际化项目经理。因为建筑业高质量发展最终落脚点在于建筑企业和工程项目管理的成功。而项目管理的成败关键又在于项目经理。所以要有目标、有计划、有目的、有的放矢地将企业中青年、高学历的人才纳入培养对象，系统培养建设一支高层次、国际化项目管理队伍，并发挥他们的积极作用。重点是要加强对他们在项目管理的系统理论和国际化内容上的培训，做到理论知识与实践经验有机结合，促进项目经理积极参与国际交流与合作，学习国际先进的工程项目管理方法和经验。引入国际项目管理专业认证体系，拓展项目管理人员国际化视野。

近年来，为了提升我国工程项目管理人才的国际化适应能力和创新能力，中国建筑业协会根据项目管理国际化发展对项目经理人才的需求，坚持“引进来”和“走出去”相结合的工作方针，取得了很好的效果。

一是加强国际工程项目管理交流，营造良好的行业氛围。自进入21世纪后，我们每年定期组织召开国际工程项目管理高峰论坛，聘请具有项目管理丰富实践经验和高端管理行家、学者来华演讲、授课，以系列活动的形式，使我国建筑企业项目经理熟悉了解更多的项目管理理念、方法和模式，促进了大家对国际工程项目管理先进经验与发展趋势的学习和研究。

二是建立国际项目经理评选制度，塑造“中国国际杰出项目经理”品牌。我国与国际工程项目管理合作联盟组织评选了17届国际杰出项目经理，我国建筑业先后共有近300多人获此殊荣，他们被誉为中国建设工程优秀项目经理的国际化形象代表，在国际舞台上彰显了中国建造的人才实力，带动了项目经理职业化、国际化的全面推进。

三是借助CIOB（英国皇家特许建造学会，Chartered Institute of Building）和IPMP（国际项目经理资质认证，Ineternational Project Manager Professional）认证体系开展国际项目经理培养工作，探索具有中国建筑行业特色的国际化人才培养道路。2002年我们与国际项目管理协会（International Project Management Association，IPMA）中国认证委员会以及CIOB学会达成共识，组织中国工程建设领域的IPMP和CIOB培训认证。目前已在全行业组织5 000余人参加了IPMP培训，2 000多人参加了

CIOB培训并通过考核认证，并在全国各自岗位上为提升项目生产力水平发挥了积极的作用。实践证明采用国际项目管理专业资质认证体系培养中国国际工程项目管理人才队伍是一条行之有效的途径。因为IPMP国际项目经理评价注重本土化，且被世界上70多个国家承认，CIOB强调国际化与实践能力，影响力广泛，与我国项目经理职业化建设具有较高程度的适用性，其运作过程与实施效果都比较符合我国项目经理人才队伍培养建设的需求。按照IPMP国际项目管理资质认证体系和CIOB规定及流程，在中国工程建设领域共同组织开展人才培训认证工作，目的是实现国际项目经理人才培养由点到面的跨越，实现国际项目管理培训认证体系由本土化、专业化、行业化到职业化和国际化的发展。

9.1.3 加强国际化项目管理队伍建设与人才培养应把握的基本原则与要点

国际项目管理队伍培养建设是一项系统工程，需要政府、行业协会、建筑企业齐抓共管、通力协作。从全行业教育培训角度，这项工作应坚持“四个原则”，抓好“五大要点”。

1. 坚持“四个原则”

一是促进发展原则。要把促进行业高质量发展作为我国国际工程项目经理人才队伍建设的根本出发点，围绕发展确立行业培养的目标任务，根据国家和建设主管部门的总体规划，科学、系统、动态地培养国际项目经理人才，不断调整项目经理人才结构，形成最大的人才效用，创造最好的人才效益。

二是创新能力原则。坚持以国际项目经理人才能力建设为主题，把提高增强自主创新能力作为这项工作的战略基点与中心环节，根据项目经理人才的成长规律与特点，构建培养制度和体系，大力提高其创新能力，尤其是集成创新能力。

三是国际化原则。要以全球视野、战略思维来加大项目经理人才培养的国际化程度，推动人才的国际化进程。学习借鉴发达国家建筑行业与专业的国际标准、技术规范、语言要求、文化内涵，加快培养一批适用于国际建筑市场竞争的高端项目经理，通过多种途径使他们在国际建筑市场中得到锻炼和提高。

四是整体联动原则。建筑业的国际项目经理人才培养工作要与国际同业组织和行业、各省市的项目管理人才培养机制相贯通，与企业的项目经理人才培养、引进的使用结成网络，形成体系，有效衔接，形成多渠道、分梯次、系统高效的项目经理人才队伍建设工作格局。

2. 抓好“五大要点”

一是打造人才培养品牌工程。国际项目经理人才培养具有的示范引领意义和持久生命力。这就要求我们建立与行业企业需要相匹配的多元化、社会化培训网络，形成具有中国特色的人才培养模式，打造较为完善的与建筑业产业现代化主题相适应并与国际接轨的精品课程体系，实施品牌人才培育工程。

二是与建筑企业职业化建设协同推进，以引领职业化建设各项工作开展。在这项工作的全面实施过程中，借鉴国际项目管理人才培养认证体系的知识精华和先进做法，不断创新完善我国项目经理人才的培养、评价考核与使用机制，全面促进和实现项目经理职业化、专业化、国际化发展。

三是着力培养创新型项目管理团队。我们的培养对象，不仅要具有团队精神，重要的要有项目领导决策、组织协调和驾驭局面的现代治理能力。实施领军人才培养工程既要为国际项目经理人才团队的形成创造条件，关键要推进项目治理体系现代化建设，持续提升项目经理的执业能力，使其成为团队坚强的核心与带头人。

四是注重人才培养的有效性与科学性。一方面要高度重视学习引进与实践运用的结合，另一方面更多强调实践与创新相结合。通过大项目高难度具有技术含量的工程来锻炼国际项目经理人才的实践探索和创新驱动能力，为其创造发挥聪明才智的舞台，促进人才在实践中的快速成长。

五是要加强人才培育宣传交流工作。宣传交流是展现国际人才培养亮点，传播政策信息，营造良好的舆论氛围的重要手段。行业协会和建筑企业要充分利用媒体、网站，在相关传媒上设立队伍建设交流专栏，广泛宣传这项工作的重要意义，总结交流人才培养引进经验，为建筑企业职业化建设推波助澜。

9.2　为国际化人才培养营造良好的生态环境和成长机制

面对我国进入中华民族伟大复兴战略全局和世界百年未有之大变局，尽快培养一批高层次国际化人才已成为经济全球化竞争日趋激烈条件下制胜的核心和战略资源。如何保证高素质的人才培养关键是要站在“十四五”开启之年和下一个百年奋斗目标实现历史性交替的重大节点上，科学把握“两个大局”和新阶段的重要战略机遇期的新变化、新特征，建立完善长效的人才培养机制与成长体系。

9.2.1 站在三个着眼点的新高度上大兴识才、育才、用才、留才和敬才之风

加强国际化人才队伍建设必须提高思想认识、强化政治引领、加快机制建设、立足岗位锻炼、推动全面发展。首先是要着眼于当今世界正处于百年未有之大变局和中国处于近代以来最好的发展时期，实现中华民族伟大复兴中国梦的两个大局；其次是要着眼于新时代、新理念、新阶段、新格局、新目标背景下建筑业高质量发展和推进产业现代化这个总要求；再就是要着眼于全球化和数字经济带来项目管理国际化发展的大趋势的新起点上，切实贯彻落实人才是第一资源的思想观念，走人才兴业、知识强企之路。尊重知识、爱护人才、大兴识才、爱才、育才、用才、留才和敬才之风，要做到思想上高度重视、感情上积极贴近、政治上充分信任、工作上大胆试用、生活上真诚关心、待遇上及时保证，以此激发人才活力，释放人才潜能，优化人才资源，为各类人才发挥作用、施展才华提供广阔的天地。从而使想干事、能干事、干好事的人才有为、有位、有绩、有誉，营造各类各层次人才都能够在各自岗位上实现自我价值，为实现新阶段下一个百年的宏伟目标和中华民族伟大复兴的“中国梦”尽职尽责多做贡献。

9.2.2 建立健全良好的选人用人机制，打造高水平的人才成长培养体系

国际化高端人才培养的一个重要特征就是要建立一个自由选择、平等竞争、各显其能、人尽其才、多项流动、优劣淘汰的人才发现、人才培养、人才选拔、人才管理、人才评价、人才激励创新的长效机制和生态氛围。

一是坚持业务培训与岗位锻炼相结合。遵循项目管理内在规律和人才成长要求，开展业务培训，资质认证，考核晋升，待遇留人，产、学、研深度融合，政校企合作共赢等拓宽人才培养渠道。突出培育项目管理人才在生产实践活动中掌握科学知识、创新思维动脑、提高管理协调能力、自觉履行社会责任的奉献精神。

二是深化选人用人机制改革，构建适用于新阶段建筑业高质量发展的人才科学培养体系。人事主管部门要提高精准识别能力，善于识人得才，及早发现、及时培养，有计划、有目标、有的放矢地选拔适应行业高质量发展的项目管理优秀人才，为进一步解放发展和提升项目生产力水平和项目治理能力现代化注入新的生机活力。

三是健全完善创新人才培养评价机制，创新人才有序流动机制，人才使用表彰激励机制。要突出以人才品德、能力、业绩为导向，积极营造尊重关心支持项目管

理人才在关键重要岗位上发挥主观能动性和积极创造性的作用。充分信任、大胆任用、放手使用，使其真正能够施展才华。形成广纳贤才、人尽其才的高端管理人才成长考核机制与管理体系，为人才脱颖而出创造良好的生态环境和氛围。

四是建设国际项目管理人才跟踪培训与服务机制。要在广泛环节开展人才培训认证工作基础上，建立国际项目管理人才信息档案，与国际项目管理协会和英国皇家特许建造学会及相关国际组织深度合作，把优秀人才输送到国外学习深造，以实现项目管理人才的深度、持续与跨国系统培养，开展多种形式的人才服务，健全完善建筑行业优秀人才表彰激励机制，积极向国内外业主和建筑业企业推介中国国际工化程项目管理人才。

9.3　国际化人才培养要着力提高项目经理整体素质和执业能力

改革开放40多年来，我国建筑业持续保持着快速增长的发展势头，进入新阶段建筑业将面临着新的发展形势和战略任务，作为推动建筑业高质量发展的主体和骨干力量，企业和项目经理承担着极其光荣的历史使命。特别是项目经理必须努力提高自身的执业能力，勇于担当时代所赋予的社会责任。

9.3.1　推进产业现代化和建筑业高质量发展中项目经理的历史使命

建筑业作为国民经济的支柱产业，基础产业、民生产业的地位不断巩固。其发展涉及多个领域，所包含的业务范围也已融入中国社会、经济、人民生活的各个方面。从产业融合角度看任何一个部门的发展都离不开建筑业的基础性支撑作用、拉动作用和服务作用。建筑业虽然在整体上算不上是高科技产业，但任何宏伟的建设蓝图都需要经过建造过程才能变成现实，即使是最现代的高科技产业，也需要经过建造安装活动，才能使现代设备、装置有机组合成一体，形成产业生产能力。虽然，目前建筑业仍然是传统的劳动密集型产业，但具有与时俱进的特征。从马克思主义经济学基本原理出发，建筑业是整个社会生产和实现社会扩大再生产不可或缺的特殊产业。实践和事实证明，对于中国这样一个幅员辽阔、人口众多、劳动力基数大、经济发展不平衡的发展中国家，在战略机遇期乃至更长的历史发展时期，持之以恒地大力发展建筑业这样一个多功能、多层次、包容性强、弹性大的支柱产业，对于应对新技术革命和产业革命的挑战，对于促进持续经济发展、实现宏观调控目标、解决社会就业、消除穷困、缓解社会矛盾、稳定社会秩序、建设和谐家园的现实意义极为重大。

随着世界经历百年未有的大变局，我国向第二个百年奋斗目标进军的新发展阶段，建筑业发展正处于一个面临重大突破和根本性变革的关键时期，迫切需要在行业顶层设计上有一个明确的宏伟目标和愿景设想，“建筑产业现代化”的提出赋予了新阶段建筑业高质量发展新的内涵，既符合建筑业从传统产业向现代产业转型的必然趋势，也更有利于在推进“新五化”、建设美丽中国、实现中华民族伟大复兴的历史进程中，进一步强化建筑业作为基础产业、支柱产业、民生产业的实际地位，同时能够引领建筑业在全面建设社会主义现代化国家的进程中发挥支柱产业作用。

9.3.2 建筑业高质量发展必须着力提高项目经理的职业能力

为了适应新阶段建筑业的发展目标需要以及项目治理体系与治理能力现代化建设，肩负起时代赋予的历史使命，依据国际项目管理知识体系对项目经理的要求，结合我国建筑业推行项目管理改革创新的实践经验，项目经理应该从以下多个方面不断提高职业与执业能力。

一是组织管理能力。组织管理能力包括领导能力、决策能力、计划能力、协调能力等。项目经理应加强系统的理论学习，把握管理规律，熟悉管理方法，完善内部管理制度，明确责任体系和权利分配，做好项目管理目标分解工作，做到目标明确、任务清晰、分工合理，职责到位。加强建设工程组织设计和实施规划的管理工作，科学有效地组织生产，有序地组织现场劳务、材料、设备、设施等要素投入和使用，做好优化配置和动态管理。

二是过程管控能力。过程管控能力包括项目投标与采购管理、项目设计管理、目标管理、保障体系管理、竣工收尾管理能力等。项目过程管控重在抓住承包合同、工程进度控制、工程质量控制、安全生产控制、工程成本控制以及绿色施工和分包行为管控等内容。明确关键管控环节和控制点、控制方式和手段，严格按照计划、实施、检查、处置和改进的运作体系治理程序进行，确保管控工作的有效性和可持续性。

三是资源配置能力。资源配置能力主要指项目管理与治理要素组合能力。建设工程项目资源配置范围包括劳动力、原材料、成品、半成品、构配件、施工机械、施工设备、信息资料和资金投入等。项目经理应根据工程项目特点在动态分析、优化方案、综合评估的基础上，科学、严密组织编制资源配置计划。熟悉建设工程定额，掌握项目资源消耗标准，把握资源配置规律。在建设工程项目实施过程中及时总结资源配置、使用和回收利用情况，有效改进资源配置工作。充分利用管理技术工具和信息化手段进行资源配置管理的作用，明确各环节岗位职责和权限，做好收、发、领、退和清查盘点工作，做好现场堆放、上架、入库和装、运、卸等工作，严格细部环节，做到资源配置管理的精细化，使资源配置节约高效。

四是沟通协调能力。沟通协调能力包括表达能力、倾听能力、人际交流能力、自我设计能力等。项目经理应按企业规定的沟通管理制度，结合建设工程项目自身特点和建设工程项目管理组织的实际情况，明确沟通原则，制定规范的协调沟通程序，落实沟通责任，制定有效的沟通协调计划。综合掌握各个沟通环节的相关信息，畅通信息渠道，建立有效的信息收集和传播机制，做到协调沟通的及时性和快捷性，有效应对各个环节存在的问题。项目经理在进行协调沟通工作时，要严格遵守国家法律法规和行业规定，坚持诚信、公正、平等、互利的协调沟通原则，正确处理建设工程项目各参与方之间的矛盾、冲突和不一致，确保建设工程项目各方主体利益不受损失、建设工程项目总体效益不受影响。

五是团队建设能力。团队建设能力包括团队角色认知能力、团队执行能力、团队激励能力等。项目经理应结合项目特点和企业组织结构要求，组建项目管理团队。项目管理团队结构应优化组合专业、年龄、资历和工作能力，应与项目管理职能、项目运行周期相匹配，做到精干、高效。项目经理应严格按照项目寿命周期和项目管理实施规划，建立动态的团队构成机制，随着项目的运行适时调整。同时针对众多的利益相关方，厘清关系，分清主次，做好关联团队的协同管理工作，加强项目团队的核心价值观和社会责任教育，建立系统的团队激励和绩效评价制度，巩固团队优势，挖掘团队潜能。

六是危机应变能力。危机应变能力包括危机敏感能力、危机响应能力、危机处置能力、危机防范能力。项目经理应熟悉和理解工程建设过程中的各类危机事件，针对不同类型的危机事件应制定相应的应急管理预案。面对危机事件应沉着应对，准确判断事件的性质、严重程度、发展趋势以及损失程度，始终坚持既定的处理程序，严格执行事故报告规定和危机管理制度，快速、稳妥地处理事件，将各项损失降到最低，处理事件应同时做好各项防范工作，防止事态扩大和二次事件发生，总结经验教训，杜绝类似事件再度发生。

七是学习创新能力。学习创新能力包括自主学习能力、研发创新能力、持续改进能力。创新学习最能锻炼提高人的思维方式和能力。培养项目经理如何举一反三，如何学习运用以及创造出一种新的管理方法，做到项目管理创新“人无我有，人有我优，人优我特”，促使项目经理不断学习新工艺、新技术、新材料和新的管理理念和方法，准确把握行业发展和政策导向，增强观察能力，善于发现问题，抓住主要矛盾，找出解决问题的正确方法。在建设工程项目内部倡导建立学习型组织，营造学习创新氛围，总结建设工程项目管理经验，有效汲取项目实施教训，善于集成和整合激励创新成果，既要学习先进经验，又要善于巩固和放大已有成果。项目经理应在项目团队内部培育创新氛围，既要重视管理创新，也应重视技术创新，塑造企业创新品牌。

9.3.3 新时代要求项目经理首先要勇于承担社会责任

项目经理的社会责任源于企业社会责任。20世纪80年代，企业社会责任运动开始在欧美发达国家逐步兴起。社会责任包括了产品质量、环保、劳工和人权等多个方面的内容。随着党的十九大对新时代我国社会主要矛盾由人民日益增长的美好生活需要和不平衡不充分的发展之间的矛盾的重大判断，消费者自我意识的觉醒，消费者由单一地关心产品质量，转向关心产品质量、环境、职业健康和劳动保障等多个方面。企业履行社会责任在推进项目治理体系和治理能力现代化建设中已形成了较为宽泛的社会责任体系。在工程建设领域，首先项目经理是一个相对独立的职业阶层，建筑企业的社会责任在很大程度上是通过项目经理的职业行为来实现的。

一是积极履行合同责任，强化工程质量和安全生产管理。项目经理作为企业法定代表人的委托授权者，履行合同规定的内容是最基本的责任。工程质量事关国家安危和人民生命财产安全。确保工程质量和安全生产是项目经理履行社会责任的核心内容。为此，项目经理必须牢固树立“质量第一、安全至上”的观念，坚持精益求精、严谨细致的作风，严格落实安全生产责任制，加大安全生产投入，严防安全事故发生。为职工提供安全、健康的工作条件和生活环境，向广大用户提供结构坚固、功能完善、造型美观、节能环保的建筑产品。

二是坚守职业道德、依法诚信经营，自觉维护建筑市场秩序。职业道德是项目经理必须坚守的人格底线。依法经营、诚实守信是市场经济的必然要求，也是项目经理最基本的社会责任范畴。因此，项目经理必须严格遵守国家法律法规和有关工程建设管理制度，遵循商业文明，恪守交易信用，坚决抵制和杜绝违规、违法行为，自觉维护建筑市场运行秩序。

三是按照国家发展培育新型产业工人的要求，率先加强农民工培训，维护农民工合法权益。缺乏高素质的建筑业新型产业大军，是制约从传统建筑业走向现代建筑业的薄弱环节。农民工是我国建筑工人的主体，目前70%以上的农民工没有参加非农技能培训。他们的职业技能水平和文化素质远不能适应建筑产业现代化的需要。因此，项目经理要配合相关部门，在力所能及的范围内大力开展多种形式的农民工职业技能培训，改善农民工素质结构，适应建筑业发展目标的要求。要依法与农民工或用工主体签订并履行劳动合同，保证合理的薪酬和福利待遇，绝不拖欠农民工工资，建设稳定和谐的劳务用工秩序和劳动关系。

四是推进低碳绿色施工技术，深化项目管理过程责任创新。满足人民对美好生活的向往，实现建筑业高质量发展，提升项目生产力水平关键在于技术进步与管理创新驱动的支撑力量。尽管建筑业在局部领域创造了许多在世界上领先的工程建造技术和精品工程，但在总体水平与发达国家相比仍有一定差距。今后相当一段时间，项目经理要紧紧围绕新发展理念，高度关注建筑产品形成过程中的关键技术以及消费者最为关切的工程质量和安全生产，大力推广应用建筑业新技术，特别是绿色低碳技术、人工智能、智慧建造技术和“机器人无人机”在建筑产品建造过程中的引擎作用，以更好地解决安全生产和劳动力短缺问题，不断解放发展和提升项目生产力水平，为建筑产业现代化率先打开一条新的技术通道。

五是积极传递正能量，支持社会公益事业。回报社会、关注民生是项目经理应尽的责任和义务，也是中华民族数千年传承的传统美德。项目经理要以自己的实际行动，通过积极践行“以人为本、安全为先、质量为基、科技为源、管理为纲、创新为魂、奉献为荣、成果共享”新的项目管理核心价值观，建造好产品，传递正能量，弘扬新风尚。同时要热心参与扶贫、救助、慈善等社会公益活动，关心支持教育、文化、卫生等社会事业发展，勇于为党和政府分忧解难。在发生重大自然灾害和突发事件的紧急情况下，要尽其所能积极提供多方面的帮助，为建设两型社会和人民安居乐业贡献力量。

第10章

提升项目生产力水平与加强党建引领和项目文化建设

“党支部建在项目上”是北京城建总公司一公司20世纪80年代中期学习推广鲁布革工程管理中创新发展的一条成功的宝贵经验。以工程项目为对象组建项目经理部并设立党支部，是进行施工企业生产管理体制改革中形成的创造性政治保障机制。今天看来是非常正确的，具有重要的历史意义。实践证明党建引领，文化主推是工程项目管理目标实现和成功的重要法宝，必须一以贯之、毫不动摇地坚持下去。

10.1　项目党支部是党领导经济工作的最基层组织

社会主义企业既是经济组织又是政治组织，这是由中国共产党的执政地位所决定的，加强和健全党领导一切、总揽全局、协调各方的领导制度体系是中国特色社会主义最本质的特征。党对经济工作的领导就是要通过党的各级组织来实现的。习近平总书记指出，经济工作是中心工作，党的领导当然要在经济工作中得到充分体现。有利于集思广益，凝聚共识，调动各方形成合力。按照党的十九大精神，基层项目党组织建设总要求就是要在坚持和加强党的全面领导，坚持党要管党、全面从严治党，以加强党的长期执政能力建设和先进性、纯洁性为主线的指引下，以党的政治建设为统领，以坚定理想、信念、宗旨为根基，以调动全体党员的积极性、主动性、创造性为着力点，全面推进项目党支部的政治建设、思想建设、组织建设、作风建设、制度建设，特别是要把政治思想建设贯穿于工程项目管理全过程，增强

"四个意识"，坚定"四个自信"，做到"两个维护"，深入推进四个伟大工程，不断提高党的建设质量，把党组织建设成为走在时代前列，人民衷心拥护，用于自我革命，经得起各种风浪考验，朝气蓬勃的马克思主义先进政党的基层战斗堡垒。

10.1.1 项目部党组织的主要职责和领导作用

项目党支部是建筑企业党建工作最基层的战斗堡垒，是党的所有工作在企业的基础。发挥党组织的战斗堡垒作用和党员的先锋模范作用，加强对党员的教育和管理，执行党的组织工作制度，抓好党的组织生活，做好发展党员的工作；关心职工生活，做好职工的思想政治工作。具体有六项任务：

一是宣传、贯彻和执行党的路线、方针、政策，贯彻落实上级党组织决议。创新港项目党总支在把方向、管大局、保落实的基础上，发挥项目党建在凝聚各方力量、建设攻坚克难堡垒以及促进项目高质量发展等方面的政治核心作用，支持项目经理履行主体责任，为工程项目施工创造稳定和谐、攻坚克难的组织、思想和政治保证。

二是做好思想政治工作。坚持项目党支部定期进行职工思想动态分析，找准党建思想政治工作与工程项目建设的结合点，做好全体员工思想教育工作，力求全面实现项目党建工作政治学习、作风建设、文化宣传、争先创优、创新发展和志愿者服务六个引领。

三是加强党员的管理和教育，做好人才的培养、使用和管理。在严格执行"三会一课"制度，严格党的组织生活，执行党的纪律，认真开展批评与自我批评，开展民主评议党员，监督党员切实履行义务，保障党员权利不受侵犯的基础上，注重发挥党员的先锋模范作用。深入开展了"把党徽戴起来、把身份亮出来、把形象树起来""重点工程党旗红""党员先锋岗、党员责任区""一个党员一面旗""我为工程做贡献""我帮工友解难题"等形式多样的党建主题实践活动。

四是积极向上开展项目文化建设和宣传报道工作。抓住工程项目重要节点工期开展活动，加强正能量宣传力度，指导和引领项目全体员工牢记党的宗旨，坚定理想信念，以打造优秀的项目文化作为思想政治工作的抓手，加强工地对内对外宣传，内鼓士气、外扬名气，树立好人生观、世界观和价值观。

五是做好党风廉政建设。开展廉洁文化进项目活动，指导监督项目"三重一大"决策等制度的制订和修改等，对违反有关规章制度的严以制止和批评教育，并及时向上级党组织反映，营造风清气正、廉洁自律的项目部的政治生态和和谐氛围。

六是开展党建共建联建活动，领导工会、共青团组织，支持其依照法律和各自章程，独立自主地发挥其在各项工作中的作用。以组织体系联建破解“组建难”、以工作机制联动破解“推动难”、以服务活动联办破解“活动难”、保障资源联用破解“落实难”。与属地政府、行业部门、甲方按照“健全组织、完善管理、优化服务、提升素质、发挥作用”的要求，规范开展党建工作，开展各类共建联建活动，做到“三个有利于”，即有利于充分发挥党组织的战斗堡垒作用和党员的先锋模范作用、有利于推进工程项目建设目标完成和有利于行业健康和谐发展的原则，努力实现项目党建与工程建设、项目各参与方协同管理水平的提高，实现合作共赢的目标。

10.1.2 充分认识党建工作的重要性，切实加强项目党支部基础建设

加强项目部党建和政治思想工作，是全面贯彻落实党的十八大、十九大精神的基础，这是因为项目部是企业管理和各项工作以及经济效益的源头和落脚点，项目部工作的好坏直接关系着企业的社会信用，直指企业的生存发展。只有通过项目管理对生产要素的优化组合才能形成项目比较优势和核心竞争力。优秀的企业文化不在办公楼和广告牌，而主要体现在项目上，包括每个员工的信仰和追求，要做到内化于心、外化于行，同时监督保障项目团队对员工的根本利益，真正实现项目成果更好汇集各参与利益相关方和全体员工。

项目部在党支部的建设中，思想建设是最基础性的建设，必须把坚定理想信念作为思想建设的重中之重，要教育引导全体党员和职工，牢记党的宗旨，自觉做坚定信仰、忠实共产主义和中国特色社会主义的实践者。只有把党的思想建设搞好了，党支部才能带领全体员工坚持正确的政治方向，坚定党的基本纲领和基本路线，坚持科学的领导和工作方法，以保证工程项目管理目标和最佳效益的实现。

10.1.3 坚持项目经理“一岗双职”，履行落实好主体责任

项目党支部是企业党的最基层组织，必须以项目为依托，统一思想认识，组织学习教育员工的政治觉悟与树立社会责任意识。脱离项目管理载体讲党建就等于无源之水、无本之木。

项目管理的第一责任人是项目经理，按照“一岗双职”的原则同时担任项目党支部书记，这就要求项目经理要有良好的政治与专业素质，既要统筹规划组织好工程项目建设全方位的管理工作，又要切实履行好党建工作的职责，用党性原则约束

自己、管理领导好所属员工。上对企业党组织和法人负责，下对参与工程项目建设的全体员工负责。

项目部露天作业条件艰苦，往往文化生活单调，所以加强项目文化建设是党建工作和政治思想工作的重要组成部分，也是精神文明建设的支柱。加强项目文化建设就是要通过各种政治组织活动和思想教育做好项目各方利益主体的统一思想，化解矛盾，凝聚力量，更好地实现项目管理的各项目标。项目党支部特别是项目经理要为人表率、以身作则紧贴施工生产任务这个中心组织开展党建活动，包括开展创岗建设、劳动竞富、评先树模青年突击队等活动，以此促进项目进度、安全、质量、成本和现场文明施工的管理，促进项目管理全面健康发展，为成功实现工程项目管理目标和打造中国建造品牌添砖加瓦，创造辉煌。从北京城建20世纪80年代推行工程项目管理体制改革，提出“党支部建在项目上”，到进入新时代中建八局工程总包公司开展“项目党建品牌”提升活动，再到陕建交大创新港156万平方米项目集群工程部开展“一个党员一面旗帜，一个支部一座堡垒”的宝贵经验中我们可以看出坚持党组织建在项目上，坚持项目经理“一岗双责”，落实好党员主体责任，特别是履行好党风廉政建设责任是加强项目党建引领和项目文化建设，全面完成工程项目目标的重要保证。

10.2　发挥党建与项目文化创新的引领作用

党的十八大报告中关于“文化是民族的血脉，是人民的精神家园。全面建成小康社会，实现中华民族伟大复兴，必须推动社会主义文化大发展大繁荣，兴起社会主义文化建设新高潮，提高国家文化软实力，发挥文化引领风尚、教育人民、服务社会、推动发展的作用”的阐述充分显示出建设中国特色社会主义对加强文化建设和弘扬工匠精神的迫切要求，也为各行各业加强文化建设找到了灵魂，指明了方向。

10.2.1　文化建设已成为建筑业持续发展的短板

改革开放以来，建筑业有了飞速的发展，已成为国民经济的支柱产业。我们的建造技术、科研水平、项目管理等都有了长足的进步，不少已经跻身于世界先进之列。但行业并没有形成完整的共同价值观和行为规则。为什么政府下很大力气整顿建筑市场，但违法违规乱象时有发生？为什么我们建筑业能克服很多世界级技术难题，但建筑物渗漏等质量通病却一直解决不好？除了体制积弊、法制不健全、问题导向错位之外，最根本的原因之一，就是行业文化建设严重滞后、工匠精神普遍缺失。建筑人的艰辛和付出，建筑业对国民经济发展和城镇化建设的贡献，没有得到社会的普遍了解和应有尊重，其信誉和地位长期处于弱势。这一方面由于不少企业追求品质、诚信经营还只是停留在口头上，没有内化为行为规范，远没有形成职业习惯。尤其是前些年频频出现的“黑心包工头”“老赖”“豆腐渣工程”“楼脆脆”“桥塌塌”“瘦身钢筋”等事件，经报刊、网络大肆报道，在社会上引起巨大反响，严重损害了建筑业的形象。另一方面，不可忽视改革开放以来前30年由于行业主管部门一直比较重视技术和管理方面的政策指导，对文化建设重视不够，致使行业的文化建设严重滞后，缺乏软实力，正能量和主旋律没有得到及时广泛宣传，很多感人的故事报道不足，好事不出门、事故传万家。

党的十八大以来，在以习近平同志为核心的党中央领导下，社会主义文化建设日益被重视，建筑业也开始重视和打造企业文化，不少建立起了自己的企业精神、管理理念、经营方针、员工守则等，形成了员工共同的价值观，有力促进了企业的持续健康发展。但是，总体上相当多企业的文化建设只是一些口号，停留在外部形式的层面。全国大大小小十万多家企业，真正重视品牌形象、注重企业文化建设工作的企业比重很小。“文化文化，纸上写写，墙上挂挂；领导开会说说，上级来了夸夸”基本上是很多企业文化建设的真实写照。

正是看到了这些问题，中国建筑业协会酝酿多年之后，于2015年1月正式成立了建筑史志与企业文化分会，力图在推动企业文化建设、构建行业文化、宣传行业精神方面有所担当。建筑史志与企业文化分会的定位，一是宣传贯彻党和国家有关建筑业改革发展与文化建设的方针政策，联合有关媒体向政府部门及时提供行业文化建设的信息；二是探求行业健康有效发展的规律与共同遵守的价值观，向政府提出文化建设方面的建议；三是调研不同企业发展的规律和文化建设情况，在全行业弘扬优秀的企业文化与实干精神；四是开展建筑企业文化建设的交流与培训，提高企业员工的职业道德与文化素养；五是研究、汇集、记录行业与地区的建筑发展史，关注企业家与普通员工的成长。

10.2.2 加强项目文化建设是提升行业软实力和项目生产力水平的迫切需要

习近平总书记在2013年“全国宣传思想工作会议”上提出，要“讲好中国故事，传播好中国声音”。作为国民经济的支柱产业，建筑行业故事能否讲好，好声音能否发出来，关键在千千万万个建筑业企业。提升行业形象和影响力，根本途径就是要加强企业文化建设，丰富和提升企业的精神文化，培养良好的作风习惯，自觉恪守职业道德与规范。同时，要加强谋划和自我宣传力度，彻底改变建筑业“能干不能说，会干不会说，干了也不说，说了也说不好”的尴尬局面。

2021年是“十四五”开局之年，国家经济发展将进入新发展阶段，党的十九届五中全会提出坚持稳中求进的总基调，坚持新发展理念，坚定不移地推进改革开放，沉着有力地应对各种风险挑战，统筹新冠肺炎疫情防控和经济社会发展工作，把人民生命安全和身体健康放在第一位，把握扩大内需这个战略基点，深化建筑业供给侧结构性改革，不但面临消除产能过剩、产业结构调整与建造方式、承包模式的创新变革，而且需要不断扩展服务项目，提升服务品质，优化产品质量，形成良好的行业风气、习惯、自觉。建筑业与各行各业的工作和老百姓的生活息息相关。每个建筑企业，每个项目，甚至每个从业者的举止和言行，都会影响到整个行业的形象。提升行业软实力，就是要大力践行社会主义核心价值观，从企业文化、项目文化抓起，主动及时地把建筑人的好故事讲出来，及时如实地回应社会关注，在传播领域展现主动性、赢得话语权，让全社会乃至全世界更加全面客观地认识中国建筑业。

随着建筑业改革向纵深发展，今后将有更多的企业通过兼并重组，形成混合所有制经济。企业的转型升级和融合发展，都涉及理念和思想的深刻变革，更迫切需要先进的企业文化引领和支撑。特别是随着经济下行压力加大，建筑市场的竞争更加激烈。这种竞争，一定程度上也必然反映在企业文化的竞争。因为一个强大的企业必有赖于自立、自信和自强的企业文化支撑。德国、日本数量众多的百年企业，以及国内的同仁堂、海尔、华为，包括建设行业的中建五局、中建八局、金螳螂等著名大型企业的实践都充分证明，只有通过倡导脚踏实地、一丝不苟、精益求精、认真做事的工匠精神，从改进行业服务、提高产品质量的角度加强行业文化建设、增强企业软实力，企业才能做大、做强、做优，并能在国内国际市场上立于不败之林。

10.2.3　加强项目文化建设，深刻领悟把握文化内涵实质是深化提升项目生产力软实力的精神支柱

企业是有机的生命体，发展既要靠科技和管理硬实力，又要靠文化和精神软实力。项目文化是除人、财、物等生产要素之外重要的软实力管理资源，既包括企业

内部文化，又包括建筑产品建造过程的文化内涵，是以企业为主导，以项目为载体的企业文化的延伸和细化，是对企业文化的丰富和发展。企业文化一般指企业长期形成的共同理念，是对企业精神、宗旨、价值观以及经营战略和管理行为的总称。人们常说一年企业靠产品，十年企业靠品牌，百年企业靠文化。

项目文化是企业在工程项目管理的实践过程中形成的，具有五大特征：一是人本文化特征。人本文化的实质就是以人为本，一个项目的完成少则上百人，多则上千乃至万人，最能体现以人为本，所以人本文化就是以企业文化凝聚员工归属感、使命感和积极性与创造性。它要求企业和项目要为员工创造可持续发展的成长环境，项目在追求自身的利益同时，更要兼顾员工的成长和利益需求。其价值观充分体现了管理层与劳务层从地位、岗位、待遇上一律平等，项目成果管理的理念。项目人本文化建设，可根据项目规模、工期和难度等实际情况制定相应的项目规划和制度，例如，陕西西安交大创新港工程项目部在实践中建立运用无情的监管考核制与有情的奖罚制度，促使项目群53个单体项目所有参建人员树立主人公意识，调动激发员工积极性，奋力拼搏，用项目文化约束员工言行，用优异成绩维护项目形象，实现了项目劳务队伍良性的循环管理和圆满完成。

二是显性文化特征。显性文化具有指向性和推动作用，一个在建项目由于有诸多利益相关方参与联动完成。但这些参与方来自不同企业，其企业文化各有特点与差异，尚需要项目文化通过一定的表达形式（如宣传、板报、条幅等）、制度建设、管理作风、文化氛围等营造良好环境进行潜移默化地熏陶和感染，达到项目环境育人的效果，以激发引导项目相关参与方从不同的企业文化和专业分工到发挥主观能动性和创造性，围绕项目总目标凝聚合力，形成共同体，实现项目管理全过程的合作共赢。

三是劳动文化特征。建设工程多为露天作业，由于受气候影响，天阴下雨、冬雪暑热劳动条件极差，工作难度大，这种露天劳动是成功完成工程建设项目为人民群众提供宜居造福于民的经济建设主体。同时也赋予了项目文化的深刻内涵，是一种伸张劳动价值和地位、劳动者尊严和权益的文化，是一种弘扬和体现劳动者的经济政治主体、工匠精神主体和社会历史主体地位的价值观，是一种属于劳动者（劳有）、依靠劳动者（劳治）、为了劳动者（劳享）的大众文化。它在整个社会文化结构中和工程项目管理的成功实践中具有非常重要的位置。

四是团队文化特征。团队文化是指团队成员在相互合作的过程中为实现各自的人生价值，为完成共同目标而形成的一种潜意识文化，是以全体员工为工作对象，在团队负责人的领导下通过学习培训、宣传教育、制度建设、交心联谊等方式最大限度地统一团队意志、规范员工行为、凝聚全员力量形成团队精神，按照班长负责、各司其职、相互尊重的原则，共同对团队制定的总目标服务。一个企业的持续发展和一个项目的成功重在领导集体这个团队的管理水平与治理能力，例如中建五局在企业发展中所形成的“信合”文化正是充分体现了团队文化精神，也是在“信合”文化建设引领下通过全体员工的共同努力，中建五局从一个长期的潜亏企业一跃上升到中国建筑前三序列，实现了跨越性的发展。

五是形象文化。形象文化是在企业和项目文化的指导约束下形成一定独特的现场文明施工+CI标识的展示文化。它是企业文化的外在表现。我们经常可以看到一个工程项目在建造过程中的现场展示，人们往往不论是驾驶车辆还是乘坐火车、飞机都能看到项目工地的管理现状，并予以褒贬评价。良好的项目形象文化某种程度上可以形成品牌效应，不仅能调动和激发项目参与各方与全体员工的责任感和积极性，而且还会为企业扩大产品在市场上的占有率及知名度和美誉度带来了良好的社会效益。

10.3 项目文化建设要弘扬工匠精神和传承鲁班文化

2017年全国两会上，广受人们关注的“工匠精神”也首次出现在政府工作报告中，实践证明工程建设需要传承鲁班文化，弘扬工匠精神。每个行业都有自己的历史传承和文化底蕴。对于中国建筑行业而言，最有代表性的传统文化就是鲁班文化。

10.3.1 弘扬工匠精神与传承鲁班文化具有重要的时代精神和现实意义

面对新发展阶段进一步加强企业和项目文化建设，弘扬工匠精神和传承鲁班文化，提升发展软实力，对新阶段建筑业持续高质量发展具有强烈的现实意义。

第一，弘扬工匠精神和传承鲁班文化，是积极践行党和国家关于弘扬优秀民族传统文化要求的具体体现。

鲁班是我国古代优秀的工匠和杰出发明家。他集匠心、师道、圣德于一身。他巧技制胜、规矩立身、授业解惑、致善于人、创新垂法、博施济众，给我们民族留下了更为崇信物质和精神文明的实物创造和生产。历史是根，文化是魂。30年前，中国建设行业创立了鲁班奖，在行业产生了巨大的影响，鲁班文化得到了较好体现。但近年来，部分企业申报鲁班奖时掺杂了更多的功利主义，忽视对鲁班文化的传播和企业经营理念的提升。甚至有极个别企业为了得到鲁班奖，竟采取有损于社会风气的不良手段，严重背离了鲁班文化精神。另外，也由于规模名额限量，更多的企业没有机会和能力申报鲁班奖，鲁班文化对这些企业的影响非常有限。鲁班文化还没有实质性地成为全行业的文化认同、价值追求，有不少从业人员根本就不了解鲁班文化。因此，大力开展"弘扬工匠精神和传承鲁班文化活动"，不但是传承优秀民族传统文化，也是巩固和升华开展"争创鲁班奖工程"活动的最好形式和抓手。在当前产业面临转型升级、日益重视工匠精神的今天，建筑业率先开展此项活动，把优秀的传统文化和精神遗产与时代脉搏相融合，独具行业特色，一定能为社会注入正能量，产生较好的社会效益，提升建筑业的社会影响力。

第二，弘扬工匠精神和传承鲁班文化，是贯彻落实工程质量提升行动的实践延伸和升华，有助于促进工程质量和安全生产水平的提高。

2016年全国两会上建设质量强国也首次出现在政府工作报告上。随后的5月19日，中共中央国务院在《国家创新驱动发展战略纲要》中提出"推动质量强国和中国品牌建设"。2017年又印发了《中共中央 国务院关于开展质量提升行动的指导意见》，明确实施质量强国战略。质量强国既是目标也是方向，建设工程质量强国是过程，也是路径。新阶段建设质量强国必须在政策举措、生产方式、过程监控等方面落地、落实、落细上下功夫。工程质量治理行动要求集中一段时间以问题为导向解决一批存在的问题，特别是通过解决问题，建立起一个新体制和新机制，形成一个习惯和常态化，乃至形成一种文化。中国建筑业协会开展的创建鲁班奖工程活动之所以在行业和社会上具有很强的影响力，就在于这项活动已经成为提高工程质量的一面旗帜，形成了一种激励机制，树立了一个品牌，成为企业精细管理、诚信经营、树立社会形象的追求目标，成为行业激励上进，崇尚竞争，奉献社会，展示建筑业把提高工程质量视为生命的决心和见证。

第三，弘扬工匠精神和传承鲁班文化，有利于促进一线操作工人学技术、钻业务，打造一支新型的建筑产业工人队伍。

建筑业是一个劳动密集型产业，一线工人素质的高低，直接影响着建筑产品质量和安全生产。大力弘扬工匠精神、传承鲁班文化，表彰建筑业的典型人物，传播建筑业好故事，唱响建筑业好声音，可以引导社会公众改变对建筑业"土、粗、脏、累"的印象，有效提升建筑人的职业声望，在行业内形成一种精益求精、追求卓越的文化氛围，从而吸引更多农民工和优秀的年轻人投身建筑业，激励一线从业者爱岗敬业，踏踏实实学习新技术、掌握新本领，从而为打造一支高素质的新型产业工人队伍奠定基础。

第四，弘扬工匠精神和传承鲁班文化，有利于围绕践行“一带一路”建设，提升“中国建造”品牌的美誉度，更好地实施企业“走出去”战略。

进入21世纪以来，我国建筑业企业对外承包工程业务快速发展，规模不断扩大，质量效益逐年提高。但也有不少企业失败多于成功，教训多于经验。除了一些客观原因，一个主要的主观因素就是中国企业往往会发生“自相残杀”的现象，特别是个别企业把国内市场的陋习带到了国际市场，严重损害了中国企业在国际社会上的声誉。随着“一带一路”建设的推进，广大建筑业企业都已进入战前谋划，力争担当生力军，这就更加迫切需要优秀文化来引领企业规范行为。2014年10月11日，在德国访问的李克强总理向德国总理默克尔赠送了用铝合金制造的一把小巧精致的鲁班锁，不但体现了对中国古代精艺制造的自信，也为我们在国际上传承鲁班文化、展示中国建造实现传统技艺与现代科技完美结合的新思维提出了新要求。一旦有一大批具有强烈工匠精神与鲁班文化的建筑业企业在国际上得到认同，一旦中国的鲁班文化在国际上受到尊重和认可，必然会助推中国建筑业企业更好地“走出去”，在国际上树立良好的形象。

10.3.2 弘扬工匠精神和传承鲁班文化必须深刻领悟鲁班文化的精髓内涵

弘扬工匠精神和传承鲁班文化，首先要充分发挥工匠精神对行业发展的驱动力。同时要研究、挖掘鲁班文化的深刻内涵。这些年来，结合广大企业创建鲁班奖工程的实践中企业和项目文化建设的理论创新和经验积淀，我们认为，新时期对鲁班文化还应赋予其新的内涵：鲁班文化的鲜明特点具有三大精髓：一是精湛，二是勤奋，三是创新，其主要内容为：

——严守规矩，诚信执业的工匠本色。

——勤于思考，勇于探索的创新意识。

——吃苦耐劳，爱岗敬业的奉献精神。

——注重科技，求真务实的科学态度。

——精益求精，追求卓越的品牌战略。

——互相帮衬，合作共赢的行业风尚。

鲁班文化不是口号，需要内化于每一个人身上和心中。从行业高质量发展的视觉出发，应该倡导在建筑业尽快兴起一个大力宣传弘扬工匠精神、传承鲁班文化的热潮，并希望得到各有关部门的重视和支持。

第一，建设主管部门应将“弘扬工匠精神和传承鲁班文化”列为建筑业改革发展的一项重要工作，作为行业文化建设和提升软实力的核心内容，与体制建设、机制建设、制度建设四位一体，自上而下共同推进。像开展工程质量治理两年行动一样，动员行业协会、主流媒体等各方力量，挖掘典型事迹，大张旗鼓宣传报道。

第二，弘扬工匠精神传承鲁班文化，行业协会应率先组织开展相关活动，编辑出版有关图书，讲好建筑业故事。特别是当前要结合行业实际，联合支持有关媒体、艺术团体编写录制一批具有行业主旋律、正能量的文化和艺术作品，大力宣传和弘扬建筑业在社会主义建设中的辉煌业绩与巨大成就。2021年是“十四五”规划开局之年，我们将以此为契机，进一步加强和推进行业文化建设上台阶，并启动倡导开展大国优秀工匠创建和建筑业改革发展系列丛书撰写活动，为确保“十四五”时期建筑业高质量发展和项目管理优化升级开好局、起好步。

第三，在全行业重塑和推广“师带徒”的优良传统育人模式。在传统建筑工艺优势地区，将建筑业技术匠人的培养纳入职业教育范畴，加大办学扶持力度，建立能工巧匠带徒补贴制度，健全完善技能工人专业培训、等级认定、业绩考核的长效保障机制；推广部分企业已经成熟的“一帮一”“师带徒”的好经验，通过师徒传习的教育模式，将品行和技术传授给弟子。同时要不断改善和提高一线操作工人的作业环境和薪酬福利待遇，促进农民工向新型产业工人转变。

第四，在建筑类职业院校的教育中，植入鲁班文化有关内容，培养学生尊师爱徒、诚实守信、尊重技艺、精益求精的良好风尚。弘扬工匠精神和传承鲁班文化，需要宣传舆论正确引导，各级领导高度重视，行业协会率先推动，广大企业和从业人员努力践行。中国建筑业建立和加强建筑史志与企业、项目文化工作，就是要充分发挥平台资源和行业优势，围绕住房城乡建设部的中心工作，在加强企业和项目文化建设中以宣传弘扬工匠精神和传承鲁班文化为主线，精心策划相关活动，在业内传播正能量，向社会传递好声音，讲好建筑业故事，助推行业扩大影响，提升软实力，为建筑业健康持续高质量发展，全面建设社会主义现代化国家，实现中华民族伟大复兴的“中国梦”贡献力量。

附录

贯彻落实《若干意见》坚持创新驱动发展
积极务实推进和实现建筑产业现代化

为认真贯彻落实党的十八届三中、四中全会精神，深化建设工程建设管理体制改革，促进建筑业持续健康发展，住房城乡建设部自2014年7月1日出台印发了《关于推进建筑业发展和改革的若干意见》（建市〔2014〕92号）（以下简称《若干意见》）之后，又先后印发了《全国建筑市场监管与诚信信息系统基础数据库数据标准（试行）》、《关于进一步加强和完善建筑劳务管理工作的指导意见》（建市〔2014〕112号）、《建筑工程施工转包违法分包等违法行为认定查处管理办法（试行）》（建市〔2014〕118号）（以下简称《认定查处管理办法》）、《建筑施工项目经理质量安全责任十项规定（试行）》（建质〔2014〕123号）、《建筑工程五方责任主体项目负责人质量终身责任追究暂行办法》（建质〔2014〕124号）（以下简称《暂行办法》）以及《工程质量治理两年行动方案》（建市〔2014〕130号）（以下简称《行动方案》）和《关于开展严厉打击建筑施工转包违法分包行为工作的通知》（建办市函〔2014〕545号）等系列文件，以工程质量治理两年行动为突破口，从规范建筑市场、改革行政审批、减轻企业负担、加快技术进步、诚信体系建设、深化项目管理、提高人员素质、保障工程质量和安全生产等方面，就解决当前建筑业存在的一些突出问题提出了诸多卓有成效和新意的举措。可以说这是10多年来建设主管部门为加快建筑业改革与发展具有里程碑意义非常重要的指导性文件。

可能有人要问，为什么这么短的时间内连续如此密集地下发如此多的文件，大家知道，改革开放以来，我国建筑业进入了一个蓬勃发展的鼎盛时期，2013年完成总产值高达15.9万亿元，约占全国GDP总量的7%，已成为国民经济名副其实的支柱产业。但是由于很长一个时期，建筑业在政策指导和市场监管方式上严重滞后，欠账过多，加上建筑业这个产业又是一个劳动密集型的传统产业，以至于造成行业存在着诸多深层次突出矛盾和问题。按照党的十八大和三中全会关于“加快转变经济发展方式”，推动经济更有效率、更可持续发展的总目标要求。2014年以来住房城乡建设部领导高度重视建筑业的发展和改革，特别是王宁副部长主管建筑业工作以来，多次深入省市、企业进行调查研究，为《若干意见》以及一系列文件的制定和出台做了大量的调研工作，为全面深化改革、破解行业难题、促进行业发展、提高建设水平起到了重要的推动作用，也充分彰显了住房城乡建设部领导对于解决行业深层次问题的远见卓识和坚定决心。下面我结合学习《若干意见》和《行动方案》就建筑业企业贯彻落实文件精神谈几点体会，供参考：

第一，建立统一开放和规范的建筑市场是《若干意见》和《行动方案》破解行业难题，治理工程建设领域深层问题的首要任务

党的十八届三中全会提出了"充分发挥市场在资源配置中的决定性作用和更好发挥政府作用"，应该说我国建筑业是最早进入市场的，早在20世纪80年代，国家将建筑业最先作为城市经济体制改革的突破口率先进入市场的。但30多年来，反而觉得路子越走越窄，究其原因没有处理好政府和市场的关系是主要问题之一。在当前转变行业发展方式的新形势下，建筑业要推进和实现产业现代化没有别的选择，只有按照《中共中央关于全面深化改革若干重大问题的决定》要求不断深化改革、出重拳破解阻碍建筑业发展的一些热点难点问题，切实为建筑业持续健康发展创造条件、攒足后劲。应该说《若干意见》和《行动方案》等系列文件正是在这个大背景下出台的。

一、《若干意见》从实际出发，突出行政审批制度改革，坚持"放管并重"的市场准入原则

《若干意见》第三条要求"各地要严格执行国家相关法律法规，废除不利于全国建筑市场统一开放、妨碍企业公平竞争的各种规定和做法"；同时要求"各地要加强外地企业准入后的监督管理，建立跨省承揽业务企业的违法违规行为处理督办"。消除地方壁垒，建立全国统一规范的建筑市场既是党和国家的要求，也是广大建筑业企业的迫切要求。对于这个问题长期以来中央和地方主管领导一直有争议和没能够解决，究其原因主要是地方政府怕税收流失和政绩减少而不愿意实施。也有本地一些企业观念陈旧，对市场经济不适应，要求当地政府设置门槛阻挡外地企业进省以保护自己。《若干意见》这次较好地解决了这个问题，而且特别注意放权和监管并重。前者对于跨省、跨地区承揽工程项目，在前期放宽准入，同时要求在进入后加强地方政府监督管理、规范企业市场行为，既解决了地域壁垒问题，又切中了治理问题的要害。

《若干意见》第四条就推进行政审批制度改革方面提出“坚持淡化工程建设企业资质、强化个人执业资格的改革方向”。在“简政放权，推进审批权限下放”的同时，“注重对企业、人员信用状况、质量安全等指标的考核，强化资质审批后的动态监管”“取消部分资质类别设置”。从最近下发的资质标准和资质审批等规定进一步体现了在行政审批上进行“放”的原则。比如，专业资质已从原来的60多项减少到30多项，并且很大一部分逐步下放到地方政府审批，同时还将研究取消劳务资质。在人员执业资格、资质审批后的动态监管方面加强“管”，放开了虚的外表治理，抓住了能解决的实质性问题，这是一项消除和减少建筑市场混乱，促进建筑业健康持续发展的重要举措。因为工程建设是社会性很强的活动，其本身都与社会公共利益及社会公众的生命财产安全息息相关。而工程建设又是专业性很强的活动，只有具备相应专业知识和能力的人员，才能遵照工程建设客观规律，建成安全可靠的工程。

几十年来，在市场准入方面，我国一直强调的是企业资质管理制度，在计划经济和市场机制不成熟的情况下，这种管理制度无疑是社会成本很低并行之有效的好制度。但随着在市场经济体制不断完善，企业员工流动频繁，单靠实施企业资质管理制度与市场经济体制已不太适应，而且会带来一系列的问题。比如，目前企业资质等级成了业务能力、水平的代名词和投标资格认定的唯一评判标准，因此很容易成为“商品”。无资质、低资质的就花钱挂靠，有资质的则出借资质牟利，这几乎已成为某些企业经营之道，这种现象虽然主管部门三令五申加以禁止，但这种现象却愈演愈烈，不能不说这正是在市场经济体制下采用单位资质管理制度这种不合理的规定所决定的。所以很有必要在政策导向上，加强个人执业资格的行业和社会化管理。因为现在企业对员工的约束力往往是靠经济利益为主。一些人为了获取自身的更大利益，很容易有弄虚作假、以次充好、偷工减料等违法行为，使工程质量、安全受到很大威胁，引发了建筑市场混乱。

纵观世界，凡是实行市场经济体制的国家，几乎都不采用单位资质管理制度，而是由社会或行业对执业个人直接进行监管，实行与市场经济相适应的个人执业资格制度。但由于我国长期以来一直实行企业资质管理制度，一下完全放弃，马上全部实行个人执业资格管理制度，一时会引起社会的不适应，必须要有一个过渡期。在这个过渡期主要是发挥社会信用、工程担保、保险等市场先行机制的作用。

二、《若干意见》为企业减负，取消各类保证金提出了改革方向

《若干意见》在改革行政审批的同时，根据行业的呼声，为了进一步减轻企业负担，提出了全面清理涉及工程建设企业的各类保证金押金等，对于没有法律、法规依据设置的各类保证金一律取消。第十一条提出进一步规范工程质量保证金管理，积极探索试行工程质量保险制度。对已实行工程质量保险的工程，不再预留质量保证金。

在市场经济条件下，应该说“保证金”制度是一种具体的担保方式。作为一种法律手段和经济工具，“保证金”制度是有其积极的一面。但目前，建筑市场才中出现了保证金“搭便车”的现象，且有愈演愈烈的趋势，给建筑业企业、行业和国家等方面都造成直接的或间接的危害。

1. 保证金制度对建筑企业造成的危害

目前，建筑市场竞争激烈，绝大多数的建筑企业资金普遍紧张，而且多角债盛行，建筑企业微利经营，保证金制度使得建筑企业现存的弱势地位更是“雪上加霜”。保证金制度对企业造成的危害体现在以下几个方面：

一是加大企业流动资金紧张程度。根据对东、中、西部建筑企业的抽样调查测算，2011年末全行业的各类保证金余额为1.05万亿元。二是增大企业财务费用和成本。在各类保证金的交纳形式中，除履约保证金由一半可以用银行担保、一半交纳现金外，其他诸如投标保证金、质量保证金、农民工工资保证金、注册保证金等均要用货币资金的形式，为此需要支付大量的财务费用。三是侵蚀企业利润。随着保证金数额的日益膨胀，保证金在施工产值中的比例已经高于产值利润率，保证金数额已经大大超过企业利润。

2. 保证金制度对建筑市场运行的危害

众所周知，建筑业企业在建筑产品生产链上处于弱势地位，业主方和其他相关方利用其强势地位，长期以来不仅把中标价压得很低，而且在多个环节上肆意盘剥施工企业，以霸王条款的方式强行让承包方接受不平等条约，助长滋生腐败现象，加剧了市场交易的不公平、不公正、不合理，使企业的生存环境不断恶化，严重破坏了我国社会主义市场经济体制下建筑市场规则的健康运行。

据我们调查现在建设领域的各类保证金有两大类，10项之多。一类是国家部委规定的，包括工程投标、履约、质量、农民工工资保证金。第二类是地方政府规定的，包括企业注册、诚信、工期、安全、纳税、维稳保证金。截至2011年初，北京城建集团质量保证金被拖欠4万亿元，中铁总公司几百万亿元，中建一局30.1亿元约占合同额的5%。以2011年全国建筑业竣工产值计算，保守数字仅质量保证金一项就高达2 000亿元以上，真正返还的约为15%，其中80%以上被建设单位无偿占用。现行的工程质量保证金留置比例为工程总造价的3%～5%，大部分项目按5%执行。2013年，全国建筑业产值利润率平均仅为3%左右。也就意味着施工企业的全部利润甚至一部分成本要在工程竣工验收合格后的2～5年才能逐步拿到，这无疑给施工企业背上了沉重的包袱。综上，名目繁多的各类保证金让建筑企业不堪重负，特别是质量保证金预留数额巨大、无利息、拖欠返还严重，致使现金流吃紧，财务状况不断恶化，职工切身利益得不到有效保障，建筑企业深受保证金制度困扰，苦不堪言。大量的事实证明，保证金制度已经偏离了原始的目标，走向了其反面，逐渐演变成为阻挠建筑市场公平和规范运行、建筑企业以及建筑行业持续健康发展的罪魁祸首之一。

3. 建筑业企业相关保证金制度改革的方向

从改革和发展的趋势看，既是法律法规规定必须设置的个别保证金，也应推行以银行保函形式实行工程保险等制度比较科学合理，尽量避免以现金形式留置各类保证金，以切实减轻施工企业资金压力。

一是清理和废除没有任何法律和政策依据的保证金制度。对各地方自行出台的、没有法律和政策依据的、与现有法律规章相冲突或重复的保证金等，一律予以清理和废除。特别是工程质量保证金，由于其法律依据不足，且涉及的主管部门少，应采取措施，尽快研究制定相关政策，予以废除。二是进一步规范相关保证金制度的运行。要加强对相关保证金制度运行的行政监管，把对相关保证金制度的运行状况的管理，纳入建筑市场综合执法检查的范畴。加大执法检查和查出力度，提高违规行为主体的违规成本。三是要明确保证金的支付形式。鉴于建筑业企业流动资金需求量大、周转异常紧张的状况，建议相关主管部门能做出统一的规定，对于确实需要设立的保证金，一律采用银行信用担保的方式，不适用现金支付的方式。

同时要建议尽快修订和完善相关法律法规。《建筑法》《招标投标法》《合同法》以及相关的部门规章，都有许多需要根据经济体制和市场格局的变革进行完善的方面，特别是对《建筑法》的修订已刻不容缓，以便于能够从源头上解决有关部门随意设立的保证金名目的不良行为，从根本上依法治理建筑市场主体，净化建筑市场环境，维护市场运行的公平和效率，保护建筑企业的基本权益。

三、《若干意见》突出了对招标投标方式进行改革，强调发挥市场配置资源的作用，要加强行业诚信体系建设，通过实施“优胜劣汰”，建立守信激励、失信惩戒机制

《若干意见》的亮点之一就是对工程招标投标中的一些不合理制度和监管方式

进行了较大的改革试点，这是一个很大的进步。第四、五、六、九条分别要求“调整非国有资金投资项目发包方式，试行非国有资金投资项目建设单位自主决定是否进行招标发包”，同时要求“各地要重点加强国有资金投资项目招标投标监管”，试行推广“评定结合”。倡导“优质优价”，建立与市场相适应的工程量清单和定额管理体系，以满足不同设计深度，技术复杂程度、多种承包方式的计价需要。鼓励引导建设单位等工程参建各方主体通过市场化运作，综合运用信用评价结果，探索从主要依靠资质管理等行政手段实施市场准入转变为充分发挥社会信用、行业评价、工程担保等市场机制。这一改革既有利于真正发挥市场主体作用，又能促进企业诚信经营，既能够明确监管重点，解决监管机构精力分散问题，又为非国有资金项目的建设方和承包方在时间和资金上有效减负，兼顾了效率与公平。其实，过去好多项目的招标投标都是按游戏“潜规则”围标串标走过场，行政程序复杂，社会资源浪费，工程交易成本高，加大了企业的负担。按照《若干意见》精神，目前各地在招标投标中各地都将不断调查评标方法，从过去注重商务标到增加技术标分值，再到增设资信附加分，特别是对一些高、大、难、深项目多数省份都在“推广评定结合”或“综合评估法”，比如广东、深圳、天津、四川等省市都出台了一些新规定。面对这些一系列重大改革措施的出台，企业如何应对，我认为当前最紧迫的是要加快“两个转变”：一是要把长期以来靠压低标价、降低费用的市场竞争转向以质量取胜和诚信经营的品牌企业竞争；二是把以企业资质高低的市场准入转向项目管理人才，特别是项目经理职业化水平高低的市场竞争。这也是当前适应改革，促进企业实施品牌发展战略的必然选择。首先是要通过“质量兴业”树立企业品牌形象，多创精品工程，特别是充分发挥鲁班奖工程的品牌效应。同时又要弄清名牌和品牌的不同含义，“名牌战略”是以单一的产品质量为核心，提高企业在市场上的占有率。今天讲鲁班奖工程，它的深刻内涵包括技术进步、工艺革新、绿色施工、廉政建设，这就进一步明确鲁班奖工程是一个系统工程、民生工程、环保工程、廉政工程，真正具有行业和社会品牌效应的优质示范工程。

另一方面，又要弄清品牌企业发展战略除了优质的产品质量外非常注重以信誉和服务质量为核心，提高企业在市场的竞争力。第一“诚信”是为客户考虑，从市场来的。第二“诚信”为本，它能转换为商机。第三“诚信”回归企业管理，它不是空中楼阁。

另外，实施品牌企业发展战略，人才是关键，尤其是复合型管理人才更重要，随着市场体系的建立，某种程度上，今后企业在市场上的竞争将成为人才的竞争，特别项目经理职业化水平高低的较量。所以对项目经理素质执业能力的要求将越来越高。

但是我们还要看到，即使《若干意见》这样的改革措施仍然不可能全都解决，一些不切国情及市场外部环境的问题，比如可能还会存在低价中标的问题。过去强调最低价中标，对建筑行业、建筑企业乃至工程质量的伤害是巨大的，正是因为有最低价中标的规定，有些企业恶意低价抢标的行为才能得逞。但作为一项改革措施又不能简单规定若干具体额度，这没办法考量。但标底最多下浮多少，应规定个下限。比如有些省就对国有资金投资的项目规定了下限，江苏实行房屋建筑最多下浮3%、安装和装饰下浮5%、市政工程下浮8%、园林工程下浮10%。天津设置成本控制价，低于该价格投标的报价不参加商务标评审。这些较为较科学合理的新规定，从造价上可以保证工程质量和企业应有的价值利益，如果一个工程项目中标价比标底下浮百分之二十几，甚至百分之三十几，还能保证工程质量吗？所以我们将建议有关部门在进行文件实施具体办法中不仅要对国有资金投资的项目招标投标设中标价比标底下浮的下限，对自主选择招标发包的非国有资金项目，也应该提倡设下浮的下限，以避免搞盲目的低价中标。

第二，树立红线意识，采取有效措施，以工程质量治理为突破口，是《若干意见》和《行动方案》破解行业难题保障工程质量和安全生产的永恒主题

习近平同志在关于《关于全面深化改革若干重大问题的决定》说明中强调“要始终把人民生命安全放在首位，发展决不能以牺牲人民生命为代价，这必须作为一条不可逾越的红线”。大家知道，建筑生产活动是关系到亿万人民生命财产安全的大问题，面对今天新型城镇化建设的快速发展，赋予建筑业的艰巨任务，建筑业如何进一步强化红线意识，不负历史使命，自觉履行社会责任。《若干意见》和《行动方案》以及系列文件给我们指明了方向，提出了“完善工程质量终身责任制、落实参建各方主体责任”。《行动方案》在工作任务中更加明确要全面落实五方主体项目负责人质量终身责任，通过“严厉打击建筑施工转包违法分包行为”保障工程质量和安全生产，归纳起来主要有以下几个方面：

一、加大了安全生产专项费用投入，强化对建设单位的行为监管

《若干意见》第“十五条”提出“完善企业安全生产费用保障机制，在招标时

将安全生产费用单列，不得竞价”，这一条对我们施工企业非常重要，解决了保障安全生产专项费用投入，既有完成过河目标，又有经费保障解决如何过河的问题。特别是系列文件明确了业主要对工程质量要承担全面责任。(《五方责任》第五条，《若干意见》第八条）一针见血地指出：强化建设单位的质量责任，建设单位不得违反基本建设程序，不得指定分包和肢解发包工程，不得任意压缩工期和工程造价。其违法违规或不正当行为造成工程质量事故的应承担责任。这就从“源头”上解决了建筑市场混乱不规范，严重影响工程质量的关键环节。《建设工程五方责任主体项目负责人质量终身责任追究暂行办法》也从法规上强调了业主、监理、设计方对工程质量的责任，克服过去一有事故就片面找施工单位的问题。文件还就安全生产监管，强调完善质量检测制度，推进安全标准化建设和特种作业专项治理等做出了明确规定。

二、全面落实工程建设五方项目负责人质量终身责任

产生工程质量问题的原因很多，但其中一个主要原因是质量责任落实不到位，特别是个人的责任不落实。现行法律法规对工程质量终身责任作了原则性规定，但没有明确和落实到具体人。这次系列文件都从不同角度，强化对个人质量终身责任的落实，真正让该负责的人切实负起责任。

一是明确了质量终身责任人和相关责任。工程质量责任涉及的单位和人员不少，但具体到一个工程项目，责任最大、作用最关键的首推工程建设五方责任主体的项目负责人，具体讲就是建设单位项目负责人、勘察项目负责人、设计项目负责人、施工项目经理和监理总监理工程师。《暂行办法》明确规定，工程项目在设计使用年限内出现质量事故或严重质量问题，首先要追究这五个项目负责人的责任，而且是终身责任。同时要求，在工程项目开工前，五方主体的法人必须签署授权书，明确本单位的项目负责人。

二是建立了三项责任制度。为确保质量终身责任的落实，建立了书面承诺制度、永久性标牌制度和信息档案制度。书面承诺制度，就是要求五个项目负责人，在工程开工前必须签署工程质量终身责任承诺书，对工程建设中应该履行的职责和应该承担的责任作出承诺。永久性标牌制度，就是要求在工程竣工后，在建筑物明显位置设置永久性标牌，载明五方主体单位名称和项目负责人的姓名，接受社会监督。信息档案制度，就是要求建立以五个项目负责人的基本信息、质量责任承诺书、法人授权书为主要内容的质量终身责任信息档案，工程竣工验收合格后移交城建档案管理部门，以便于发生质量问题后及时追究其相关责任。

三是加大了责任追究力度。在工程设计使用年限内，凡是发生工程质量事故或严重质量问题的，都要依法追究五个项目负责人的责任，包括经济责任、诚信责任、执业责任和刑事责任。诚信责任，就是将其不良行为计入诚信档案，向社会曝光。执业责任，就是依法给予暂停执业、吊销执业资格证书、终身不予注册等处罚。项目负责人有行政职务的，还要承担相应的行政责任，构成犯罪的，由司法机关依法追究刑事责任。发生质量问题时，不管五个责任人是否已经离开原单位、是否已经退休，都要依法追究其终身责任。《暂行办法》同时明确，在追究五个项目负责人责任的同时，并不免除企业法人和其他责任人员应当承担的责任。

在此，特别强调一下质量终身责任承诺制度的落实。因为这是一项新的制度，对于已经开工、正在建设的工程项目，五方主体的法人需要补签项目负责人授权书、项目负责人需要补签质量终身责任承诺书，工程质量监督机构负责督促落实，没有补签的，不予办理工程竣工验收备案手续；对于新开工的工程项目，一律严格按照《暂行办法》的规定执行，没有授权书、承诺书的，工程开工前，不予办理工程质量监督手续，不予颁发施工许可。工程竣工后，不予办理工程竣工验收备案手续。

三、严厉控制转包挂靠和违法分包行为，保障工程质量与安全生产

从目前一些工程质量和安全生产事故中发现，不少并非技术能力和防护设施缺陷造成的，而是由于转包挂靠等违法行为致使劳务用工混乱造成的。严重扰乱了建筑市场秩序，影响行业形象，阻碍行业发展，造成工程质量和安全生产无法保障。可以说这是建筑市场混乱的“万恶之源”，是行业发展的“毒瘤”，社会反应十分强烈，因此严厉打击转包挂靠等违法行为，刻不容缓。

一是文件明确了转包挂靠等违法行为的具体表现和形式。

在这次工程质量治理两年行动中，建设单位违法发包也是严厉打击的内容之一，但重点是施工企业转包挂靠等违法行为。当然，打击是治标之策，关键还是要靠广大施工企业、项目经理守法经营、诚信经营、质量经营，自觉抵制转包挂靠等违法行为。在2014年9月4日召开的全国工程质量治理两年行动电视电话会议上，中国建筑业协会向全国建筑业企业发出了《保障工程质量，禁止转包违法分包行为倡议书》，要落实倡议书提出的要求，自觉抵制转包挂靠等违法行为，必须先了解转包挂靠等违法行为的具体表现。这次部里制定的《建筑工程施工转包违法分包等违法行为认定查处管理办法（试行）》，主要从合同、人员、工程款项来往等方面，对施工企业的转包挂靠等违法行为的定义和具体情形认定做出了统一标准。

转包的7种情形，如施工单位将其承包的全部工程转给其他单位或个人施工的；或将其承包的全部工程肢解以后，以分包名义分别转给其他单位或个人施工的；这里我想强调一点，就是对集团公司全资所属分公司分包的工程，从法律角度看是不合理的，但从实际中看这种情况普遍存在，又是有它的合理性，所以在检查中应区别情况对待，不能一刀切。施工单位在施工现场未派驻项目负责人、技术负责人、质量管理负责人、安全管理负责人等主要管理人员或者主要人员不到位的，仅收取管理费的；施工单位不履行管理义务，主要建筑材料、构配件及工程设备的采购由其他单位或个人实施的；劳务分包单位承包的范围是施工总承包单位或专业承包单位承包的全部工程，劳务分包单位计取的是除上缴给施工总承包单位或专业承包单位“管理费”之外的全部工程价款的；以及通过采取合作、联营、个人承包等形式或名义，直接或变相地将其承包的全部工程转给其他单位或个人施工的。

违法分包的8种情形，如施工单位将工程分包给个人或不具备相应资质单位的；总承包单位将房屋建筑工程的主体结构的施工分包给其他单位的；施工单位未经建设单位同意擅自发包专业工程的；扩大劳务分包，劳务分包再分包，专业工程将除劳务作业部分进行分包的。

违规挂靠的8种情形，如没有资质的单位或个人借用其他施工单位的资质承揽工程的；有资质的施工单位相互借用资质承揽工程的；施工现场发包单位不是该工程的总承包单位或专业承包单位的；施工现场主要管理人员没有与企业建立劳动关系的，工程款的接受单位不是施工承包企业的，以及主要设备和材料不是由施工承包单位购买和采购的等。《认定查处管理办法》已自10月1日起开始试行。

二是加大了对转包挂靠等违法行为的处罚力度。

虽然法律法规对转包挂靠等违法行为，明确了相应的行政处罚规定，但在实际操作中，这些法律法规明文禁止的行为却长期存在，屡禁不止，并引发一系列的重大质量安全事故。在2014年部里组织的全国建筑市场执法检查中，共检查了30个省市的180个项目，有75个项目涉嫌存在转包挂靠等违法行为，部里对问题较为严重的21个项目下发了建筑市场执法建议书。通过执法检查，使违法企业和个人付出高昂代价，让违法企业和个人产生敬畏心理，使其不敢违法，有效遏制转包挂靠等问题。因此，《认定查处管理办法》对转包挂靠等违法行为除给予行政处罚外，还规定了严厉的行政措施：

施工企业方面：对认定有转包、违法分包的施工企业，各地可依法限制其在3个月内不得参加违法行为发生地的招标投标活动、承揽新的工程项目，并对其企业资质是否满足资质标准条件进行核查，对达不到资质标准要求的限期整改，整改仍达不到要求的，资质审批机关撤回其资质证书。对2年内发生2次转包、违法分包、挂靠的施工单位，责令其停业整顿6个月以上，停业整顿期间，不得承揽新的工程项目。对2年内发生3次以上转包、违法分包、挂靠的施工单位，资质审批机关降低其资质等级。

个人方面：注册执业人员未执行法律法规，在认定有转包行为的项目中担任施工单位项目负责人的，吊销其执业资格证书，5年内不予注册，且不得再担任施工单位项目负责人。对个人认定有挂靠行为的，不得再担任该项目施工单位项目负责人；有执业资格证书的吊销其执业资格证书，5年内不予执业资格注册；造成重大质量安全事故的，吊销其执业资格证书，终身不予注册。

四、进一步落实项目经理质量与安全责任，着力提高履行社会责任的自觉性

在当代社会中，企业社会责任已经是一个众所周知而且被企业普遍谈论的话题，但不少人对“社会责任”的本质意义却没有深入的了解，甚至存在着严重的误解。通常一说到企业社会责任，多数人想的是公益、慈善、捐赠或灾后救助等自愿性的社会活动，当然这些活动无疑是应该受到社会的赞誉，但它并不代表企业社会责任的全部。现代企业社会责任的核心是强调企业主营业务与管理诚信等的紧密结合。建筑业是国民经济的支柱产业，建设工程质量关系到亿万人民的生命财产安全。从这个角度看，保障工程质量和安全生产不出问题，为社会提供质量优良、安全环保的建筑产品，不但关系到投资方投资目标的实现和投资效益的提高，而是建筑业企业诚信经营的根本体现，是建筑业企业对消费者应当履行的基本社会责任，是建筑生产活动的本质要求，是建筑业履行社会责任的根本标志。加强企业社会责任建设，对于我国建筑业企业发展和社会进步具有非常的重要性和紧迫性，保证每一个工程项目的成功是企业持续兴旺发达的落脚点。项目经理又是项目管理成功的核心，最关键的是体现在工程质量安全的终身责任上。因为项目经理是施工现场质量安全法规和标准规范的具体执行者，对保证工程质量安全来说是五个项目负责人中最关键的岗位，对工程质量负有最直接的责任。为此，部里专门制定了《建筑施工项目经理质量安全责任十项规定（试行）》（以下简称《十项规定》），对项目经理的质量安全责任进行了进一步的细化，包括正文和两个附件。其特点体现在三个方面：

一是突出重点，针对性强。现行法律法规和标准规范中涉及项目经理质量安全责任的规定比较多，在全面梳理的基础上，《十项规定》突出强调和明确了项目经理应当履行的最主要质量安全职责，包括任职资格、管理体系、施工条件、质量检测、工程验收、危险源控制、安全投入、隐患排查、应急管理等十个方面的内容。比如,《十项规定》明确要求，项目经理在工程建设过程中必须在岗履职，对工程项目的施工质量安全负全责，不得同时在两个及两个以上的项目上担任项目经理；又如，关于现场带班，部里2011年出台了《建筑施工企业负责人及项目负责人施工现场带班暂行办法》,《十项规定》第六条又特别强调，项目经理必须在起重机械安装、拆卸，模板支架搭设等危险性较大分部分项工程施工期间现场带班；再如，关于工程验收,《十项规定》明确，项目经理必须组织或参加隐蔽工程、分部工程、单位工程和工程竣工验收，并在相应文件上签字，不得签署虚假文件。

二是结合实际，操作性强。《十项规定》既明确了项目经理的主要质量安全职责，同时明确和细化了对不履责行为的惩戒处罚措施。包括停止执业、吊销执业资格证书、终身不予注册等行政处罚措施；构成犯罪的，依法追究刑事责任；对未造成严重后果的违规行为，要对项目经理实行记分管理。《十项规定》明确了记分的周期、分值的设定和相应的惩戒措施。一次记分的分值为12分、6分、3分、1分四种，记分周期为12个月，满分为12分，其中有5种严重行为被一次记12分。对一年内累计记分超过6分的，对该项目经理负责的工程项目实施重点监管，增加检查频次；对一年内累计记分达到12分的，责令该项目经理停止执业，接受主管部门的质量安全教育培训，情节严重的吊销执业资格证书，造成重大质量安全事故的，终身不予注册。

三是对企业也提出了相应的要求。建筑施工企业应当定期或不定期地对本企业项目经理的履职情况进行检查，发现项目经理履职不到位的，及时予以纠正；必要时，按照规定程序更换符合条件的项目经理。违反《十项规定》，除了对项目经理进行处罚，对其所在的施工企业也要依法实施相应的处罚。

第三，认真学习、深入贯彻、全面落实住房城乡建设部关于改革发展系列文件的有关要求与应注意的问题

紧紧围绕住房城乡建设部的中心工作，抓好学习贯彻系列文件精神，以转变行业发展方式为主线，全面推进和实现建筑产业现代化，将是我们行业协会和广大建筑业企业以及建设者的重要任务。

要认真组织学习好、贯彻好、落实好《若干意见》和《行动方案》等系列文件精神

《若干意见》和《行动方案》以及系列文件是住房城乡建设部近两年先后深化建筑业改革，着力解决当前建筑市场和工程质量存在的突出问题而做出的重大部署，是今后两年住房城乡建设系统的一件大事，更是我们广大企业领导者和项目经理的重要任务。

一是要高度重视和带头落实两年行动。抓好两年行动，关键在落实。在座的都是企业的主要领导和骨干，有责任、有义务带头开展好工程质量治理两年行动，争取成为严格落实工程质量责任的典型。特别是当前要深刻学习领会陈政高部长、王宁副部长在工程质量治理两年行动电视电话会议上的重要讲话，从思想上统一到会议精神上来，从工作安排和实际行动上统一到两年行动方案上来。

二是要认真学习相关文件，吃透精神，行动起来。广大企业和相关人员要认真学习两年行动方案以及质量终身责任追究办法、项目经理十项规定、转包违法分包查处认定办法等有关文件，领会有关要求。特别是企业领导、项目经理要知道自己应该履行的职责、应当承担的责任，在工程建设过程中严格落实。

要立即行动起来，进行自查自纠。按照规定，2014年10月底前，施工企业要对在建的房屋市政工程项目进行自查自纠。企业和项目经理要对照文件要求，认真查找问题并进行整改，对已自查发现的违法行为通过发函告知发包人、分包人等有关当事人，对原有的合同要自行解除并签订合法有效的专业分包合同、劳务分包合同、设备租赁合同等，企业和项目经理要根据实际情况加强工程分包和劳务分包管理，从根本上杜绝转包挂靠等违法违规行为。

按照部里主管司要求在查处工作中，把握以下原则：在自查自纠阶段，企业发现问题，并积极予以整改的，不予追究责任；对于自查自纠不积极，或发现问题后拒不整改的，要严厉处罚。在全面检查阶段，对所有在建的建筑工程项目，实行多次全面排查和重点抽查，对发现的问题，逐一限期整改，对整改不到位或情节严重的，要依法从严惩处。对电视电话会后新开工的项目出现违法违规行为的，要严格依照有关规定从重处理。所以，希望企业和项目经理既不要心存侥幸，更不要顶风作案，认认真真、老老实实地做好自查自纠工作。

三是积极配合主管部门开展的全面排查和重点巡查。按照工作要求，从11月开始，市、县住房城乡建设主管部门将对本地区房屋市政工程项目每4个月组织一次全面排查，检查施工单位的转包挂靠等违法行为，对检查发现的违法行为依法进行处理。全面排查将重点关注保障房项目、棚户区改造项目以及城市轨道交通等重大基础设施工程。市、县住房城乡建设主管部门在全面排查的基础上，有针对性地开展重点检查。一是对有群众举报的项目，要列为检查重点。二是对排查中发现存在问题的企业，要对其在本地承建的其他项目进行检查。三是对排查中发现存在问题的项目，要跟踪检查，督促企业整改到位，并防止新的问题出现。同时，省里也将加强对市、县住房城乡建设主管部门的指导和监督，每半年对本地的工程项目进行一次重点抽查和治理行动工作督查；住房城乡建设部将每半年组织一次督查，应采取不定期、不定时、不打招呼、不发通知的方式，进行重点巡查、飞检。

四是加强对项目部和项目经理的管理。施工企业转包挂靠等违法行为，往往与施工企业的项目部管理混乱、对项目经理授权不明确、项目经理个人或项目经理部在合同履行中自行其是，履职不到位所造成。因此，施工企业加强对项目部和项目经理的管理就成为预防转包挂靠等违法行为的重要环节。一是督促项目经理履职尽责。项目经理是工程质量管控的核心和关键，项目经理必须在岗履职，必须对施工质量负全责，不得同时在两个以上项目任职。施工企业要选好配好项目经理，并监督考核他们履行好职责；二是加强对项目经理的授权管理，在与发包人的承发包合同中明确其授权，特别要明确工程款必须通过银行支付到承包人指定的账户，项目经理无权以个人签名方式取款或收取现金；三是项目经理和主要管理人员必须在本企业办理劳动合同关系并在本企业领取劳动报酬、在本企业缴纳社会保险费用。

五是要加强对施工合同的宣贯与管理。市场经济本身就是法治经济、契约经济。施工企业签订的施工合同、专业分包合同、劳务分包合同等，是合同双方在工程施工过程中的最高行为准则，是规范双方的经济活动、协调双方工作关系、解决合同纠纷的法律依据。主管部门在进行检查时都要核查相关的施工合同。这里重点强调一下，要加强2013合同（示范文本）的学习，掌握新版合同不同程度调整完善了合同的结构体系，完善了合同价格类型，注重双方发包人、承包人市场行为的引导规范和权益平衡，加强了合同文本与现行法律和其他文本的衔接，既适应工程计价模式发展和工程项目管理实践需要，又具有很强的适用性、先进性和前瞻性。其主要特征和创新点在于：

1. 双向担保制度。为了解决施工合同中的履约担保，尤其是为了有效解决工程款拖欠问题，借鉴FIDIC合同，2013版施工合同通用条款的第2.5款规定了发包人的资金来源证明及支付担保，第3.7款则规定了承包人的履约担保。这两个条款要求发包人与承包人各自以其合同义务向对方提供资金来源证明及支付担保和履约担保，以保证实现双方在施工合同中的目的。

2. 合理调价制度。为解决由于市场价格波动引起合同履行的风险问题，2013版施工合同中引入了适度风险适度调价的制度，亦称之为合理调价制度，其法律基础是合同风险的公平合理分担原则。

3. 缺陷责任期制度。为解决长期以来存在的合同当事人约定“保修期满返还保修金”的争议，2013版施工合同通用条款第15条可进一步有效解决工程质量保证金返还和工程质量保修之间的冲突。

4. 工程系列保险制度。2013版施工合同工程系列保险制度不仅完善了我国工程保险制度，还对今后可能会推行的工程保修保险等制度预留了执行的空间，这与国际通用的FIDIC合同基本接轨。比如，质量保证金制度，很快就要实施，两种方式，取消或者降低工程保险。

5. 商定或确定制。明确了承发包双方就履行合同条款产生分歧时，由总监理工程师承担商定或确定的组织与实施责任。

6. 索赔期限制度。为了确保工程索赔的及时性，同时便于合同双方及时进行索赔证据的收集和评估，借鉴国外众多施工合同的规定和《标准施工招标文件》（2007年）第19条对发承包双方的索赔期限做了明确的规定。

7. 双倍赔偿制度。为了解决发包人拖欠工程款问题，从违约责任承担的法律原则出发。设定了延迟支付工程价款的双倍赔偿制度。

8. 争议纠纷解决制度。明确通过专家全过程参与，发表评审意见，提高合同争议解决的效率。

企业一定要准确理解和掌握2013版施工合同的精神实质和内涵要求，更好地发挥施工合同在企业经营和项目管理模式创新中的指导作用，严格执行施工合同，自觉规范市场行为，警示规避市场风险，促进社会经济发展。

六是规范和加强对企业内部分支机构的管理。从我们查出的市场违法行为看，许多是由于企业内部管理混乱造成的，如有的企业资金往来，直接打到项目部，还有的将工程款打到个人账户，塔式起重机的安装委托给租赁企业，内部承包不规范等。企业要健全规范内部管理制度，预防因内部管理混乱发生违法违规行为。尤其大型施工企业下属的子公司、分公司等分支机构较多，有的还是多层级法人体制。企业更要规范对分支机构经营承包行为的管理，防止因企业内部层层转包、疏于项目管理引起的违法行为。

七是充分发挥协会作用，加强行业与企业自律。一方面，发挥行业协会的引领作用，倡导企业加强自律，共同维护市场秩序；另一方面，发挥施工企业自律作用，大型施工企业要严格自律、模范带头，自觉抵制转包挂靠等违法行为，维护市场秩序。在这次两年行动中，我们协会将充分利用报刊、广播、电视、网络等形式，加大对各地和一些企业好典型、好做法、好经验的宣传报道，树立行业标杆、推广先进典型，传递正能量。这里也提醒企业要注意，部里开设了“工程质量治理两年行动”专栏，设立了曝光台。最近，部里已分两批对19个违法违规典型案例在全国进行了通报、曝光，近日还要对11个违法违规典型案例进行通报。起到震慑、警示作用，形成高压态势，营造有利于治理行动工作氛围。

（本文为吴涛同志在2014年中国国际工程项目管理高峰会议上关于贯彻落实住房城乡建设部《关于推进建筑业发展和改革的若干意见》的报告）

在清华大学建筑施工企业上海总裁班研究会成立大会上的致辞

各位领导、各位同仁、同志们、朋友们：

今天非常高兴应邀前来参加清华大学建筑施工企业上海总裁班研究会上海成立大会。首先，代表中国建筑业协会及我本人对上海总裁班开学和研究会的成立表示热烈的祝贺！

大家知道，清华大学是我国高等院校的最高学府，在世界著名大学中也有很高声望。研究会依托百年学府——清华大学，有现代企业高层次经营管理者继续教育领域的先进理念与优势资源，通过搭建企业与院校紧密结合、工作与学习紧密结合、理论与实践紧密结合、个人思考与广泛交流紧密结合的学习研讨和交流平台注重提高企业总裁和经理人的战略决策、市场开拓、改革创新能力，从而培养了一大批具有思维敏锐、视野开阔、总揽全局、勇于担当和较强社会责任感等、高水平的建筑业企业复合型领军人才。据我了解，除了今天参加学习的同仁外，这几年在我们行业中就有不少企业、领导干部参加了这个总裁班的学习。像中建八局董事长黄克斯、中建五局董事长鲁贵卿、中铁建设总公司总经理赵伟、南通四建董事长耿裕华、中天建设公司董事长楼永良以及担任上海研究会会长的上海建工集团董事长蒋志权等，都是为企业发展振兴乃至国家经济建设作出了突出贡献的专家型优秀企业家。我本人也是清华学子，是在毛泽东时代清华大学培养出来的建筑行业一名长期从事工程建设和项目管理研究与实践的工农兵学员，今天应邀前来参加这个学习班典礼和研究会成立大会，心情激动，感触颇深。

大家知道，改革开放以来，我国建筑业进入了一个蓬勃发展的鼎盛时期。2013年，全国建筑业完成总产值已高达15.9万亿元，建筑业增加值在GDP总量中所占比例接近7%，已成为国民经济名副其实的支柱产业。但是，由于建筑业还存在着诸多阻碍发展的深层次问题，总体上仍然是一个劳动密集型的传统产业。按照党的十八大和三中全会精神，实现新型工业化、信息化、城镇化和农业现代化协同发展，推动经济更有效率、更可持续发展的总目标要求，建筑业如何适应新形势，选择什么样的路径、确立什么样的目标来抓机遇、加快转变发展方式，应对挑战，不但是国家赋予我们行业的历史使命，也是对每一个建设者特别是企业领导的社会责任。研究会的成立意义重大恰逢其时，必将对我国建筑业在新形势下加快转变发展方式、创造企业活力、推进整个行业持续发展发挥举足轻重的作用，值得肯定，可庆可贺！

同志们：最近住房城乡建设部出台了《关于推进建筑业发展和改革的若干意见》（以下简称《若干意见》），共五章23条，就解决当前建筑业存在的突出问题提出了许多卓有成效和创意的举措，可以说这是建筑主管部门近10年来就建筑业改革发展的一项具有里程碑意义的指导性文件。下面我结合学习贯彻落实《若干意见》，谈几点个人体会与大家交流。

《若干意见》从转变行业发展方式，推进企业转型升级规范建筑市场转变政府职能，改革资质管理，减轻企业负担，深化项目管理，坚持绿色发展，提高工程质量和保障安全生产等若干方面，做了较为科学的规划设计和条文明确。我认为就建筑业施工企业而言有以下几个方面值得认真研究对待。

第一，要以推广应用国家级工法和十项新技术为重点，加快科技成果转化，促进企业科技进步与管理创新

党的十八大做出了“实施创新驱动发展战略”的抉择。《若干意见》针对行业实际又提出“完善以工法和专有技术成功示范工程为抓手的技术转移与推广机制”。1989年建设部开启工法制度的初衷，就是为了加强企业施工技术管理与工艺革新。30多年来，广大企业运用标准化管理流程、信息化管理手段、精细化管理方式，广泛应用高新技术和现代管理模式，较好地实现了工程建设科技含量高、资源消耗低、环境污染小，经济效益好的目标。据不完全统计，截至目前，全国先后有1 500多项优秀项目管理成果发布，2 476项施工新技术和新工艺提炼编制评为国家级工法或专利，形成了企业自有知识产权，有力地促进了建筑业科技创新和项目管理水平的提升。

实践证明，通过工法开发、编报，不但可以对企业的技术创新和管理经验进行系统的梳理、总结，形成宝贵的物质财富，而且为当前深入贯彻落实“若干意见”精神、加快转变行业发展方式与企业转型升级奠定了实践基础。为了更好地发挥国家工法在企业技术进步与管理中的作用，住房城乡建设部目前修订颁发了《工法管理办法》，取消了第二人称，延长了工法应用年限，提高评审标准，下一步，协会还要通过宣贯培训加大推广应用力度。

一是要继续坚持把技术进步与管理创新作为企业领先的发展战略。加大科技投入，培养和引进高端管理人才，创新研发技术含量大、应用价值高的国家级工法与

新产品，不断提高企业自主创新能力和核心竞争力，以适应国际工程承包“强业主、大项目、高科技，多投资”的市场配置资源发展的新趋势。

二是要健全完善政府规划、行业指导，企业为主体、科研院校参加、深度融合、良性互动的政、产、学、研科技创新体系。积极推广应用以“十项新技术”和国家级工法创新成果为主的新技术、新工艺、新设备和现代化管理方法。依托“大、精、尖”工程项目，重点研发解决复杂关键技术，注重建筑用材上适时更新换代，加快促进和实现科技成果转化。

三是要加强信息化建设和BIM技术的应用。信息化是转变发展方式的重要驱动力量，BIM技术的广泛应用不仅可以改变人类的生产和生活方式，而且已经成为推动传统产业升级和提高项目生产力水平的新动力。对于我们这个长期依靠投资驱动劳动密集型的行业来讲，信息化建设作用将更为突出、更为重要。

四是建立科技进步创新评价和激励机制。中国建筑业协会理事会决定设立中国建设工程施工技术成果创新奖，该奖项将作为建筑业申报国家级科学技术奖的重要依据。旨对在工程建设中开展科学研究、施工技术与工艺创新、工法开发应用有重大突破，填补国内空白、推进产业升级等方面具有行业先进水平的企业给予表彰激励，加快促进科技成果尽快转化为现实生产力。

第二，以绿色施工示范工程和创精品工程为载体，深化工程项目管理、坚持绿色发展、全面推进项目经理责任制

党的十八大提出建设中国特色社会主义要着力解放和发展社会生产力。当前建筑业改革发展的中心任务就是要把项目管理创新作为转变发展方式的立足点和切入点，既要有战略思维，又要有具体措施，特别是，要彻底革除管理粗放、资源消耗浪费大、质量安全事故时有发生等顽症，促使建筑业的经济增长和企业发展真正转移到集约化管理和绿色发展的良性轨道上来，推动我国工程项目管理整体水平从传统管理向现代管理的根本转变。

一是要坚持以项目经理责任制为核心，加强项目团队建设，提升工程项目管理的创新水平。

《若干意见》指出，“深入推进项目经理责任制，不断提升工程建设质量与安全管理水平”。项目管理责任制已成为建筑业实施工程建设的一项基本制度，项目管理成功的关键是抓好项目经理责任制的落实。项目经理责任制具有理论系统性、对

象终一性、内容全面性、主题直接性、责任风险性五大特点，所以健全和完善以项目经理责任制为核心的项目管理全过程责任体系，必须从质量、安全、成本、进度以及环境保护和现场文明施工等方面全方位、全过程抓好落实。

最近中国建筑业协会将配合住房城乡建设部编制出台工程项目管理五大责任主体监管及奖罚办法，其中项目经理首当其冲。制定担任项目经理的建造师标准，建造师管理将由行政审批注册改为法律授权行业管理，所以当前深化项目管理就要按照团队精神和“抓住主题，树立形象，融入人心，集约管理，跨越发展，奉献社会”的要求，深入推进和完善项目经理责任制度。其内涵就是要坚持和塑造“以人为本、安全为先、质量为基、科技为源、管理为纲、绩效为佳、创新为魂、奉献为荣”的工程项目管理新的核心价值体系。进一步明确深入推进项目经理责任制的核心是要把坚持“以人为本”作为出发点和落脚点；其主题是树立红线意识确保工程质量和安全生产；其支撑点是技术进步与工艺革新；其要义是以管理为纲、做到各项管理工作，纲举目张；最终目标是规避风险、提高效益，实现包括经济效益和社会效益的项目最佳效益。其精神实质是要关注民生、奉献社会，自觉履行社会责任。这就要求我们的企业领导、项目经理以及项目团队要大力践行工程项目管理新的核心价值观，切实做到“低成本竞争、高品质管理、新方式发展、增综合效益”，并以此来激励人心、凝聚团队、打造“中国建筑”和“品牌企业”。

二是要坚持以建筑节能和绿色施工为内容，加强项目建造全过程的细化管理，提升项目管理的经济与社会效益。

随着“绿色发展”理念的盛行，“绿色建筑”正日益受到人民的普遍重视。“绿色建筑”是针对建筑产品而言，而“绿色建造”则是针对建筑产品的制造过程而言。“绿色建造”包括绿色规划设计、绿色建筑建材使用、绿色建筑施工，在这里，绿色施工是绿色建造的关键环节，是指工程建设中，在保证质量、安全等基本要求的前提下，通过科学管理和技术进步，最大限度地节约资源与减少对环境的负面影响的施工活动，实现“四节一环保”。2009年，中国建筑业协会在总结推广上海世博会“绿色施工经验”的基础上在行业首先创建开展了“绿色施工示范工程”活动，并把新技术和绿色施工示范工程列为“鲁班奖”评审的必要条件。进一步提升和丰富了鲁班奖工程的技术含量，使其更好地发挥示范激励作用和社会品牌效益。目前已有400多项工程列入绿色施工示范工程。最近，协会又在成都中建八局工地召开了绿色施工现场观摩会，学习推广银泰中心项目“五个零”[（工期零延误、质量零缺陷、伤亡零事故、垃圾（无机固体）零外运、用水（施工）零引用）]，重点是推广建筑垃圾处理的经验和做法。因为按照党的十八大精神，建设资源节约型、环境友好型社会，绿色建筑承担了这样的使命，所以我们必须将集约、节能、绿色、低碳等科技人文与生态文明融入建设工程项目管理的全过程。

三是坚持以一线操作技能工人培训为对象，加强劳务队伍管理，提升建筑业智力结构和全员整体素质。

党的十八大提出了加强职业技能培训的要求，“若干意见”也明确指出，“构建有利于形成建筑产业工人队伍的长效机制”。这就为我们加强劳务培训、提高劳务质量，健全劳务管理机制指明了方向。这里要特别强调的是，文件已明确要建立以市场为导向，以关键岗位自有工人为骨干，劳务分包为主的用工方式，最近下发的《关于加强劳务管理的指导意见》从政策侧面做了十项规定，规范指导劳务工作。重点是要建立一个机制，抓好两项制度。即：真正建立起劳务企业专业化管理的长效保障机制，同时要抓好劳动务工人员岗前培训与技能水平考评认证制度的建设，实现劳务管理专业化、企业用工制度化、技能工人产业化；其次作为总包单位要切实担负起在整个工程项目建设全过程中加强对劳务管理的责任，从企业资质市场准入上要求总承包企业和专业承包企业要拥有一定专业水平的新型建筑技能工人队伍，从而不断增进项目管理层进与内外劳务层的沟通融合，营造一种和谐的项目氛围园地，着力提高建筑劳务管理水平和务工人员整体素质。随着市场经济的成熟发展，企业资质将逐步淡化，个人资格要进一步加强，这次企业资质改革就将先行取消劳务企业资质，交由行业自律和企业自创管理。

四是坚持以“品牌企业”发展战略为目标，加快“两个转变”以诚信经营和提高质量赢得市场。品牌企业是指企业在社会上要有较强的信誉和知名度，有较高的市场占有率，较强的技术开发能力，创更多的精品工程和鲁班奖，特别是企业管理上遥遥领先的一般企业。《若干意见》对改革招标投标制度，规范建筑市场秩序，诚信经营确保工程质量和安全生产等都做出了具体规定。明确非国有投资项目不再进行招标投标，国有投资项目将实行“评定结合”，同时明确在将安全生产费用单利，不得竞价，建设单位不得任意指定分包单位和肢解工程，要充分发挥社会信用评价，工程担保、保险等机制作用，实行市场优胜劣汰，提倡“优质优价”，建立健全与市场相适应的工程量清单和定额管理体系，以满足不同设计深度、技术复杂程度、多种承包方式的计价需要。这就告诉我们要把长期以来靠压低标价、降低费用的市场恶性竞争转向以质量取胜和诚信经营的品牌企业竞争来赢得市场；把以企业资质高低的市场准入转向项目管理人才，特别是项目经理职业素质和职业水平高低的市场竞争。因为，诚信和质量来自市场，业主和建设单位需要承包商提供以诚信和优质产品的高品质服务，同时它又可以转化为商机，但不论诚信，还是质量最终都要回归科学管理。

第三，创抓机遇、应对新挑战，全面深化建筑业改革，积极稳妥务实推进和实现建筑产业现代化

2013年，为了应对世界新技术革命和第三次产业革命的挑战，中国建筑业协会就建筑业这个传统产业向现代产业转型的问题进行了课题研究。这次住房城乡建设部《若干意见》非常明确地把推进建筑产业现代化作为当前加快转变建筑业发展方式的首要目标提出来，应该说非常及时，很有必要。既符合党和国家早就提出实现我国社会主义“四个现代化”的总目标，又符合新时期建筑业全面深化改革的总要求。

一是从建筑业的发展历史和演变规律看，促进和实现建筑产业现代化是社会化大生产的必然趋势。综观人类发展历史，从原始社会后期的三次社会大分工不难看出，建筑业的发展是由低级形态向高级形态发展演变的过程。从原始建筑业到传统建筑业、再到现代建筑业既是建筑业演变的必然要求，又是社会化大生产的必要趋势。

二是站在全球化的高度看，促进和实现建筑产业现代化是应对新技术革命和第四次产业革命挑战的需要。当今，高新技术日新月异，信息技术迅猛发展，如果我们不抓住新技术革命这一发展机遇，就会更加拉大我们与发达国家的差距。

三是从建筑业的现状和发展看，推进和实现建筑产业现代化是贯彻落实党的十八届三中全会精神，加快转变行业发展方式的根本要求。

《中共中央关于全面深化改革若干重大问题的决定》中强调：“加快完善现代市场体系，加快转变经济发展方式，加快建设创新型国家”。这就为新时期建筑业全面深化改革，转变发展方式，推进和实现产业现代化指明了方向。

我国建筑业伴随着新中国建设事业的发展而成长壮大起来。在国民经济恢复期以及从156项重点项目建设到“六五”计划前，建筑业在极其艰难的条件下，为稳定发展国民经济、改变一穷二白的落后面貌，努力建成了比较完整的工业体系和行业运行体系，为后来的改革开放奠定了重要的物质和技术基础。进入20世纪80年代以来，党和国家率先把建筑业作为了城市经济体制改革的突破口，正是在这一时期

建筑业取得了史无前例的辉煌成就，完成了奥运、世博以及城乡基础设施等规模宏大的建设任务，为国民经济发展和改变城乡面貌、改善人居环境做出了突出贡献。

但是，我们也要看到，由于市场经济不成熟及法律法规方面缺陷等因素，当前制约建筑业健康发展的问题和障碍仍然严重存在。建筑产能过剩，恶性竞争，产值利润率低，劳动生产率低，产业集中度低，市场交易成本高，生产方式落后，资源浪费大，污染物排放多，国家财政缺乏对建筑业扶持，科技投入不足，科技创新能力弱，技术装备水平与发达国家还存在着一定差距。特别是职业教育严重滞后，操作工人业务素质低下等。其发展还没有真正转移到依靠集约化管理和技术进步的良性轨道上，还很不适应于中国特色社会主义建设，特别是新型城镇化建设快速发展的需要。

按照党的十八大和十八届三中全会精神，要把建筑业打造成为具有对国民经济较高贡献率的产业、引领时代发展潮流的低碳绿色产业、自觉履行社会责任的民生产业、具有较高产业素质的诚信产业，完成新时期国家经济发展和新型城镇化建设赋予建筑业的艰巨任务，就必须加快转变发展方式，全面深化改革，坚持创新驱动，推进和实现建筑产业现代化。但建筑产业现代化又是一个漫长的历史发展过程，内涵丰富、指标多元、道路漫长，不可一蹴而就。特别是要有政策侧面强有力地支持，正如《若干意见》中指出的，要制订发展规划，从财政、金融、税收以及培育一批适应产业现代化龙头企业，包括勘察、设计、施工、构件生产等单位，通过示范引领和先行试点进行。总的来说，就是需要立足实际、着眼未来、科学规划、稳妥务实推进。

第四，认真学习、深入研讨、正确认识、准确把握建筑产业现代化的基本特征与内涵

建筑产业现代化既是一个涵盖范畴广泛、内涵丰富、多层次、多阶段的历史发展过程，并且随着时代的进步、科技发展变化而不断增添新的内容、展现新的特征。目前，对建筑产业现代化的研究还在起步当中，尚没有统一标准。就现阶段而言，建筑产业现代化的基本内涵应是：

最终产品优质绿色化。按照党的十八大把“推进绿色发展、循环发展、低碳发展”作为“建设美丽中国”的战略目标要求，2013年国家启动了《绿色建筑行动方案》，标志着国家在政策层面上的绿色建筑行动蓝图正式绘制完成，表明了要大力

发展节能、环保、低碳的绿色优质建筑产品。

建筑部件预制装配化。建筑部件预制装配化是指用现代化生产方式改造来代替传统手工业，促使建筑产品部分构件通过工厂化生产方式，最大限度地缩短建设工期，改善作业环境，保障质量安全，提高劳动生产率，降低劳动强度，减少资源消耗，保障工程质量和安全生产，消除污染物排放，以合理的工时及价格来建造适合各种使用要求的建筑。

建造过程精益化。用精益建造的系统方法，控制建筑产品的生成过程，包括精益管理、精益生产、精益设计和精益供应等。

全产业链集成化。借助于信息技术手段，用整体综合集成的方法把工程建设的全部过程组织起来，实现设计、采购、施工、机械设备和劳动力资源配置的更加优化组合，在有限的时间内发挥最有效的作用，提高资源利用效率，创造更大的效用价值。

项目管理国际化。经济全球化要求项目管理方法将各国的本土化、专业化与国际通用做法进行有机融合，把建筑产品生产过程中各个环节通过统一、科学地组织管理来加以综合协调，以项目利益相关方基本满意为标志，达到提高投资效益的目的。

管理高管职业化。努力建设一支懂法律、守信用、会管理、善经营、作风硬、业务精的企业高层复合型管理人才队伍，是推进和实现建筑产业现代化的强大动力。

产业工人技能化。随着建筑科技含量的提高，繁重的体力劳动将逐步减少，复杂的技能型操作工序将大幅度增加，推进建筑产业现代化急需要岗前职业技能培训与考核认证，促使一批具有专业技能水平的农民工向高素质的新型产业工人转变。

综上，我们认为，稳妥务实推进和实现建筑产业现代化的最终目标是：以人文、绿色、科技、创新发展为理念，以顶层设计、统筹规划为先导，以科学技术进步为支撑，以部件工厂化生产为方式，以保障质量安全为红线，以现代项目管理为核心，以世界先进水平为目标，广泛运用信息技术、节能环保技术，将建筑产品全过程的融资开发、规划设计、施工生产、管理服务以及新材料、新设备的更新换代等环节集成为完整的一体化产业链系统，依靠高素质的企业管理人才和新型产业工人队伍，通过精益化建造，实现为用户提供舒适、经济、美观、低碳、绿色和满足需求的优质建筑产品。

各位同仁、同志们、朋友们：

展望未来，面对新的形势，我国建筑业任务艰巨，广大建设者使命光荣，让我们高举中国特色社会主义理论的伟大旗帜，以党的十八大精神为指导，在习近平总书记为核心的党中央领导下抢抓机遇、直面挑战、开拓进取、奋力拼搏、同心同德、携手共进，为建筑业的持续健康发展、为建设美丽中国、实现中华民族伟大复兴的“中国梦”做出更多更大的贡献！

祝贺清华大学建筑施工企业上海总裁班和研究会成立大会圆满成功！

（本文为2014年吴涛同志在清华大学上海总裁班和研究会成立大会上的致辞）

在中国建筑业协会专家委员会第二次工作会议上的讲话

各位领导、同志们、朋友们：

在鲜花盛开、芳草碧绿的盛夏之际，中国建筑业协会专家业务培训班在“四面青山三面水，一城山色半城江”的北国江城吉林市召开，首先我代表中国建筑业协会向建筑工程技术专家委员会的专家们表示热烈的欢迎，同时也借此机会向多年来支持协会工作的吉林省建筑业协会、广大企业、各界同仁表示衷心的感谢！

同志们，为了进一步加强广大企业专家学者之间的工作交流、业务学习，提升专家们的整体业务素质，充分发挥广大专家在我国工程建设中的技术支撑作用，促使专家以高度的政治责任感和使命感，以高超的技术水平服务于行业，着力促进我国建筑业科技进步与管理创新，我们举办了这次专家学习班。上次专家学习班，我已就专家发挥的五大主要作用以及应履行的主要职责和大家做了交流，这次学习班我想就当前如何适应经济发展新常态，围绕建设行业中心工作谈几点体会和大家交流。

第一，关于中国建筑业协会建筑工程技术专家委员会2013年以来的工作情况通报

两年来中国建筑业协会建筑工程技术专家委员会（以下简称专家委员会）在协会理事会领导下，以党的十八大和三中全会精神为指导，根据协会总体部署和安排，结合专家委员会的工作特点，本着服务行业、服务企业、服务社会的宗旨，注重人才培养，发挥专业特长，在进行技术咨询指导与示范引领等方面，做了很多卓有成效的工作，为协会开展相关活动提供了有力的技术支持和保障。

一、夯实基础、坚持规范化运作，完成了专家委员会建库归档工作。依据《中国建筑业协会建筑工程技术专家委员会工作办法（试行）》的有关规定，专家办对各地区建筑业协会、有关行业建设协会和有关单位推荐申报的1 817名专家资料进行了初审，（符合基本条件的有1 783人，其中教授级高工810人、高工972人）。本着工作需要，专业配套和高标准、严要求的原则，在广泛征求相关部门意见的基础上，反复遴选，报请中国建筑业协会会长办公会议审定，确定了700多名人入选专家，并向他们颁发了专家证书。这些入选专家除特殊专业外90%以上都是教授级高级工程师，大多是我会会员企业符合条件的总工程师与业内业绩突出、能力超卓的

知名人士。

与此同时，专家办还依据专家个人资历、能力、业绩和贡献大小，内设3个资深专家组，即鲁班奖复查及评审专家组，新技术和绿色施工示范工程检查、验收及国家与行业标准评审专家组，建筑业AAA级信用企业、双百强、建筑之乡评审专家组，建立完善了专家学习工作以及参加社会活动等情况的归档记录。

二、组织学习、强化业务培训，不断提高专家执业能力。为贯彻落实《国家中长期人才发展规划纲要（2010—2020）》，加强专家队伍建设，提高专家综合素质和业务水平，2014年7月专家办在上海光大会展中心国际大酒店举办了建筑工程技术专家高级研修班，共有300多专家参加了培训。研修班邀请了具有丰富创优经验和多次参加鲁班奖工程复查的土建专家赵正嘉、设备专家高广泽和电气专家金中方作专题讲座，交流研讨创优经验，观摩了浦东图书新馆工程。由于准备工作充分，日程安排紧凑，研修内容充实，大家普遍反映受益匪浅，达到了预期效果。与此同时，为使广大专家更加直观地了解工程DVD片的编辑与制作，专家办从2012年入选的百项精品工程中优选了18个不同类型工程的录像，进行编辑，并刻录成光盘，赠送给每位专家学习交流，也为专家委员会更好地开展工作和创新服务形式积累了宝贵的经验。

两年来，为广泛听取各方意见，制定好2014—2015年工作计划，努力开拓专家委员会工作新局面，专家办还通过问卷调查，召开座谈会，下基层、走现场等形式进行调研，先后收到了50多位专家的书面反馈意见，并进行收集、整理和汇总，对有价值的意见和建议均加以采纳和吸收，为专家办今后的工作开拓创新开展奠定了基础。

三、按照住房城乡建设部有关部门的要求，完成了部管专家的推荐工作。从2013年底至2014年11月下旬按有关通知落实完成了建筑市场监管司《建设工程企业资质审查》专家和标准定额司国家标准《建设工程文件归档整理规范》评审专家的推荐，组织了第一期至第六期企业资质审查专家培训班报名。

四、严格程序、加强行业自律，组织专家参加各类评优评价和示范工程验收活动。两年来，专家办会同有关部门先后组织了600多人次，完成了包括2013—2014年度鲁班奖复查专家的遴选和鲁班奖评审，召开了“中国建筑之乡”评审，中国建筑业“双百强”企业评价、建筑业AAA级信用企业评价会议，参加了国家级工法评审、绿色施工示范工程验收等工作。以上活动由于自始至终坚持了“公正、公平、公开”和“优中选优”的原则，在社会上产生了良好的反响，也受到了广大企业的欢迎和赞誉。

五、健全制度、加强内业管理，认真有序地完成上级交办的各项工作。专家办成立后，首先从内业规范化管理抓起，通过建章立制，创新方式，高质量地服务行业。根据工作需要和形势变化，对《中国建筑业协会建筑工程技术专家委员会工作办法（试行）》做了进一步的修改完善，并起草了“专家委员会办公室与协会相关部门的工作程序和职责分工”，已报会长会审定，不久将下发执行。其次是敢于担当，自觉履行社会责任，积极主动、规范有序、高质量地完成上级部门交办的工作。

1. 受中组部和住房城乡建设部委托，选派了以专家委员会张君秋、叶克明院士为顾问，以副主任艾永祥、肖绪文为组长的多名专家，分两批赴陕西延安、上海浦东、江西井冈山干部管理学院及大连高级经理学院开展了工程质量检查指导工作。

2. 依据协会统一安排，组织专家参加在合肥召开的全国建筑业企业创精品工程研讨会和安徽省六安市金寨县举办的大别山片区建筑劳务管理培训。

3. 与技术分会合作组织了《混凝土钢筋详图设计技术研究》课题验收会议。

4. 配合绿色施工分会参与组织绿色施工示范工程验收以及2013年度全国建设单位及工程项目节能减排达标竞赛活动现场抽查工作。

第二，加强学习，更新知识，不断提高专家执业能力和综合素质，为促进建筑业持续健康发展，出谋献策发挥作用

党的十八大指出，“坚持和发展中国特色社会主义，关键在于建设一支政治坚定、能力过硬、作风优良、奋发有为的执政骨干队伍”。特别强调“要把各方面优秀人才聚集到党和国家事业中来”，这是党中央着眼于推动我国人才强国工作提出的战略目标。按照中央的要求，新时期、新世纪人才工作的根本任务是实施人才强国战略，要紧紧抓住培养、吸引、用好人才三个环节。顶层设计要落地，需要基层实践相呼应。中国建筑业协会之所以成立专家委员会，就是为了深入贯彻落实党中央这一重大战略，积极把行业内各类优秀人才聚集到一起，为建筑业持续健康发展发挥聪明才智和专业特长。没有人才强企和强业支撑，就不可能真正实现现代化强国。所以我们必须站在人才强国和行业持续发展这个高度，加强和做好中国建筑业协会建筑工程技术专家委员会的工作。

一、要进一步深刻认识成立专家委员会的重要意义，充分发挥专家的作用。建

设中国特色社会主义，实现“两个一百年”的“中国梦”，关键靠人才强国。促进行业持续发展，加快建筑业转变发展方式也要靠人才兴业。大家知道，所谓专家，其实质就是在某学科领域内学问精通，具有一定理论研究成果和丰富实践经验的人，或者说擅长某一专业技术并有独特建树的人。他们是企业骨干分子，也是企业兴旺发达、持续发展的第一人才资本。我们要站在这个全局和战略高度来认识成立专家委员会的重要意义，以高度的政治责任感和历史使命感，为振兴建筑业树立强烈的产业聚才、事业引才意识，广纳群贤，整合资源，进一步发展专家队伍这一高层次人才在建筑业发展中的基础性、战略性、决定性作用。

二、要大力践行社会主义核心价值观，切实肩负起专家委员的神圣使命。党的十八大报告用24个字分别从国家、社会、个人三个层面提出了覆盖全国各行各业、反映现阶段人民最大公约数的核心价值观。从国家层面讲，富强、民主、文明、和谐；从社会层面讲，自由、平等、公正、法制；从个人层面讲，爱国、敬业、诚信、友善。我们作为行业一名专业精英更要时刻用这一核心价值观来把握自己、检验自己、要求自己，切实为国家建设、为行业的发展尽职尽责。这既是责任，也是使命。我们要自觉地、勇敢地担负起这个历史使命，胸怀国家、面向行业、服务企业、立足本职工作，积极为建筑业发展做出自己应有贡献。

1．为工程建设提供技术进步和管理创新提供支持发挥作用。随着具有中国特色的工业化、信息化、城镇化、农业现代化道路建设的不断深入，作为国民经济支柱产业的建筑业，所面对的高、精、尖、难的工程越来越多，对参与工程建设各方的要求也越来越高。专家委员会集合了业内一流的专业技术和管理人才，汇聚了专家学者们的聪明和智慧，集思广益，有利于为高速、优质、低耗地全面完成工程建设任务发挥更大的作用。

2．为实现“低碳绿色产业”，建设美丽中国发挥更大的作用。面对城镇化快速发展，工业化与信息化的有效融合，建筑业作为能源资源消耗和排污大户，节能环保的任务非常艰巨。近几年来，全行业实行“四节一环保”，虽然取得了明显的成效，但离“低碳绿色产业”的要求还有很大差距。专家委员会今后的重点就是要以创精品工程、新技术和绿色施工示范工程为载体，组织和依靠业内人才，群策群力，在建设资源节约型和环境友好型社会中加强建筑节能减排，着力发展“绿色”建筑，为建筑业真正成为可持续发展的低碳绿色产业而努力。

3．为尽快培育一支具有较高专业水平，懂法律、会管理、敢负责、有创新能力的建筑业高端人才队伍建设发挥更大的作用。专家委员会的成立为行业管理与技术咨询服务提供了广阔的空间与舞台，推进了人才共建共享，使广大专家学者们能够在中国建筑业协会的组织倡导下，按照资源共享、优势互补、合作共赢、和谐发展的原则，通过学习交流、咨询服务、技术开发、管理创新等多种方式凝聚力量，加强业务合作，培养造就一支规模大、素质高、结构合理、具有各类专业特色的高端人才队伍。

4. 为加快推广先进适用技术和优秀管理成果转化发挥更大的作用。通过专家学者的积极参与，及时总结、鉴定、交流、推广先进适用技术与优秀成果，学习借鉴、引进吸收、消化改造、创新发展，以此推动和提高我国建筑业整体水平，加快科技成果尽快转化为现实生产力。

5. 为政府制定政策、行业健康发展和企业转型升级建言献策发挥更大的作用。专家学者知识渊博、联系面广、信息灵通，专业技术精湛，是政府、协会和企业在制定政策法规、编制标准规范、开展技术攻关、制定发展战略、适应市场实现转型等工作的重要依托力量。要通过专家委员会这个交流互动平台，吸引凝聚行业的专家，鼓励引导积极参与民主科学决策。

三、要不断学习新知识，开阔新思路，掌握新本领，全面提高专家的综合素质和执业水平。当今世界高新技术日新月异，经济危机时起时伏。我们正处在一个信息技术和知识经济迅猛发展的时代。就建筑行业来讲，新技术、新材料、新工艺、新方法、新模式层出不穷，信息化、智能化普遍应用，建筑产业现代化和项目管理国际化彰显。所有这些，都对专家们加强学习提出了新的更高的要求，只有不断学习新知识，掌握新本领，开阔新思路，才能跟上时代的步伐。习近平总书记最近对加强学习问题特别指出“增强本领就是学习，既要把学习到知识运用于实践，又在实践中增长解决问题的新本领”；“当今时代，知识更新周期大大缩短，各种新知识、新情况、新事物层出不穷。如果我们不努力提高各方面的知识素养，不自觉学习各种科学文化知识，不主动加快知识更新、优化知识结构、拓宽眼界和视野，那就难以增强本领，也就没办法赢得主动、赢得优势、赢得未来。”在知识经济全球化的大背景下，我们的专家要切实发挥自己的聪明才智，掌握为行业和企业咨询服务做贡献的真本领，就必须认真学习贯彻习近平总书记讲话精神，树立终身学习的意识，不断加强自身素质的提高。

1. 要紧跟建筑行业发展趋势进行学习。在经济全球化的进程中，一批建筑企业已从国内的大型企业逐步摸索发展，向具有世界影响力的跨国公司迈进。经营管理也更具国际化、职业化特点。工程建设形式也呈现多样性，既有投资、融资、带资建设的BT管理形式，又有设计、施工、采购一体化的BOT管理形式，还有专业化公司代行业主进行项目管理的新模式。新时期建筑行业的发展趋势，不但为建筑企业提供了新的机遇，同时也给企业管理者提出了新的挑战，只有紧跟趋势学习，才能适应时代发展的要求，才能使企业立于不败之地。

2. 要结合工程建设创新技术与现代化管理方法的实际进行学习。在建设资源节约型和环境友好型社会中，人们对低碳、环保、绿色的呼声越来越高，随着“高、精、尖、难”工程的不断出现，以及新材料、新工艺、新方法、新设备的使用和创新，包括十项新技术和BIM技术的推广应用等都对建筑技术与管理水平的要求越来越高，只有不断结合工程建设实际学习，不断进行探索和创新，才能适应和肩负起经济社会特别是城镇化建设对建筑行业的新要求与历史责任。

3. 要结合建筑工程专家委员会的职责进行学习。专家委员会赋予了各位专家委员新的职责，这次交流会的内容及学习重点就是针对桥梁、高铁等基础设施和大型公共馆场的新技术、新设备、新材料、新工艺和现代化管理方法进行专项培训。因此，请各位专家委员，要珍惜这一学习机会，在学习交流的基础上，进一步消化吸收，并结合国家建设主管部门下发的政策法规、行业规范标准宣贯，不断提高自身的履职能力和水平。

四、要倡导发扬科学民主精神，加强诚信守则和廉洁自律建设。党的十八大以后，中央政治局提出了关于改进工作作风、密切联系群众的八项规定，住房城乡建设部和中国建筑业协会结合党的群众路线教育实践活动也分别制定了纠正“四风”加强廉政建设等有关规定，进一步明确了在本职工作中要着眼于自我净化、自我完善、自我革新、自我提高。我们专家委也要结合学习贯彻党的十八大精神和上级有关文件要求，加强廉政与作风建设。我们这500多名专家所涉及的不少工作都与加强廉洁自律有关，比如鲁班奖复查、各种评审评优表彰活动就非常敏感，这就要求专家们必须坚持实事求是、客观公正、诚信守则、廉洁自律的精神和原则。为此，协会研究今后在发挥专家作用的权益上、工作程序上以及专家委员行为上都要做到科学民主化、工作制度化、程序规范化，重点是要健全完善遴选专家和自律管理及评审制度，不断提高专家的咨询质量，二是要进一步明确专家参与决策和行业管理工作的权利、义务和责任，保证专家客观、公正廉洁参与开展各项活动。三是建立公开透明规范有序的专家参与决策和行业管理的长效机制，通过实行回避制、投票制、公示制等多种途径防止和限制评审评优表彰中不良行为发生。四是加强行业自律监管，推进学风和作风建设，制定遵循专家行为准则和管理办法，规范专家工作与活动行为，切实做到有法可依、有章可循。

第三，围绕住房城乡建设部中心工作，充分发挥专家委员会在科技进步与管理创新工作中的主力军作用

当今世界高精技术日新月异，经济危机时起时伏，随着全球化、信息化、知识化的迅猛发展，建设工程项目日趋大型化、复杂化、现代化。当代科学技术的巨大作用就在于推动了建筑结构技术、建筑材料技术、建筑施工技术、建筑管理技术的深刻变革。中国建筑业协会之所以设立中国建设工程施工技术创新成果奖，除为建筑业企业申报国家级科学技术奖开辟渠道提供平台外，其主要目的旨在对工程建设中开展科学研究、施工技术与工艺创新、工法开发应用有重大突破，填补国内空白、推进产业升级等方面具有领先水平的企业和个人给予表彰激励，进一步加大先进适用技术的推广力度，培育经济增长新动力，实现行业持续发展优化升级。

一、要深刻认识坚持科技领航，实施创新驱动是建筑业适应经济发展“新常态”，加快技术进步与管理创新，促进企业转型升级的迫切要求。

当前，我国经济发展已进入了“新常态”。正如大家所知，“新常态”是指我国经济发展要从过去依靠规模扩张，低价劳动成本、低价土地成本、低价环保成本的发展模式向依靠质量提高效益型转变。新常态有四个特点：一是经济发展速度，要从过去高速增长转向中高速稳定增长；二是经济发展方式，要从规模型、粗放型增长转向质量型、效益型集约增长；三是经济发展结构，要从增量扩能为主转向调整存量、做优增量并存的深度发展；四是经济发展动力，要从传统增长点向创新驱动增长点这样一个“大转换时期”。为了应对“新常态”，党的十八届三中全会做出了“实施创新驱动发展战略”的抉择。住房城乡建设部针对行业实际也提出“完善以工法和专有技术成功示范工程为抓手的技术转移与推广机制”。面对新的形势，建筑业如何转变发展方式，促进企业转型升级，最根本就是要直面挑战、抢抓机遇、夯实基础、谋求发展。最关键是要依靠科技进步和创新驱动，提高企业自主创新能力。1989年建设部开启工法制度的初衷，就是为了加强企业施工技术管理与工艺革新。30多年来，广大企业运用标准化管理流程、信息化管理手段、精细化管理方式，广泛应用高新技术和现代管理模式，较好地实现了工程建设科技含量高、资源消耗低、环境污染小、经济效益好的目标。截至2016年，全国先后有1 500多项优秀项目管理成果发布，2 476项施工新技术和新工艺提炼编制评为国家级工法

或专利，形成了企业自有知识产权，有力地促进了建筑业科技创新和工程项目管理水平的提升。实践证明，通过工法开发、编报，不但可以对企业的技术创新和管理经验进行系统的梳理、总结，形成宝贵的物质财富，而且为当前深入贯彻落实工程质量治理两年行动、加快转变行业发展方式与企业转型升级奠定了实践基础，当前面对“新常态”，我们必须认真扎实地继续推进和抓好这项工作。

1. 要始终坚持把技术进步与管理创新作为企业领先的发展战略。加大科技投入，培养和引进高端管理人才，创新研发技术含量大、应用价值高的国家级工法与新产品，不断提高企业自主创新能力和核心竞争力，以适应国际工程承包“强业主、大项目、高科技，多投资”的市场配置资源发展的新趋势。（通过30年的努力，在这方面我们有了长足的进步，但与发达国家跨国公司比较，仍有很大的差距。比如，在上海迪士尼项目的总承包中，即使作为我国工程总承包的一些领军企业，虽然积累了不少的成功经验，这次就遇到了国际上跨国公司和强业主，仍然有现代化管理方式不适应的地方，特别是与业主按照国际工程承包提出的高品质服务功能要求仍有很大的差距。从中可以看出，我国企业在国际化工程承包中科技进步与管理创新升级的迫切性。）

2. 要健全完善政府规划、行业指导，企业为主体、科研院校参加、深度融合、良性互动的产、学、研、政科技创新体系。积极推广应用以建筑业“十项新技术”和国家级工法创新成果为主的新技术、新工艺、新设备和现代化管理方法。依托“高、大、难”和“新、特、尖”的工程项目，重点研发解决复杂关键技术，注重建筑用材更新换代，促进和实现科技与管理成果转化为现实生产力。

3. 要加强建筑企业信息化建设和BIM技术的应用。BIM技术的广泛应用不仅可以改变人类的生产和生活方式，而且已经成为推动传统产业升级和提高项目生产力水平的重要驱动力量。建筑业企业在核心业务上存在着项目分散、组织结构复杂、运作模式传统等状况，决定了要注重结合自身发展特点搭建信息集成管理平台，建立覆盖项目全寿命期以及工期、质量、安全、成本、环保节能等各项目标的管理体系和业务流程，进而实现企业管理和项目管理“网络化、标准化、数字化、可视化、透明化、智能化、精细化”。当下最关键的是BIM技术的推广应用要立足“下沉”和“提升”，通过信息化系统将BIM技术应用点下沉到每个工作人员。（欧特克（中国）软件公司李邵建工程师介绍该公司16个应用点，很有操作性。）同时随着各种新兴信息技术不断涌现，BIM、云计算、虚拟现实、移动技术、协同环境、大数据体系对工程项目管理的影响日益显著，作为施工企业还应深入研究基于BIM技术与CIM技术的结合应用问题。既要充分发挥BIM技术在大幅度提高建设工程项目全过程优化、集成效益，实现目标动态控制精度和“智慧管理”，构建行业上下联动贯通的标准化管理体系，形成企业管理层面横向到边集成，项目管理层面纵向到底集成的优化升级过程中的作用，又要通过CIM技术研究解决项目施工过程中的工艺革新，运用先进适用建造技术改造代替传统手工作业，加快建筑业生产方式的颠覆性变革。

二、要深刻认识贯彻落实好《工程质量治理两年行动方案》是解决建筑业深层次问题的重要举措，切实推动“2015质量万里行”与“质量安全管理年”主题活动的深入开展。

大家知道，自2014年4月安徽建筑业改革与发展会议以后，住房城乡建设部先后出台了近20项有关建筑业改革发展的文件，应该说这是住房城乡建设部10多年来为加快建筑业转变行业发展方式、深化体制改革、促进持续发展，具有里程碑意义的一项战略性活动。特别是《工程质量治理两年行动》电话会议以来，广大企业在工程质量治理两年行动中，以工程质量为突破口，从规范建筑市场、加快企业科技进步、加强诚信体系建设、深化工程项目管理、提高人员素质、保障工程质量与安全生产等各方面，就目前建筑业存在的一系列深层次问题进行了认真的排查和整改，包括我们协会在这方面也紧紧围绕这一中心工作，抓了四项工作。一是在2014年9月电视电话会议上，向全行业发出了严禁转包发包违法分包的倡议书；二是2014年第4季度协会就贯彻落实工程质量治理方案精神召开工作部署座谈会，在协会网站、建筑时报、《工程质量》杂志等媒体设置专栏，对两年行动的情况进行了宣传报道；三是2015年初又召开了工程质量治理行动经验交流会，正面宣传弘扬企业在工程质量治理活动的好经验、好做法；四是会同地方协会对住房城乡建设部的相关文件精神进行广泛的宣贯，率先在河南、陕西、江苏、湖北等地进行示范宣贯。

为了把这项活动深入扎实，富有成效地开展下去，住房城乡建设部今年又组织有《人民日报》、《光明日报》、《经济日报》、《中国建设报》、中央电视台等八大媒体和我会参加开展的《“工程质量治理两年行动万里行”（2015）》，并成立了领导小组，具体工作由住房城乡建设部建筑市场监管司、工程质量安全监管司和中国建筑业协会共同组织。4月26日我们已在深圳专门召开了各省市行业协会与部分企业座谈会，专门就如何进一步贯彻落实“三个方案”进行深入的研讨。这三个方案：一个是住房城乡建设部《工程质量治理两年行动方案》；二是《工程质量治理2015

万里行》活动；三是协会制定了《2015质量安全年主题活动方案》。按照住房城乡建设部要求，协会要充分发挥作用，加强行业自律和宣传活动，树立正面典型，分享工程质量治理好的经验。时间从2015年4月到12月，方案包括：推动万里行活动的指导思想和目的，具体活动内容安排等。我们要从转变建筑业发展方式、促进企业转型升级的高度来认识住房城乡建设部这一系列活动和工作的战略意义及其重要性。要看到这是适应国家经济发展“新常态”进一步发挥建筑业支柱产业作用的正确选择。因为，建筑业过去30年是在“三低”基础上依靠投资规模拉动而发展起来的，更有必要加快发展方式的转变。应该说，工程质量治理两年行动给我们提供了调整结构以创新驱动促转型升级的空间，使我们有时间把握机遇，在经济发展“新常态”下，把转方式、调结构、防风险、重民生、促发展有机结合起来，突出创新驱动、增强内生动力、夯实发展基础、实现稳中求进和持续健康发展。

前一段两年行动重点是对不良行为、违法违规案例进行曝光，对违规企业和不良行为的项目责任人起到了震慑作用。按照部里要求，2015年在工程质量万里行活动中，要重点开展正能量宣传，树立一批典型企业，总结一批典型经验和做法，以正面宣传弘扬建筑企业和广大职工风餐露宿，努力拼搏，为国家经济持续发展，改变城乡面貌，实现“两个一百年”的奋斗目标做出的积极贡献。协会将牵线组织相关媒体深入企业和施工现场进行采访，我们已选了26家在工程质量治理行动方面做得比较好的企业，从先进经验和务实做法、整改措施、治理效果等各方面，突出正面宣传与典型经验介绍，让社会不单看到建筑业出现的问题，更要看到通过治理整顿发生的巨大变化和对国民经济做出的突出贡献。中国建筑业协会2015年工作要点提出要开展“质量安全年主题活动”，我们已经在有关媒体开始组织宣传，希望大家把好的经验、好的做法通过协会或地方媒体反映提供给我们，总的来讲要树立正面典型经验，要向行业传递正能量，特别是要充分发挥鲁班奖工程、绿色施工示范工程和新技术示范工程的标杆引领作用，要加强媒体对企业的监督和互动作用，形成一线实践操作与媒体宣传报道的合力，使治理两年行动2015年活动深入扎实开展下去。

三、要深刻认识到加强行业廉政建设，加大专家在“三评”工作中纪律执行力度是进一步规范行业评优表彰、强化自律管理的重要保证。

大家知道，我们开展的创精品鲁班奖工程活动和绿色施工示范工程与新技术示范工程以及各类评优、评价、评审活动都已成为行业树立标杆、示范引领、市场诚信的重要活动，并已在行业具有很大的影响力，所以某种程度上它又成为一个行业容易贪腐“风险点”。近几年，虽然国务院和住房城乡建设部都多次对行业评优表彰工作提出了具体要求。我们协会也已经印发了多项纪律要求文件，并多次召开了会议强调加强评优表彰工作的规范化运作和各项评选评审中廉政建设，但仍然发生过一些不应该发生的问题。在这里要强调的是，鲁班奖评审和绿色施工示范工程，已在行业形成品牌效应。除此之外，还有包括AAA级企业和文明工地评审，全国优秀项目经理评选，中国建设工程施工技术创新成果奖等活动也都经过住房城乡建设部同意，作为协会开拓活动领域，创新服务形式，高质量、高水平服务行业的几项重要工作，我们必须以高度的政治责任感和反腐倡廉意识，严格组织和规范活动程序管理。

1. 在运作程序上要进一步规范化、制度化、科学化做到公正廉洁，既要真正发挥这些活动对促进行业发展的示范引领作用，同时又不能因为活动过多，给企业增加负担。

2. 加强三大工程和各类评优、评价、评审工作中专家和协会工作人员的书面承诺制度。其实我们的规定办法制定不少，关键是执行力度不够，2014年的评选工作中就出现了一些问题，关键是没有按照评选办法和纪律要求执行，我们对这些情况进行了专项治理和通报。但对其他项目的检查评审也要引以为戒。当然我们也在不断调整和改进我们工作中存在的不足，比如，绿色施工示范工程验收检查，我们采取协会检查和委托地方两种办法，鲁班奖过去复查单位包括地方协会在这次活动中支付的费用，从2015年起全部由中国建筑业协会来负责，过去文件规定由中国建筑业协会和地方协会各承担一部分，但有的地方协会在执行中确确实实有违规行为，把费用分摊给受检单位，这不符合评选办法，违反了鲁班奖评选要求，也违反了鲁班奖公平、公正、公开的精神，所以2015年复查期间的这些费用均由中国建筑业协会来承担，我们也希望地方协会2015年在复查工作中要配合，包括提供住宿、吃饭的场地等，但是要按照要求，包括住宿标准、饭店星级等。

3. 是加强对鲁班奖复查、绿色施工示范工程检查及评审工作的监督检查，建立联络沟通回访机制。对结果进行回访评价，看看是不是按照办法和工作纪律来执行了，在这里我要强调，我们的受检单位也要严格按照评选办法，绝对不允许复查人员到受检单位接受宴请、收取礼金这一条不可逾越的红线，这点请各位专家在实际工作要坚决执行做到，也请地方协会要予以把关。切实做到实事求是，公平、公正、公开和优中选优，保证各项评审、评优项目的公信度。再就是在这里给大家再次明确重申，凡通过国务院、住房城乡建设部和我们协会批准由各分支机构开展的“三评”和评优表彰项目，企业可以本着自愿的原则参加，没有批准一律不要参加。我们也已要求分支机构要严格按照国务院、住房城乡建设部和协会的规定要求，没有通过的评优、表彰、评估、评价的项目一律停止。协会很快会发一个文，做进一步明确。

第四，围绕主题、突出重点，创新服务形式，提升服务质量，务实全面完成2015年协会各项工作

2015年中国建筑业协会工作的总体思路是：以党的十八大和十八届三中、四中全会精神为指导，以推动行业转变发展方式为主线，以提高企业质量安全管理水平为主题，以行业培训和推广先进适用创新技术为重点，紧紧围绕建筑业突出问题深入开展调查研究，着力推进建筑节能减排与实施绿色施工，促进技术进步与管理创新，加强行业自律与协会自身建设，为会员单位和广大企业提供高质量的服务，全面开创协会工作新局面。

一、组织开展好五大活动

1. 继续与中华全国总工会、中国海员建设工会举办建筑节能减排达标竞赛活动。

2. 举办开展改革开放35年来全国城乡建设百项经典工程评选活动，这也是专家委员会的工作重点。

3. 做好新中国成立65周年建筑业评优表彰先进人物事迹的宣传工作。开展全国建筑行业先进企业和个人（包括项目经理、总工程师、科技工作者）等典型经验交流会与先进事迹观摩活动。

4. 配合住房城乡建设部与中华全国总工会、人力资源和社会保障部、共青团中央联合组织好第三届全国建筑业技能大赛。

5. 会同13家行业协会，全面完成联合国工业发展组织建筑业社会责任研究项目。

二、抓好六项重点工作

1. 深入开展调查研究，积极反映行业诉求，为企业创造良好市场环境。包括这么几项：一是要配合住房城乡建设部编制完成建筑业发展“十三五”规划。特别是要深入开展对建筑产业现代化深刻内涵和指标体系的研究；二是以企业减负为重点，就保证金、“营改增”、审计依据代替工程结算问题调查。重点是解决质量保

证金问题。目前，建筑行业有8大保证金，我们将以解决质量保证金为突破口，研究探讨招标投标保证金、农民工工资保证金、履约保证金等8个方面保证金的有关问题，提出解决方案，积极为企业减负；三是做好“营改增”应对工作，这将对建筑业各项管理是一次重新洗牌，涉及经营和管理工作的方方面面。2014年我们组织了12家协会就此问题向国务院领导做了反映，总理非常重视，批示要广泛听取意见、深入调查研究、慎重出台政策，但这些并没有引起制定政策部门的重视，2015年我会又会同12家行业协会和六大央企再次向国务院领导反映了有关问题，并提出了政策措施建议。这次财务部、国家税务总局给国务院报告中，虽然在税率上仍坚持11%，但在补救措施上做了大量的调整，基本上可以保证我们行业实行“营改税”后不会给企业增加负担。比如已明确劳务分包可抵扣3%，商品混凝土由原小额发票抵扣改为一般性经营税收发票抵扣，为6%～11%。除此外，还明确现有签订合同的工程过渡期仍然实行3%税率，企业已购临时设施等不动产允许一次性抵扣，建设方购买主要建材也可适当抵扣。最近，协会在前期调研、反映诉求等工作的基础上，进一步组织专家深入研究应对“营改增”的措施，举办培训班，推动企业以此次税改为契机，强化对分包、材料、设备及财务工作的管理，减少“营改增”带来的负面影响，保持平稳健康发展；四是工程建设领域突出问题专项治理，重点解决招标投标中存在的“潜规则”问题，包括招标投标方式、最低价中标、过度恶性竞争，不同资质企业的市场划分；五是产业结构优化升级，重点是劳务企业资质调整，技能工人培训与资格认定及行业管理。

2. 围绕工程质量治理两年行动，认真做好行业培训工作，切实促进工程质量与安全管理水平的提高。培训的主要内容包括建造师继续教育，劳务层技术工种培训，工程建设标准规范的宣贯，特别是要把质量管理的培训和普通工作人员素质的提高作为2015年的重点。住房城乡建设部工程质量安全监管司委托中国建筑业协会2015年在全国六地进行质量安全新标准的贯标培训。同时要修订鲁班奖工程复查准则与实施指南，分别汇编出版房建、工业、市政三大类工程创优细部做法等系列丛书，不断促进创建鲁班奖工程程序化、制度化、规范化、科学化。2015年第二季度开始由专家办分期分批组织大中型企业的总工程师对2013年和2014年鲁班奖工程特优项目进行现场观摩学习。此外还要加强从业人员的培训，提高行业整体素质。重点是加强劳务从业员的培训，打造六个行业协会培训基地，已经给住房城乡建设部打了报告，希望住房城乡建设部能够支持，共同来给培训基地命名。

3. 加强企业科技进步与管理创新，积极推广应用十项新技术，不断深化项目管理模式创新，深入地推进项目经理责任制。全面贯彻落实住房城乡建设部颁发的《建筑工程五方责任主体项目负责人质量终身责任追究暂行办法》《建筑施工项目经理质量安全责任十项规定（试行）》等文件。重点是项目经理责任制的落实要加大力度，根据住房城乡建设部的新要求，我们正在制定《施工项目经理岗位职业标准》和修订《建设工程项目管理规范》，并将设立建筑工程项目管理与施工技术创新成果奖。

4. 加强诚信体系建设，构建奖惩并行的行业自律机制，切实维护市场秩序，建立信息披露平台，继续开展AAA级信用企业、“双百”强企业评价工作，同时今年我们还要组织一些媒体深入到项目经理部，调查研究包括对工程招标投标、工程纠纷等一系列问题，向住建部提出政治性建议。

5. 以创精品工程、绿色示范工程和装配式建筑三大工程为载体，积极广泛推广应用先进适用的新技术、新材料、新工艺。重点要大力推广应用新型建筑材料。一个是对高强钢筋和高性能混凝土进行调研。第二就是下半年在江西召开一个新型建筑材料的观摩现场会。同时要加快推进建筑装配式工厂化生产基地调研，加大预制装配化建造方式的推广。总结上海、江苏等地工厂化生产基地先行试点经验，会同中建八局预制装配化施工及施工现场中小型机具的开发和应用调研，在苏州举办一次装配式建筑构件生产和3D建筑打印技术现场观摩会。

6. 最后一项工作，协会2015年还有一个大的活动就是中国建筑业协会第六届理事会换届要在第3季度前完成，换届有关事宜已正式行文下发至地方协会，这里再强调一下，请各省市协会尽快将理事、常务理事和副会长单位人选的名单报上来，以保证换届工作的顺利完成。

同志们：2015年是“十二五”规划收官之年，让我们以党的十八届三中、四中全会精神为指导，紧紧围绕住房城乡建设部的《工程质量治理两年行动》这个中心任务，以更加积极务实的工作姿态，进一步从组织保障、人才积淀、制度建设、科技支撑等方面抓好每一项具体工作，勇于担负起党和国家提出“新五化”赋予建筑业的神圣责任和使命，用实际行动托起“中国梦”，为实现中华民族伟大复兴和“两个一百年”奋斗目标而努力奋斗，做出新的更大的贡献。

（本文为吴涛同志2015年在中国建筑业专家委员会第二次工作会议上的讲话）

在改革开放中诞生
为中国建筑业改革发展鼓与呼

在举国上下庆祝中国共产党建党九十五周年，为实现“两个一百年”奋斗目标的进军中，中国建筑业协会也迎来了30周年华诞。

历史昭示未来，奋斗铸就辉煌。这30年，是中国改革开放同中华民族伟大复兴的关键时期，也是中国建筑业实现了从计划经济任务分配到社会主义市场经济体制形成进行工程招标投标的历史性转变。30年来，中国建筑业协会与这个伟大的时代同行，在国务院有关部委的殷切关怀和大力支持下，历届协会领导班子兢兢业业，恪尽职守，以对建筑事业的真挚热爱和高度的责任感，带领协会全体成员，认真践行全心全意为会员服务的办会宗旨，与广大建设者并肩战斗、拼搏奋进，为中国建筑业的发展壮大作出了重要贡献。

回首征程，中国建筑业协会在改革开放中诞生，在改革开放中成长，在改革开放中发展壮大。检索历史，我们深感：改革是发展总法宝、创新是前进的动力源。协会工作发展思路上的每一次提升，发展战略上的每一次演绎，发展实践上的每一次突破，发展成就上的每一次跨越，都是改革创新引领的结果，都是改革创新催生的产物。

1978年12月，党的十一届三中全会作出了经济体制改革的战略决策。4个月后的1980年4月2日，邓小平同志同胡耀邦、姚依林、邓力群谈长期规划问题时，就建筑业作了重要指示，从多数资本主义国家看，建筑业是国民经济的三大支柱之一，这不是没有道理的。过去我们很不重视建筑业，只把它看成是消费领域的问题。建设起来的住宅，当然是为人民生活服务的。但是这种生产消费资料的部门，也是发展生产、增加收入的重要产业部门。要改变一个观念，就是认为建筑业是赔钱的。应该看到，建筑业是可以赚钱的，是可以为国家增加收入、增加积累的一个重要产业部门。小平同志高屋建瓴，阐明了建筑业在国民经济中的重要地位。从此，建筑业通过改革加快发展的课题，已是呼之欲出，蓄势待发。

1984年，在农村改革取得初步成效的时候，中央决定开展经济体制改革，提出把建筑业作为城市经济体制改革的突破口。同年5月，六届人大二次会议《政府工作报告》提出:“在城市各业中，建筑业可以首先进行全行业改革”。同年9月，国务院发出了《关于改革建筑业和基本建设管理体制若干问题的暂行规定》，正式拉开了建筑业改革的历史大幕。为了适应建筑业改革发展的需要，原城乡建设环境保护部报请原国家体改委批准，于1986年10月在京成立了中国建筑业协会（前身中国建筑业联合会），把行业内的一些专业协会和地区分会组织起来，成为一个统一的行业组织。

第一，与改革开放同行，积极配合协助建设主管部门进行法治建设，为建筑业改革发展提供法规保障

作为改革开放的产物，中国建筑业协会自成立起始终高举改革旗帜，以创新发展为动力，认真履行党和政府赋予行业协会“提供服务，反映诉求，规范行为”的基本职能。

站在行业发展的制高点上，积极开展产业政策和规划研究，为建筑业改革发展瞭望指路。协会成立之初，就参与建筑行业改革管理试点工作，使试点城市由不到20个扩展到300多个。在16个县市开展了中小建筑企业产权制度改革调研和指导工作，推动了建筑业企业的改制改组，其中很多当年的中小企业，已经成为国内外有名的建筑集团和海外上市公司。

服务政府工程建设管理体制改革，积极参与有关建设工程法规的起草撰写工作。为有效地规范建筑市场交易行为和秩序，原建设部从1994年开始启动了中国第一部《建筑法》的撰写工作时，就要求中国建筑业协会派人参加。随后又先后参与了《中华人民共和国招标投标法》《建设工程质量管理条例》《建设工程安全生产管理条例》《关于推进建设工程项目管理的指导意见》以及与建筑业有关规章的起草和完善工作。特别是在建筑市场准入管理制度改革中，积极组织、大力推动，协助政府主管部门建立和完善了我国独具特色的建设工程质量监理制度和建筑业企业资质管理标准体系。形成了以工程质量监督站为代表的政府监督、以工程监理为主要形式的社会监管、以企业质量监控体系为主要内容的三结合监管体制，和以工程总承包公司为龙头、以专业施工企业为骨干、以劳务作业队伍为依托，国有与民营、分工协作、互为补充三个层次的建筑企业组织机构。同时协会还受部委托完成了建筑业施工生产安全管理三类人员培训教材的编写，并会同13家行业协会制定下发了项目经理职业导则，对工程项目管理进行全过程的监控管理，特别是形成了以农民工就业教育、各类管理人员岗前培训、工地学校继续教育为主要形式的源头治理，以项目管理和安全生产标准化为主要手段，以现场3A级文明工地和项目文化建设为依托的施工安全保障体系。

第二，深入开展调查研究，积极反映行业诉求，为建筑业改革发展创造条件

多年来，中国建筑业协会牵头组织建设领域多家行业协会，始终把调查研究、反映诉求作为工作的重中之重，先后就《建造师执业资格与项目经理资质认证有关问题研究》《不同企业资质的市场划分》《规范各类保证金制度》《“营改增”对建筑业的影响》以及《对国家“十二五”和“十三五”规划的建议》《关于取消地方政府以审计结果为竣工结算依据的报告》等20多个行业热点问题向建设主管部门和国务院领导及全国人大反映，受到党和国领导高度重视。为振兴建筑业，减轻企业负担，促进行业发展做出了积极的贡献。

但应当看到当下比较突出的是《建筑法》《招标投标法》修改已迫在眉睫。《建筑法》存在的主要问题在于对工程造价管理没有规定，缺少对承包人以外的工程建设主体行为，尤其是对发包人的法律约束，造成大量拖欠工程款的问题难以解决。对转包行为无明确认定标准，导致行业中的转包、违法分包、借用资质等违法经营行为普遍存在。《招标投标法》中对招标单位（建设方）的监督管理较弱，竞争标准不明确，导致不合理地采用最低价中标，忽视企业资信，科技、管理水平和创新能力，对行业的健康发展起到了不良的导向作用。修订重点应在社会信用体系建设上做文章，要将竞争点引导到建设企业的产品质量、节能、环保、科技创新水平、市场信用及管理水平的竞争上，取消法律约束外的各种投标预审资格条件，消除行业和地域壁垒，建立企业资信、工程业绩、社会信用、科技创新能力、项目管理水平为主要内容的评分标准。

为了进一步规范建筑市场，要围绕行业改革发展，促使主管部门调整现行企业资质标准以及施工许可、现场检查、竣工验收备案等环节的管理制度，推进质量安全标准化建设，强化对建设单位的行为监管，明确各类工程一律不得采取带资承包方式进行建设。建立与市场经济相适应的市场动态工程造价体系。完善建设施工安全监督制度和安全监管绩效考核机制，推动建设单位对重大工程实行全过程安全风险管理。

在建设项目组织实施与管理模式方面，要围绕住房和城乡建设部颁发的《关于进一步推进工程总承包发展的若干意见》新要求，鼓励有条件的企业大力推广PPP模式，使建筑企业从“一次性的项目管理”走向“长期性的运营管理”，突破单一的工程承包经营形态，从低附加值区域向高利润区域转移，增强了为业主提供综合

服务的功能。促进建筑企业发展战略转型和商业模式创新。当前，要把探讨建立“联合体”投标制度作为一项重要研究课题。建立工程总承包企业、施工总承包企业和专业承包（含劳务分包）企业组成联合体投标的机制，取代单个企业投标的管理模式。力求降低和消除企业不同层面的同质化恶性竞争，解决资质挂靠和违规分包问题，促进中小企业和专业企业健康发展。

第三，坚持项目管理创新，为中国建设工程管理体制改革与建筑业生产方式变革引航

1986年，国务院领导同志指示要学习推广“鲁布革工程管理经验”，原建设部提出以“项目法施工”作为施工管理体制改革的突破口，并在水电十四局、中建三局、北京城建一公司等50家企业成功试点，有力地推动我国工程建设生产方式的根本性改变，走出有中国特色的工程项目管理之路。可以说中国城市经济体制改革是从建筑业开始的，而建筑业的改革首先又是建筑施工企业。这里要特别指出的是，中国建筑业协会在推进建设工程项目管理体制改革的30多年历程中，曾先后三次受到时任国务院总理李鹏同志和温家宝同志的高度关注与亲切关怀，并给予了重要指示。

从“项目法施工”推进到项目生产力理论的创新提出，改变了建筑业企业旧有传统的生产方式，产生了项目经理部的新型组织形式，形成了工程建设以“动态管理、优化配置、目标控制、节点考核”为基本特征，以“项目经理责任制”和“项目成本核算制”为基本制度，以“四控制、三管理、一协调”为基本内容，以“两层分开、两层建设、三个升级”为管理主体，以“总部宏观控制、项目授权管理、专业施工保障、社会力量协调”为运行机制的中国建设工程项目管理基本框架体系。这一生产方式的改革，极大地解放了我国建筑业的生产力，提高了中国建设工程项目管理水平；这一生产方式的改革，有力地提升了我国建筑企业的国际竞争力，为建筑企业“走出去”创造了条件；这一生产方式的改革，为城镇化和农村产业结构调整，转移农村劳动力创造了条件。截至2015年，我国建筑业年生产总值平均增长20%以上，建筑业增加值占GDP接近7%，从业人数达5 000多万人，农民工超过4 000万人，促进了农村经济和社会的发展。所以说，这一生产方式的变革，对我国社会经济发展产生了难以估量的深远影响。

多年来，中国建筑业协会积极推动建筑业企业建立现代企业制度，以“产权清

晰、权责明确、政企分开、管理科学”为目标，引导企业大力推广应用先进适用技术和现代管理办法，从最初的质量、安全、技术、财务和人事管理，扩展到产权管理、知识管理、营销管理、信息管理、项目管理、风险管理、人力资源管理、企业文化管理等。坚持开展全面质量管理和优秀项目管理成果发布活动，实施“卓越绩效模式”，先后有2 700多项优秀管理成果发布，500多个小组获得全国优秀QC小组称号，5 000多个QC小组受到表彰，成果累累，效益显著。据调研，目前90%以上的建筑业企业都制定了中长期科学管理规划。

第四，以创建精品和示范工程活动为载体，传承鲁班文化、弘扬工匠精神、提高建设工程质量管理水平

大家知道，30年前，建筑业创立了以鲁班名字命名的中国建设工程最高质量奖——“鲁班奖”。近30年来，获奖企业和工程项目遍布全国除香港、台湾地区以外的31个省、自治区、直辖市，以及交通、铁路、电力、民航、冶金、石油、化工、核工业、机械、航空、信息产业等近20个行业，截至2016年，全国已有2 102项工程获此殊荣。“工匠精神”在2016年两会期间的政府工作报告中首次提出，引发全社会的普遍共鸣，尤其是在我们建筑业更是反响热烈。“工匠精神”与我们建筑行业设立的创建鲁班奖工程所积极倡导弘扬的“鲁班精神”是一脉相承的。鲁班奖工程的创立不仅使鲁班文化和工匠精神得到了较好体现，而且在全行业树起了一个品牌，建立和形成了一种促进提高工程质量的激励机制，成为我国工程建设巨大成就的见证。也就是从那时起，“崇尚科学、精益求精、追求卓越”的鲁班文化就成为全行业广大工程建设者践行社会主义核心价值观、积极为祖国建设事业无私奉献的崇高理想和最高追求。

与此同时，协会充分发挥新技术与绿色施工示范工程在工程建设中提高工程质量、实施绿色发展、促进企业科技进步中的标杆引领作用。自1991年开展新技术示范活动启动，截至2007年，共完成验收新技术工程434项。2009年，中国建筑业协会在开展新技术示范工程的基础上，以推广世博会绿色施工为契机，又正式启动了绿色施工示范工程活动，绿色施工示范工程到目前已有1 392项工程申报，通过验收工程300多项。2013年，协会还系统总结了中建八局成都银泰项目作为绿色施工示范工程的经验，召开现场观摩会，对全行业广泛推进绿色施工起到了积极的示范引领作用。目前大力推进节能减排，循环经济、坚持绿色发展，已成为全行业的价

值追求和绿色发展的经营理念。

第五，以科技创新驱动为引擎，推动中国建筑业建造技术跻身于世界先进行列

多年来，协会组织企业积极推广应用以建筑业“十项新技术”和国家级工法创新成果为主的新技术、新工艺、新设备和现代化管理方法，依托“高、大、难”和“新、特、尖”的工程项目，重点研发解决超高层复杂关键技术，注重建筑用材更新换代，促进和实现科技与管理成果转化为现实生产力，先后有3 075项施工新技术和新工艺提炼编制评为国家级工法或获得专利，形成了企业自有知识产权。比如C60高强混凝土泵送至天津117大厦621m高度创了这项技术吉尼斯世界纪录；北京奥运场馆鸟巢大跨度钢结构整体卸装以及南京青奥会场300m大跨度钢结构施工堪称世界第一，上海环球金融中心、大连国际会议中心、舟山大陆连岛西堠门大桥等一批超高层高难度建筑及市政工程建设都充分体现出高超的中国建造创新技术能力。

为满足建设工程项目日趋大型化、复杂化、现代化的要求，推动建筑结构技术、建筑施工技术、建筑管理技术的深刻变革，中国建筑业协会把重大建设工程作为提升自主创新能力的重要载体，通过提供经验交流会平台、专家现场指导咨询、制定行业标准等服务，支持和推广应用先进适用创新技术，促进企业完善建筑技术进步与管理创新体系。引导企业大力推动建筑业“十项新技术”和国家级工法创新成果与创优质工程相结合，与推进节能减排相结合，与人才培育相结合，与行业发展相结合，为建成一大批科技含量高、资源消耗低、环境污染小，经济效益好的标志性工程做出了突出的贡献。

随着中国经济进入“新常态”，党和国家提出“创新驱动战略”为了更加深入推进企业科技进步，中国建筑业协会设立了中国建设工程施工技术创新成果奖与奖励基金，对工程建设中开展科学研究、施工技术与工艺创新、工法开发应用有重大突破，填补国内空白、推进产业升级等方面具有国内外领先水平的企业和个人予以表彰激励，进一步加大先进适用技术的推广力度，提高企业自主创新能力，形成企业发展的核心竞争力，有力地促进了建筑业科技创新和工程项目管理水平的提高。

2016年是中国建筑业协会成立三十周年，又适逢“十三五”开局之年。面对中国建筑业如此艰巨而光荣的改革发展任务，协会秘书处全体职工，要遵照习近平总

书记提出的“三严三实”要求，结合“两学一做”学习教育，牢固树立全心全意为行业、为会员的服务意识，在组织形式、运作机制、人员素质和服务水平等各方面适应建筑业发展的需要。要严格遵守有关法律法规，建立健全各项管理与监督制度，强化对分支机构的管理，加强廉洁自律建设，全面实现协会工作的制度化、规范化、标准化。要以改革创新的精神，大兴学习之风、调研之风，学习建筑业的现代管理知识，调研行业和企业发展中的重大课题，改进作风，务实工作，提升自身能力和工作水平。要紧紧围绕工程建设领域中心任务，当好政府参谋助手，为建设主管部门依法服务。要深入开展创“四型”、保“五A”活动，把会员对协会服务满不满意作为出发点和工作标准，不断创新服务形式、丰富服务内容、提升服务质量，为广大会员解难题、办实事，使协会真正成为会员靠得住、政府信得过、行业有权威的政府与企业、社会之间的桥梁和纽带。

大江流日夜，慷慨歌未央。距离“两个一百年”的目标，只有5年和33年的时间。重任在肩，时不我待。面对中国建筑业改革发展中一系列的时代课题，我们必须以更大的改革勇气、更强的创新精神，实事求是，只争朝夕，冲破观念障碍、突破利益藩篱，加强自律建设，承担历史使命、回应人民期待，在以习近平同志为核心的党中央坚强领导下，迎接中国建筑业改革创新发展的新突破，开创中国建筑业改革发展的新局面！

（本文为吴涛同志2016年在庆祝中国建筑业协会成立三十周年大会上的讲话摘录，刊载于《中国建筑业》《中国有色建设》等相关杂志）

新时代规范建设工程项目管理的纲领性文本
——《建设工程项目管理规范》(2017版)综述

序言

我国建设工程项目管理起源于学习鲁布革工程管理经验，进行施工企业项目管理体制改革，适应市场经济的建立。20世纪80年代初，国务院明确把建筑业作为城市经济改革的突破口，1984年国家计委提出在工程建设项目中实行招标承包制，建筑业是第一个被推向市场竞争的行业。1987年五部委又提出全面推行“项目法施工”。特别是1996年以来，建设部陆续出台了一系列推进和指导实施工程项目管理的文件和规定，并开始着手项目管理国家标准的制定。经过20多年的推广应用，项目管理工作在建筑业企业全面展开，通过对国内众多地区和企业项目管理经验和成果的总结，结合国际通行的项目管理运作模式，于2002年形成了中国第一部《建设工程项目管理规范》(以下简称《规范》)。《规范》颁布以后，在相当长的时期内对统一项目管理认识；规范、约束项目管理行为和基本做法；理顺各层之间关系，促进施工项目管理科学化、制度化发展；提高建设工程项目管理水平起到了积极作用。为我国基本建设提供项目科学决策及有效实施指明了方向。在此期间，我们建成了一大批管理水平高、质量过硬、综合效益一流的建筑产品，极大地展示了我国建筑业企业通过工程项目管理体制改革所产生的雄厚管理实力和科技水平。但由于当时市场和行业管理职能的局限，最初形成的标准只局限于施工企业，而且过多地强调了施工现场的管理工作，对于全寿命期的项目管理没有完全涉及，因此在某种意义上带有很大的不足。

进入21世纪后，随着国家对一些法律、行政法规和有关强制性标准的调整，特别是中国加入WTO和项目管理国际化的发展，原《规范》内容和不少条款已经不适应当时形势发展的需要。因此，建设部决定从2005年开始着手对《规范》进行修订。修订工作广泛收集和采纳了政府管理部门、政策研究单位、建筑业企业（包括勘察设计、咨询、监理、施工、总承包等企业）和高等院校的意见和建议，基本统一了认识，明确了定位，2006版《规范》仍保持18章，但节数由68节增加为69节。

2017版《规范》(以下简称新《规范》）是党的十八大以来进入新时代又一次重大修订。大家知道，党的十八大以来，以习近平同志为核心的党中央先后提出了一系列重大战略决策，特别是统筹推进“五位一体”总体布局和“四个全面”战略布局，树立“创新、协调、绿色、开放、共享”五大发展理念等。2018年2月，国务院办公厅《关于促进建筑业持续健康发展的意见》(国办发〔2017〕19号)，就建设工程提出了适用、经济、安全、绿色、美观的基本要求，随后住房城乡建设部又颁发了一系列相关文件。这些重大的战略部署和政策法规都要求项目管理规范也要适应新的形势和新目标。《规范》着眼新时代实现“两个一百年”经济社会发展和工程建设的新任务和总目标，以习近平新时代中国特色社会主义思想为指导，按照“国办19号”文件精神，进一步解放和发展建筑生产力的要求，在章节和内容上做了较大的修订调整。全文为19章，由原来的69节增加至87节。

综上可以看出，中国建设工程项目管理推进和发展先后经过了四个阶段：学习推广阶段(1986—1992年)；总结提高阶段(1993—2000年)；规范引领阶段(2001—2011年)；创新发展阶段(2012年至今)。

一、《规范》修订的目的和重要意义

1.《规范》修订的目的可归纳为四个需要。

(1)适应经济全球化进程和建设工程项目管理科学化、制度化、专业化、标准化、国际化发展的需要；

(2)依据国内外建筑市场变化，推进工程总承包和创新项目管理模式(BT、BOT、PPP)的需要；

(3)有效贯彻落实“十三五”规划和国家与住房城乡建设部新颁布的相关法规和政策的需要；

(4)正确解决项目管理实践中存在建造师和项目经理的不同定位和关系，适应我国工程建设类执业资格制度改革规范实施配套的需要。

2.《规范》修订的重要意义在于四个有利于。

(1)有利于全面规范工程项目利益相关方的管理行为。新《规范》进一步明确五方责任主体，加大了建设单位的管理力度，从国际化的视野上助推工程项目管理活动标准化、规范化、制度化和科学化；

(2)有利于贯彻落实党和国家提出的五大发展理念(创新、协调、绿色、开放、共享)和对工程建设确定的基本方针(经济、适用、美观、绿色、安全)；

(3)有利于促进建筑业供给侧结构改革和企业转型升级。对加快建筑业生产方式深层次变革，推动互联网、大数据、智慧建造与项目管理创新深度融合，努力实现设计、施工、采购与投资、建设、运营“两个一体化”发展，着力提高建筑业企业的核心竞争力具有重要的导向意义。

（4）有利于促进建设理论研究，加快推进建筑业产业现代化进程。随着国家经济发展由高速增长转向高质量发展，项目管理理论研究创新和实践应用水平也要随之深化和提高。特别是中国特色社会主义进入新时代，工程建设领域新型建造方式也出现多元化发展的势态，装配式建筑、绿色施工、智慧建造、工业化生产都将对建筑业未来发展提出新的目标要求，这就需要我们在过去30年推行项目管理实践基础上进一步深化研究和创新提升项目生产力，深化项目管理创新和加快推进建筑产业现代化奠定理论基础。

国办发〔2017〕19号文件提出推进建筑产业现代化。这在国家文件中还是首次。过去我们都讲建筑工业化，虽然建筑业和工业都属第二产业，但由于产品属性不同，所以建造方式、组织形式明显有区别。比如建筑产品单件固定、人员流动、露天生产，而工业产品流动，人员固定、室内生产。笼统地讲建筑业实现工业化是不科学的。2013年中国建筑业协会设立课题研究，结合理论探讨和改革的实践提出了建筑业发展的方向应该是产业现代化。但产业现代化又是一个历史发展的动态标准，是指整个产业要通过发展科学技术、运用先进的创新技术与管理手段及现代生产方式，促使整个产业建立在世界当代的国际科技进步与先进管理水平的基础上。

二、《规范》编制和修订原则

1. 以2006版《规范》基本内容为基础向前延伸、向后扩充。对所有章节内容进行了较大范围的充实、调整和完善。从建设、勘测、设计、施工、监理等相关方的项目管理活动，规定了较完整的管理运作体系，以满足“规范”适用范围和系统化管理要求；

2. 严格遵守国务院、住房城乡建设部颁布的有关行政法规和规定。特别是加强国办发〔2017〕19号文发布后建设主管部门颁发的一系列文件的执行力度，以保证《规范》在国家政策法规指导下规范化运作；

3. 保持现有工程项目管理的行业认识和实施水平为基准。主要指已被实践证明具有中国特色的工程项目管理基本框架体系与优秀管理成果，使《规范》建立在实践基础上并具有先进性和可操作性；

4. 坚持不忘本来，吸收外来，面向未来的初心。广泛吸收国内外优秀、先进的管理新思想、新理念和新做法，最大限度地密切与国际通用模式的融合，充分体现建设工程项目管理的国际化发展方向；

5. 满足建设工程项目的全寿命期管理。将项目管理工作范围扩展到全过程、全方位和全功能，进一步完善了建设工程项目管理工作的标准化体系。

三、《规范》编制和修订的主要依据

1. 国家有关建设工程相关法律、法规、标准、规范

主要有《合同法》、《招标投标法》、《招标投标法实施指南》、《建设工程施工合同示范文本》(2013)、《建设工程工程量清单计价规范》(2013)等。

2. 国务院、建设行政主管部门颁发的有关条例和文件

主要有《关于促进建筑业持续健康发展的意见》《建设工程质量管理条例》《建设工程安全生产管理条例》《建造师执业资格注册办法》《关于进一步推进工程总承包发展的若干意见》(2016)等。

3. 国际项目管理相关标准

《质量管理体系》ISO9000：2000、ISO14000,《职业健康安全标准》OHSAS18001《项目管理质量指南》ISO21500：2012及国际项目管理专业资质认证标准(ICB4.0)。

4. 建筑业推行工程项目管理的成功经验与优秀管理成果

一是内容调整注重实践经验总结提升，保持其先进性和可操作性。《规范》注重吸收了我国建筑业30年来推行工程项目管理实践成功经验所形成的基本框架体系。

二是在理论研究方面注重前瞻性和创新性。结合前两版《规范》的实施，从理论和实践中进一步明确“项目生产力论”对深化项目管理的理论基础贡献，从而进一步弄清建筑业要解放和发展社会生产力，不但应包括部门(行业)，企业生产力，还必须加上项目生产力。项目管理作为一门现代管理学科和方法带来的不但是推行工程中对体制、技术、方法上的要求，更重要的是要有理论创新做支撑。

“项目生产力”理论的提出和创新，主要有两大来源：①以推广鲁布革工程管理为代表的我国建筑施工生产方式改革的实践；②学习马克思主义关于“生产力”理论的启迪。它是根据马克思生产力理论的层次性原理以及建设工程建设生产要素结合场所的特殊性而提出来的。

三是明确了工程建设项目全寿命期各主体方的管理特征。重点包括项目管理

适用范围及EPC、PMC、BOT、PPP等新型管理模式的要素构成，特别是对项目治理、运行规律和体系建立进行了系统的总结提升。

四是立足我国建筑业30年改革发展的实际情况和新时代建设工程项目管理发展的新趋势。更加注重强化工程质量、安全管理、绿色建造、技术创新、环境保护、资源利用、劳务管理、项目文化建设等全要素以及项目管理的精益层次和最佳效用。

五是充分把握项目管理领域所涉及的学科范围和企业典型案例，《规范》特别吸收了中国建筑工程总公司、中国化学工程建设公司、中国铁路建筑总公司、中国铁路工程总公司、中国水利水电第十四工程局，上海建工集团、北京城建集团以及大专院校、科研单位的管理经验和研究成果。

四、原《规范》缺陷与新《规范》的特点

1. 原《规范》存在的不足与不适应

（1）原《规范》虽然对2002版施工项目管理内容进行了调整，但仍然较多地保留了施工方项目管理内容，特别是对五方责任主体内容涉及很少，与《建设工程项目管理规范》涵盖的整体内容不相一致，不能满足建设工程项目利益相关方的管理要求。

（2）原《规范》对建设工程项目管理的行为规范不够全面，对采购管理、资源管理、环境管理、技术管理、收尾管理、风险管理特别是五方主体责任等重要内容的规范力度较差，甚至有严重缺项。新《规范》将项目经理责任制和项目管理组织合并，改为项目管理责任制度。在采购管理中增加投标管理。在环境管理一节增加了绿色建造，强调了绿色施工评价。在信息管理一节增加了知识管理，强调了资料存档的重要性，将职业健康改为安全生产管理，强调施工生产要加强标准化建设。资源管理增加了劳务队伍管理，增加了设计和技术管理，管理绩效评估。这样内容更为全面，细化接地气，适用项目管理活动全过程各环节的实际需要。

（3）原《规范》对项目管理的国际化表述不够明确。只提出与国际惯例接轨。“国际惯例”这个词比较模糊，到目前为止，建设工程项目管理还没有被哪个国家都公认的国际标准。只有一些应用较广、通用的做法。进入新时代后，我国项目管理知识的学习和实践应用力度将大大加强，世界银行、国际项目管理协会（IPMA）、（68个国家）、英国皇家特许建造学会（CIOB）、美国项目管理协会、

PMI、澳大利亚、新加坡等国的项目管理理论和方法已大举进入我国。我们讲项目管理国际化，强调在进行国际工程承包和管理中，其行为准则既能够被所在国的业主所接受并给予配合，也能使我国项目管理咨询公司所接受，便于运作。《规范》修订坚持在国际化的旗帜下，把国际上一些通用做法与我国实践成功经验融为一体，不是简单地照抄照搬国外做法。作为《规范》重要的是要适应国际发展趋势与市场变化，能够对项目管理事业的发展起引导和助推作用。

（4）原《规范》对项目管理的基本规定和内容表述差异较大。在有的条目中相对较细，近似规程。但对项目管理的责任主体、过程管控、运行流程以及某些关键做法和核心内容又显得较粗，形成粗细相差悬殊，造成管理失衡，很难有效发挥作用。新《规范》设计构思缜密，主线明确，重点突出，内容全面，鞭辟入里，比如，将原《规范》项目范围管理一章改为基本规定，从范围管理拓展到管理流程、管理制度直至管理的持续改进，注重了项目管理的知识性、系统性。

（5）原《规范》不少提法已不适应新时代、新任务、新目标的要求。首先是党的十八大和十九大提出了全面建设小康社会，建立创新型国家是我国在2023年以前的宏伟发展目标。这对我国的各行业与建设事业具有统领作用。新《规范》正是以此为指导思想，进行了内容充实和顶层设计；其次是国务院办公厅颁发了《关于促进建筑业持续健康发展的意见》（国办发〔2017〕19号），住房城乡建设部新颁布出台了《关于培育发展工程总承包和工程项目管理企业的指导意见》（建市〔2003〕30号）、《关于促进工程监理行业转型升级创新发展的意见》（建市〔2017〕145号）等指导性文件。

再就是30多年来我国所走过的建设工程项目管理之路，是以自主创新为主要特征的，原《规范》虽然对此进行了总结，但是条文中没有强调。新《规范》修订坚持以人为本，展示了进入新时代实现伟大梦想，推进伟大事业中，工程项目管理将发挥着重要作用。所以我们说2017版《规范》正是根据上述原因和需要进行大视野、大范围和大深度的修订后出台的。

2. 新《规范》的主要特点与修订解决的重点问题

“规范”修订的突出亮点在于完善组织结构体系、抓住过程管理环节、规范项目运作规则、提高精细化管理水平，实现了五个创新，即有机地把承包商的项目管理与项目利益相关方的项目管理体系深度结合，统一于工程项目管理全过程行为并加以约束与规范，较好地实现了五方责任主体、规范行为内容、现代管理方式、岗位执业要求以及理论创新发展，并以此为基础形成了以下八个方面的特点。

（1）基本做法与行为的规范性

项目管理作为新时代企业生存发展和管理创新的最佳方式，其应用领域在不断扩大。项目管理方法应用于不同企业，已在国内外崭露头角并且十分有效。项目管理是将项目管理方法和技术在不同企业所有项目上的综合应用，打破了传统的一般管理方式和界限，成为企业应对科学技术日新月异、市场竞争空前激烈这一严重挑战的有力工具。新《规范》正是从这样的发展趋势着眼，突出了工程项目管理的基本方法，重在规范项目管理主体行为，而不是企业的运作模式。新《规范》特别注重工程项目管理的特殊性和内在规律，针对一个组织进行项目管理时需要的管理行为进行规范。约束对象为工程项目实施过程和各个环节的全过程管理行为，而不直接涉及与建设工程项目的哪一个相关组织。但又非常明确地提出了其服务对象为项目管理企业、发包人、承包人、设计企业、监理企业、总承包企业以及其他利益相关方。因此，新《规范》反映了项目管理的一般规律和对项目管理各方的共性要求，更为突出地体现了项目管理实施阶段目标控制效果，同时对各类工程建设相关企业编制项目管理实施规程具有重要的理论和实践指导作用。

（2）知识体系与管理内容的全面性

进入新时代主导中国经济的是知识经济，与之相应的项目管理，也已成为知识经济的伴侣。所以我们说知识体系是从事项目管理专业活动需求的总和和基石。通过知识共享，运用项目团队智慧提高应变能力已成为提高项目管埋水平和企业核心竞争力的主流方式，是现代项目管理的重要特征。但单纯地追求知识模块，忽视项目管理所必须具备的另一个关键要素，即解决实际问题的能力是远远不够的。只有将正确的知识、先进的经验、规范的行为有机结合起来，才能产生成功的项目管理，真正使知识转化为项目效益。新《规范》从国际上两大项目管理（美国的PMP与欧洲的IPMP）知识体系九大内容以及我国工程项目管理理论研究创新成果上对工程项目管理规范章节做出了较为科学的定位。其中是有9章目录是新名称。包括基本规定、项目管理责任制度、项目管理规划、采购和投标管理、设计与技术管理、安全生产管理、绿色建造与环境管理管理、信息与知识管理，绩效评价管理，其余章节内容也都有较大的修改。因此，新《规范》的知识体系和内容覆盖比较完整，规范过程行为的范围全面，条文涉及的对象也更广，时间的及时效应性更强，所能发挥的作用也将就更大。

（3）管理规定与范围适用的广泛性

如果就“项目”讲范围非常广，包括科学研究项目，如基础科学研究，应用科学研究，科技攻关项目；开发项目，如资源开发项目，新产品开发项目，园区开发项目等。新《规范》主要围绕建设工程项目，包括工业与民用建筑，交通水利、园林绿化工程以及各类基础设施工程等。但项目都具有单件性（一次性），目标管理等共同的特征。由于项目管理能够处理跨行业，多方参与合作的复杂问题并能实现高效率的运营，新《规范》在约束对象是建设工程项目实施过程各环节的全过程管理行为的同时，比较完整地规定了基本方法、运行程序和管理技术等，特别强调运用现代管理方法和创新技术手段，如决策技术、预测技术、网络技术、信息技术、互联网、大数据等都对项目的进度、质量、安全、成本进行管理提升。可以供建设单位、开发单位、项目管理单位、咨询单位、监理单位、总承包单位、设计单位、供应单位、施工单位、分包单位及其他与建设工程项目相关单位使用。所以我们说，不论任何单位或组织进行与建设工程项目有关的管理活动，都可以按照新《规范》去执行。当然，新《规范》还没有对整个建设工程项目管理的全过程行为进行规范，比如就没有规范建设工程项目前期项目调研、立项、规划等管理行为。

（4）与国际通用做法的一致性

当前国际项目管理发展呈现了四大特点，即项目管理的集成化、项目分类的专业化、项目规模的多样化以及项目实际量化管理等特点。且涉及多个利益相关方和众多外部因素，瞬息万变的环境地域，如有单个项目，群体组合项目，还有城市群中心建设，基础设施项目，园林绿化等。所以，新《规范》既学习借鉴了国际项目管理的一般规律和通用做法，又注重结合我国新型城镇化建设的实际和市场需求，在有些条文中明确了量化管控，使我国建设工程项目管理实践的成功经验与做法和国际工程项目管理的共性要求融为一体，《规范》修订较好解决了国际工程项目管理模式标准与我国的项目管理基本框架体系及其需求的接口，为实现国内国外项目管理资源系统整合共赢，达到项目具体目标和投资效益最大化，促进我国工程项目管理的国际化发展，提高建筑业企业核心竞争力和践行“一带一路”倡议，实施“走出去”战略将发挥重要的作用。

（5）工程建设组织形式变革的迫切性

国办发〔2017〕19号文提出，要以大力推进以工程总承包为主流的模式，深化改革完善工程建设组织形式。工程总承包在我国已提出近30年，但效果甚差，主要是政策引导不力，市场不匹配，加上企业管理跟不上，至今举步维艰。这次国办文件在大力培育发展工程总承和工程项目管理咨询企业的问题上加大力度，政策引导上有保障措施。明确了装配式建筑必须推进工程总承包，并要求对相关招标投标、施工许可、施工验收、规章制度进行全面全方位改革。所以《规范》必须跟随国家政策调整进行修订完善，除了要进行项目组织机构、人力资源配备、施工技术创新等硬件建设以外，还要在政策配套、企业管理机制、工程招标投标承包方式、项目运用体系和现场文化建设等方面进行改革，以保证现代项目管理方法的运用是建立工程总承包和工程项目管理企业的重要软件建设内容基础之上。新《规范》，充分考虑了这一新情况和新需要，为工程总承包企业和项目管理企业提供了项目管理理论研究、方法运用、组织实施和运行过程等全面支持，有利于培育和发展工程总承包公司和工程项目管理企业。

（6）岗位注册执业资格要求的必要性

规范管理行为，关键是人，这是夯实基础、筑牢根基的核心。人是万事的主体，也是项目成功的保证。新《规范》从建设工程项目管理全过程的高度，坚持“以人为本”的原则，强化了管理人才的岗位能力和执业资格的有机结合，以岗位管理职责促进注册执业资格要求，以执业资格保障岗位管理职能有效执行。在我国建设工程领域新建立的执业资格制度已有八种，都与建设工程项目管理有着不可分割的关系。加强项目管理执业人员的国际化培训，建立与国际接轨的项目管理人才培养、管理和使用机制，提高项目管理水平至关重要。住房城乡建设部已明文规定，建立以建造师执业资格为必要条件的项目经理岗位责任制度。过去，我国没有形成供给专业技术人才与执业注册人员学习和应用的项目管理标准，没有适应我国实际需要的项目管理系统知识。新《规范》为建设工程类相应执业资格考试和继续教育提供了较为科学实用的教材范本。力求完善建造师担任项目经理的运行规则，促使注册建造师认真学习贯彻执行《规范》，并在实践应用中为完善《规范》知识体系以及加快项目经理专业化、职业化建设作出贡献。

（7）实践推行应用中的可操作性

新《规范》坚持内容调整不脱离实际，特别吸收保留了我国建筑业企业30多年来推进工程项目管理通过实践证明成功经验和基本做法，注重各管理环节和实施主体的实效性和可操作性。比如：项目经理责任制就是我国建设工程项目管理改革的一项重大成果。当今项目经理部这一新型施工生产组织方式遍及大江南北，项目经理这一岗位深受业主和市场关注。项目经理责任制充分体现了三个一次性：项目经理部是一次性建设项目管理组织机构，项目是一次性的成本管理中心，项目经理是一次性授权管理者。具有对象一次性，内容全面性，主体直接性，责任风险性的特征。《规范》对项目经理责任制、目标责任体系建立等方面的内容做了较为科学系统有效的界定和规范，便于企业与项目经理部在实际工作建立以项目经理为核心的项目管理质量与安全责任保证体系的实施。

（8）项目管理理论研究提升的创新性

《规范》在理论研究提升方面非常注重前瞻性和创新性。第一，提出了推进工程项目管理必须与全球化协同发展的新思想；第二，坚持自主创新、不断采用先进的管理技术和现代化管理手段优化项目管理升级的新思想；第三，坚持以人为本，推进项目治理实现可持续发展的新思想；第四，解放和发展建筑生产力必须把管理落脚点放在项目层次的新思想。第五，“项目生产力论”研究鼓励多学科介入和跨行业交流的新思想，这些新思想、新理念既引进和吸收各方面的研究成果和成功经验，极大地展现了我国建筑业企业推行项目管理的智慧结晶，又适应了我国新时代经济社会发展的现实需要和战略布局，也充分体现了我国建筑业推行工程项目管理的自主创新的能力。主要是注重原始创新、集成创新和引进消化吸收再创新中的引进消化吸收再创新。新《规范》就是在项目管理方面的引进消化吸收再创新，从某种角度上讲，“项目生产力”理论为深化国际项目管理持续发展和理论研究提供了有益的探索，奠定了基础。

（9）《规范》术语界定的准确性和通俗性

《规范》针对重要章节和管理内容设置了必要的术语。一是尽量避免与其他相关标准术语的重复和差异；二是尽量保持与国际上通用的概念叫法相吻合；三是保留和增加了我国工程建设实践中创新的成功经验总结提炼的通称，如项目管理目标责任书，项目管理绩效评价，绿色建造，项目经理责任制等。同时注重保持和原《规范》衔接的连续性和通俗性，文字表述准确、逻辑性强、通俗易懂。

综上所述，2017版新《规范》较原《规范》不论是章节设置、内容延伸、观点创新、术语表述以及理论研究等方面都比原《规范》有较大的改进和提升，充分体现了《规范》修订坚持国际化的方向，基于本土化的国情具有专业化的特色“三化”深度融合的显著特征。可以这样讲，新版《规范》既是我国建筑业三十年推进实施项目管理经验的全面总结，又是国际项目管理发展新趋势的产物，也是从事项目管理的专家学者理论研究和实践应用成果的高度升华。已成为今后广大从事工程项目管理人员的上岗准则和管理尺度，必将为我国工程项目管理创新发展衍生新的途径，迸发出更多的智慧和正能量。我们一定要提高对《规范》宣贯和执行的认识，坚定不移地按照住房城乡建设部《关于做好〈建设工程项目管理规范〉宣贯培训和实施工作的通知》要求，认真组织学习、宣贯、执行。即使对一些观点和条款有争议的问题，只能在宣贯中进一步加以研究和探索，提出改进建议，为以后的修订打好基础。但却不能因此对《规范》宣贯执行产生怀疑和动摇，否则难以形成统一、坚决的贯标意识和行为。

当然《规范》作为上岗准则、管理尺度，不可能一成不变，它将随着国家政策、法规的调整，市场变化科学管理工作的需要而与时俱进。习近平总书记在党的十九大报告中指出实践没有止境，理论创新也没有止境。世界每时每刻都在发生变化，中国也每时每刻都在发生变化。项目管理理论研究与实践应用也必须紧跟时代，不断认识规律、不断完善、不断改进、不断创新。这就要求我们从事项目管理的工作者既要不断学习借鉴国内外一切有利发展、解放建筑生产力的现代管理方法和新理念，更要做到结合我国实践，在学习中借鉴，在借鉴中研究，在研究中提升，在提升中完善，在完善中规范，在规范中发展，在发展中创新，以便永远保持我国建设工程项目管理与世界先进水平同步发展，为实现“两个一百年”奋斗目标和中华民族伟大复兴的中国梦做出新的更大的贡献。

（本文为吴涛同志就《建设工程项目管理规范》(2017版）所做的综述解读，刊载于2018年《建筑时报》）

建百年精品　树行业丰碑
——纪念中国建设工程鲁班奖（国家优质工程）创立30周年

2017年是一个具有重要历史意义的年份。桂花飘香的八月，是中国人民解放军建军90周年。金秋十月，中国共产党第十九次全国代表大会胜利召开。对中国建筑业来说，也是值得喜庆、令人鼓舞的一年。年初国务院出台了《关于促进建筑业持续健康发展的意见》（国办发〔2017〕19号），建筑业又一次站在了新的历史起跑线上。昨天我们纪念国务院推广鲁布革工程管理经验30周年，今天又迎来了中国建设工程鲁班奖（国家优质工程）创立30周年。三十年奋进拼搏，三十年砥砺前行，三十年硕果累累。此时此刻广大建设者无不心潮澎湃、感慨万千。

历史是根　文化是魂

鲁班奖工程向全社会展示中国建设者传承鲁班文化、弘扬工匠精神、视质量为生命的决心与行动。

鲁班姓公输，名班，是我国古代优秀的工匠和杰出的发明家，是一位富于智慧、勤于思考、勇于探索、善于创新的建筑大师和工匠楷模。30年前，伴随着我国改革开放的大潮，建筑业的前辈们心怀先圣、灵根再植，创立了中国建设工程最高质量奖——鲁班奖。1996年，建设部根据国务院有关规定精神，决定将“中国建筑工程鲁班奖”和“国家优质工程奖”两奖合并，定名为“中国建设工程鲁班奖（国家优质工程）”，由中国建筑业协会组织评选，报建设主管部门审定。鲁班奖的创立，为提高中国建设工程质量设立了高标准，为建筑业企业诚信经营树立“中国建造”品牌明确了管理目标，为行业评价工程项目建立了一种创新激励机制，日益成为广大建筑业企业和业主树立崇高社会形象的荣誉追求。对于继承中国建筑优秀传统、弘扬中华民族建筑文化、推动行业科技进步和管理创新、促进建设工程质量管理水平升级和提高企业核心竞争力具有里程碑的重大意义。

30年来，鲁班奖工程的创建不断丰富和深化了鲁班文化的时代内涵：严守规矩，诚信执业的工匠本色；勤于思考，勇于探索的创新意识；吃苦耐劳，爱岗敬业的奉献精神；注重科技，求真务实的科学态度；精益求精，追求卓越的品牌战略；互相帮衬，合作共赢的行业风尚。同时也向全社会昭示了中国建筑业和广大建设者坚决贯彻党和国家历来倡导的“百年大计、质量第一”的方针，积极践行工匠精神，誓把工程质量视为生命的决心和行动。

举旗定位　标杆引领

鲁班奖工程是一面旗帜，引领和激励中国建设者追求卓越、精益求精，打造“中国建造”品牌。

鲁班奖工程的创建是一面旗帜，体现了一种行业精神，就是“追求卓越、精益求精、勇于创新、拼搏奋进”的工匠精神。30年来，鲁班奖这面质量大旗，引领和激励着广大建筑业企业和工程建设者牢固树立“以质量求生存、以品牌促发展”的创新理念，在创建鲁班奖工程过程中，以敬畏之心，高度责任感、使命感和一丝不苟、严谨细致的作风，从夯实质量基础和筑牢人才根基入手，坚持精细化管理、精益化施工，撸起袖子苦干、实干、巧干，建造了一批又一批精品工程，培养锻炼了一批又一批善于管理、精于操作的高端人才和能工巧匠，实现了企业对用户的承诺，行业对人民和历史的负责。

30年共有两千多家企业承建的2 246个工程项目荣获了国家鲁班奖，109项荣获境外工程鲁班奖。获奖企业和工程项目遍布全国除台湾地区以外的31个省、自治区、直辖市和香港、澳门特别行政区，以及交通、铁路、电力、民航、石油、化工、冶金、水利、煤炭、有色、建材、核工业、机械、航空、林业与信息等21个行业。在世界和中华大地上谱写了一曲曲令人振奋的美丽建筑华章，为经济社会发展和把我国建设成为质量强国做出了突出的贡献。

严格标准　科学评审

鲁班奖工程充分体现了中国建设工程质量奖严守规矩、优中选优的信条，确保每一项获奖工程经得起历史的检验。

鲁班奖工程之所以在社会上有很高的影响力和知名度，最根本的是建立完善了一整套严格科学的评选管理制度。中国建筑业协会相继制定《中国建设工程鲁班奖（国家优质工程）评选办法》《中国建设工程鲁班奖（国家优质工程）复查工作细则》《中国建设工程鲁班奖（国家优质工程）评选工作纪律规定》，并组织企业实施《创建鲁班奖工程实施指南》《创建鲁班奖工程操作规程细部做法》，使鲁班奖工程创建活动由事前策划到过程管控、竣工验收以及参评项目推荐、初审、复查、评审、公示、报请协会和建设主管部门审定等十多个环节组成。从而形成了一套科学、完整、系统、规范、行之有效的工程创优激励机制和制度保障体系。

严格标准是鲁班奖工程创建与评审的质量保证。鲁班奖工程不但要在全国全行业有充分的代表性，更要严格贯彻和掌握鲁班奖工程设计先进功能完善，施工管理科学有序，争先创优理念特显，高于国家标准规范，严于行业规程要求，堵绝克服质量通病，切忌违反国标强条，重塑“中国建造”品牌：突出一个水平，当代国内与本地区工程质量的最高水平；坚持两条原则，评选工作必须是公正、公平、公开和优中选优；强调三个关键，地基基础、主体结构、内外装饰一次成优、安全牢固美观；推进绿色建造，注重节能、节水、节材和环境保护；强化五大管理，以项目管理为中心，强化质量管理上台阶、安全生产有保障、施工技术有创新、资料存档有追溯、文化建设有效力；实现六大效益，主要技术指标、产能功能达到优于设计要求，经济、环保和社会效益显著，用户满意，赢得社会赞誉，经得起历史检验。

与时俱进　面向未来

鲁班奖工程创建活动要紧紧围绕质量提升行动，为实现党的十九大提出的新时期总任务贡献力量，再创辉煌。

当今世界，经济全球化深度发展，高新技术日新月异，中国经济已由高速增长转向高质量发展阶段，进入了决胜全面建成小康社会，夺取中国特色社会主义伟大胜利的新时代。习近平总书记早就指出，中国制造向中国创造转变、中国速度向中国质量转变、中国产品向中国品牌转变。十九大报告强调，实现伟大梦想必须进行伟大斗争、建设伟大工程、推进伟大事业。这些重要论述既明确了新时期中国特色社会主义建设的总任务和新思想，也包含着党和国家对建筑业提出的新要求，赋予了鲁班奖工程创建活动新的内涵。建筑业作为国民经济的支柱产业，责任重大，使命光荣。我们一定要认真学习贯彻党的十九大精神，全面落实“创新、协调、绿色、开放、共享”的发展理念和工程建设“适用、经济、绿色、美观、安全”的基本要求，在质量变革、效率变革、动力变革的基础上与时俱进、创新发展。以信息化和BIM技术推进创精品工程活动优化升级，提高全要素生产率，促使鲁班奖工程不单是一个高质量的“优质”工程，而且要成为一个绿色建造的节能环保工程、新技术推广应用的标杆示范工程、推动行业自律的廉政建设工程、奉献社会增进人民福祉的民生工程和向世界展示中国建造高水准的“品牌”工程，使鲁班奖工程创建活动更具有公信力、生命力和社会影响力。

不忘本来、吸收外来、面对未来。我们要全面贯彻落实《中共中央 国务院关于开展质量提升行动的指导意见》和住房城乡建设部《工程质量安全提升行动方案》，使广大建设者的质量意识内化于心，外化于行，像钉钉子一样，一锤一锤接着敲，以拼搏实干精神，深入开展中国建筑业协会工程质量安全提升行动“万里行”活动。要围绕践行“一带一路”倡议，加大境外鲁班奖工程创建活动力度，以“中国建造”的高水准提升建筑业企业的国际竞争力，助推企业“出海”实施“走出去”战略。同时要学习借鉴国外发达国家创优评奖的先进经验和做法，防止杜绝个别单位片面追求获奖工程、应对评优进行项目表面粉饰补救的不良行为和锦标主义思想。要进一步认真总结鲁班奖工程创建活动的经验教训，注重项目入选后的跟踪调研和宣传交流，促使鲁班奖工程创建活动的宝贵经验和做法成为全行业乃至全社会的共同财富。

不忘初心，牢记使命。鲁班奖工程创建活动风雨兼程一路走来，我们循径而溯，可以看到中国建筑业改革与发展的坚实步伐与轨迹；鲁班奖工程是一座航标，我们巡航而行，继续引领中国建筑业沿着稳健前进的发展航线驶向党的十九大描绘的宏伟蓝图和伟大目标。让我们紧密团结在以习近平同志为核心的党中央周围，以习近平新时代中国特色社会主义思想为指导，紧紧围绕统筹推进“五位一体”总体布局和协调推进“四个全面”战略布局，立足行业、服务社会、着眼国际、面对未来，全面实施质量强国战略，充分发挥鲁班奖工程的标杆示范引领作用，不断提升建设工程质量管理水平，为实现21世纪中叶将我国建成富强民主文明和谐美丽的社会主义现代化强国和中华民族伟大复兴的“中国梦”不懈奋斗，多做贡献，再创辉煌！

（本文为吴涛同志为纪念中国建设工程鲁班奖创建三十周年所撰写的文章，刊载于2017年《建筑时报》及相关杂志）

编后语

《“项目生产力论”与建筑业高质量发展》一书是在《建设工程项目管理创新与治理体系现代化建设研究》课题组及《新型建造方式与工程项目管理创新丛书》编写委员会的指导和支持下完成的。其主要内容旨在突出课题研究重点，并结合我在中国建筑业协会包括工程项目管理委员会工作期间，参与行业改革和组织推行工程项目管理理论研究和实践应用的体会。书里不少内容和章节是和我共事的同志们，特别是多年来关心支持我工作的老领导、学者、专家、同事，毛如柏、张青林、张基尧、孙永福、郑一军、姚兵、王铁宏、肖绪文、尤完、贾宏俊、白思俊、景万等同志的启发和指导下共同研究、探讨而写成的。在隆重庆祝中国共产党100周年与纪念国务院五部委推广鲁布革工程管理35周年之际，面对新发展阶段和新的形势，为了使读者对中国建筑业的发展和建设工程项目管理体制改革历程有一个了解，根据一些企业领导和有关人士的建议，我对担任中国建筑业协会秘书长期间的一些文章和课题研究内容进行了整理汇集，意在除作为对我个人从事行业改革发展和工程项目管理研究工作进行总结外，希望为在新的历史条件下致力于研究和推进我国建筑业改革发展，特别是在当前贯彻落实党的十九大和十九届五中会精神，推进项目治理体系和治理能力现代化建设，促进和实现建筑业高质量发展过程中，进一步深化和创新工程项目管理理论研究和实践应用的企业和人士提供一些这方面的历史参考资料和研究成果。

该书不少内容由于间隔时间较长，有些观点、提法和数据需要进行与时俱进的思考与改进。尽管如此，但它从一个侧面着重反映了党的十八大以来我所在单位在以习近平同志为核心的党中央领导下，进行建筑业改革和推进工程项目管理创新发展阶段的实践与进程。本书在撰写编辑出版过程中，还参考了一些专家学者有关研究的资料文献，同时也得到刘明生、赵正嘉、王承伟、关婧、李玉林、黄海龙、王永锋、尚鹏玉、陈立军、毕云飞、郭海涛、吴昊、邓阳等同志的支持和热情帮助，谨向他们表示衷心的感谢。由于本人水平有限，难免有欠妥和不足之处，敬请广大读者批评指正。

作　者

参考文献

[1] 中共中央关于坚持和完善中国特色社会主义制度推进国家治理体系和治理能力现代化若干重大问题的决定[EB/OL]. [2019-11-05]. http://www.gov.cn/zhengce/2019-11/05/content-5449023.htm.

[2] 国务院办公厅. 国务院办公厅关于促进建筑业持续健康发展的意见[EB/OL].[2017-02-21]. http://www. qov. cn/zhengce/content/2017-02/24/content-5170625.htm.

[3] 张青林. 项目法施工指导[M]. 北京：中国建筑工业出版社，1997.

[4] 本课题组. 新型城镇化建设与建筑业发展研究报告[M]. 北京：中国城市出版社，2013.

[5] 吴涛. 新型城镇化建设与建筑产业现代化[M]. 北京：中国城市出版社，2014.

[6] 中国建筑业协会工程项目管理专业委员会. "一带一路"与建筑业"走出去"战略研究[M]. 北京：中国建筑工业出版社，2016.

[7] 中国建筑业协会PPP模式发展研究中心，中国建筑业协会工程项目管理专业委员会. PPP模式与建筑业企业转型升级研究[M]. 北京：中国建筑工业出版社，2017.

[8] 中国建筑业协会工程项目管理委员会. 建筑产业现代化背景下新型建造方式与项目管理创新研究[M]. 北京：中国建筑工业出版社，2018.

[9] 从"管理"到"治理"意味着什么？[EB/OL]. [2013-11-26]. http://theory. people.com.cn/n/2013/1126/c107503-23652511. html.

[10] 吴涛. 项目管理创新发展与建筑业转变发展方式[M]. 北京：中国建筑工业出版社，2013.

[11] 尹贻林，张勇毅. 中国工程咨询业的发展与演进[J]. 土木工程学报，2005. 10.

[12] 全球治理委员会. 我们的全球伙伴关系[M]. 伦敦：牛津大学出版社，1995.

[13] 严玲，尹贻林，范道津. 公共项目治理理论概念模型的建立[J]. 中国软科学，2004（6）.

[14] 王华，尹贻林. 基于委托—代理的工程项目治理结构及其优化，中国软科学，2014（11）.

[15] 周晓宏，王业球，凌利. 基于利益相关者理论的工程项目治理机制研究[J]. 安徽工业大学学报（社会科学版），2011（11）.

[16] 项目治理[EB/OL]. http://wiki. mbalib. com/wiki/项目管理.